文献综合集成研究理论与实践

曲建升 等／著

Literature Synthesis Research

Theory and Practice

科学出版社

北京

内 容 简 介

随着人类基因组计划、国家空间站计划等重大研究项目的实施，基于大科学概念的科学组织范式加快兴起。在大科学时代，科学研究以问题为导向进行组织。综合集成是服务大科学研究的重要方法。文献综合集成是一种基于公开科学文献成果开展集成研究的工作方法，是对综合集成方法论的延伸和发展。本书聚焦文献综合集成研究的需求，在厘清文献综合集成研究内涵与需求、文献综合集成方法论、文献综合集成现状的基础上，系统梳理循证实践、集成研究、系统综述、元分析法等文献综合集成核心方法。明确文献综合集成目标与集成对象，提出六阶段文献综合集成研究范式。作者团队基于文献综合集成研究理论，设计开发了文献综合集成系统平台，可以为相关科学领域研究人员提供开放的文献成果集成研究服务，并选择"温度和湿度对 COVID-19 传播的影响"和"青藏高原现代雪线高度研究态势"两个科学问题进行了文献综合集成分析流程的案例实践分析。

本书可供集成研究领域的同行及相关科学领域研究人员参考。

图书在版编目（CIP）数据

文献综合集成研究理论与实践 / 曲建升等著. —北京：科学出版社，2024.5
ISBN 978-7-03-077762-1

Ⅰ. ①文… Ⅱ. ①曲… Ⅲ. ①文献工作-研究 Ⅳ. ①G255

中国国家版本馆 CIP 数据核字（2023）第 252849 号

责任编辑：侯俊琳 唐 傲 陈晶晶 / 责任校对：何艳萍
责任印制：师艳茹 / 封面设计：有道文化

科学出版社 出版
北京东黄城根北街 16 号
邮政编码：100717
http://www.sciencep.com

北京建宏印刷有限公司印刷
科学出版社发行 各地新华书店经销

*

2024 年 5 月第 一 版 开本：787×1092 1/16
2024 年 5 月第一次印刷 印张：18 3/4
字数：350 000

定价：198.00 元

（如有印装质量问题，我社负责调换）

序　一

随着全球气候变化、资源短缺、生态失衡等问题的日益严峻，全球可持续发展面临前所未有的挑战。科技创新作为人类社会发展的重要引擎，是应对许多全球性挑战的有力武器。

当前，世界正处于百年未有之大变局，地区冲突不断，使得地缘政治正在发生深刻变化。同时，新型科技发展日新月异，既是经济发展的增长点，又是各国发展潜力和实力的焦点。新的世界格局将在激烈博弈中重组。

在新一轮科技革命中，科技创新进入空前密集活跃的时期，在不断重塑世界科技创新版图的同时，也给科学研究范式带来了颠覆性变革。过去仅基于实验现象、模型归纳、类比等范式的科学研究难以为继，信息技术与科学研究的交互融合引发了数据量的迅猛增长，促成了科研第四范式——数据密集型科学的到来，数据已然成为科研创新的重要驱动力。

在此背景下，科学共同体的研发活动向交叉化、数字化、多元化方向发展，开放共享、知识互联、多主体协同创新成为科学组织方式的新趋势。科技活动的地域、学科领域与技术边界不断延伸与交融，越来越多复杂的科学问题或技术困境需要通过集成现有的科技成果来解决，科学开放的需求日益凸显。在数字经济时代，科技研发离不开数据收集、搜索引擎和知识加工这三个基本能力。建立开放创新的生态及更高层次的国际化创新合作，是新形势下释放我国科技发展潜力的重要支撑，也是我国积极参与全球治理、融入全球创新网络、支撑国家外交战略实施的有效途径。

当前科技创新除了重视矿产、水、土地、人口等有形资源之外，更加重视无形资源的占有，如计算机的根目录、通信频道、空间轨道、基因注册、排放空间分配、数据的掌控权等，一场全球范围的无形资产圈地运动正在悄然展开，我们必须有所准备和有能力储备。

智力资本是最大的无形资产，是对复杂知识的管理与多元思想的孵化。智力资本发挥作用的过程，不仅涉及跨国别、跨地区、跨学科、跨领域的协作与交流，并且涉及多种研究方法的综合运用以及多种研究结论之间的碰撞与融合。集成正是建立在研究结论基础之上的，对多源知识进行整体呈现、严格评价与全新解释的一种研究范式。在大数据时代，集成研究是数据密集型范式下知识管理的必然选择，也是充分发掘资源潜力、提高分析方法的智能化水平、促进新认识形成的重要手段。

文献作为学术思想、科学研究成果的主要载体，其中蕴含着有价值的学科信息，也揭示了学科领域的研究热点与前沿进展。基于文献的综合集成研究能够直接地挖掘海量文献中有价值的信息，有利于融合多元化学术思想与观点，是一种集成式、智能化的方法创新。

该书基于公开科学文献成果开展集成研究，显著亮点是系统性地提出了文献综合集成的核心理论与方法体系，构建了文献综合集成的六阶段研究范式。该范式提供了从研究问题提出、相关文献收集、研究文献筛选、数据提取、数据集成分析，到最终形成自动化分析报告的结构化路线图。基于此，该书的团队研究创建了文献综合集成研究平台（Knowledge Synthesis System Based on Scientific Documents，KSS）。这是一个为相关科学领域的研究人员提供开放文献成果综合集成研究服务的平台。此外，团队基于"温度和湿度对 COVID-19 传播的影响"与"青藏高原现代雪线高度研究态势"两大主题的实证，推动了对上述科学问题的再认知与再突破，也为该书提出的理念与方法提供了参考范本，相信未来将在更广泛、更深层次的科学问题上得到应用。

曲建升研究团队一直坚持在信息分析与知识组织领域的理论方法研究、气候变化及环境发展领域的战略研究和决策咨询两个方向开展跨学科研究与实践应用工作。该书正是这个研究团队多年来围绕文献知识集成和开放科学实践的研究成果之一。该书紧扣海量文献信息挖掘与循证研究的需求，围绕多维信息的知识挖掘组织及知识集成再发现等难点工作进行了很好的研究与实践，对我国当前正加快推进的创新方法研究和开放科学事业具有积极的意义。

刘燕华

2023 年 12 月

序 二

我们已进入科技引领创新、创新驱动发展的时代环境,同时又面临科学研究日益多元多源、交叉分化、跨界融汇的研究与创新环境挑战。因此,对丰富但庞杂的研究知识进行去粗取精、去伪存真的鉴别提炼,进行由表及里、从点到面、从定性描述到定量揭示、从分散观点到系统认知的升华,推动由基础认知到循证应用、由此及彼的演化发展,支持在研究实践基础上揭示新问题、探索新路径、试验新解释,成为知识集成的科学来源和应用刚需,也凸显了知识集成是研究与创新的基础和对其的重要性。

科技文献作为最重要的科技研究成果,历来是知识集成的基础资源,也成为知识集成理论与方法的研究与实践的关键场景。曲建升先生和同事们所著的《文献综合集成研究理论与实践》站在集成研究和科学组织学的高度,系统梳理了文献综合集成科学体系,详细论述了文献综合集成的循证实践、集成研究、系统综述、元分析、文献计量、内容分析等研究方法,提炼和设计了文献综合集成研究范式、设计并开发了文献综合集成分析系统,并通过相关领域应用实践验证展示了相应研究范式和分析系统的有效性。而且,作者团队还针对集成资源不均衡、集成资源可靠性缺乏透明检验、负面结果容易被忽视、集成方法单一、集成流程不透明、集成结论缺乏可验证性等探讨了文献综合集成理论与方法的应对机制。本书为科技研究与创新的组织者和参与者,更为从事科技战略发展、领域监测、趋势把握、演变检测等工作的人员提供了重要的基础指导和实践参考,我本人也受益匪浅。

知识集成本身也面临新的挑战。一方面,多元多源跨界融汇的研究与创新要求文献综合集成应对不同领域的不同认知、标准和方法,既要在统一或协调的框架下提炼可靠知识和建立知识体系,又要能包容不同视角和方法来促进思维、观点、方法、流程的碰撞、揭示与解释,这可能需要以复杂多维系统动态交互为基础的集成机制。另一方面,开放科学环境不断发展和完善,更为丰富和复杂的科研与创新资源变得日益可发现可获取,包括但不限于科学数据、科技社交媒体、多媒体科技内容、科技规划与政策、应用环境生成研究内容等。它们往往为解释研究与创新提供了更为基础、丰富、实时、情景化和可计算的资源与能力。如何针对它们及融合它们与科技文献开展多模态知识集成，成为潜力巨大且已充满竞争的新的疆界甚至新常态。再一方面，AI 驱动的，尤其是以 ChatGPT 为代表的多模态知识集成，正迅速深入各个领域的生产力体系中，对"常规"知识集成方法带来挑战，同时其又面临可靠性、准确性、可循证性、可解释性等方面的严峻挑战。值得欣慰的是，《文献综合集成研究理论与实践》既源于集成研究和科学组织学的基础，又致力于梳理、提炼和总结知识集成的核心机理，为应对知识集成本身的新挑战提供了积极的理论与方法的准备，也显示了该书的现实意义。高度期待包括作者及其团队在内的知识集成领域对这些方面做出新贡献。

张晓林

2023 年 12 月

序　三

科技创新和经济发展正在重构世界创新版图、重塑全球经济结构，特别是近一个世纪以来，互联网、云计算、人工智能等信息技术快速发展，使得人们的生活环境和行为方式正在发生天翻地覆的变化。世间万物，特别是人和人、人与物之间的联系愈发紧密，正在向更大的范围和更深的层次集成乃至融合。进而，科学领域的各个学科相互渗透融合，科学与技术问题错综交叉，领域划分界线趋于模糊，科学问题、人才、思想、先进技术等多种科技要素由此集聚起来。与此同时，自然科学、社会科学和哲学的逻辑思想、认知范式和研究方法也在加速融合、演进和升华。

气候变化问题是当今全人类面临的共同挑战，为此我国提出实现"碳达峰"和"碳中和"的新目标，这是一个复杂的系统科学问题，涉及大气圈、岩石圈、水圈、生物圈、人类圈等多圈层耦合过程与作用机制，协调人类活动与自然界变化、地球村各要素之间的关系，需要跨学科交叉、综合与协同研究。对此类复杂科学问题的解决，往往涉及多个学科的知识与技术，需要多种方法、多种思想的融会贯通，并非仅在"物理"层面简单叠加、合并不同学科专家的知识智慧，而更应从"化学"层面切实考虑不同学科的知识储备、方法与技术，进行研究成果的集成，共同形成对科学问题的新认识，进而实现科学的新突破。

实现多种知识与技术集成的方式有很多，但由于文献资源在科技资源中的重要地位，最基础且紧要的方式则是加强对文献资源的综合集成能力的建设。在新的学术交流模式下，文献资源的类型、模态和内涵都有了更为广泛的范围。与之相适应的，对于文献的加工处理方式也随着信息技术的更迭而更为自动与智能。如何基于具体的科学问题，综合集成多源数据成果，融汇多家思想观点，得到能够循证的科学认知，是科学界尤其是与信息资源密切打交道的图情学科广泛关注的问题。

该书系统地梳理了文献综合集成的科学体系与理论基础，基于"收集和分析文献""开展综合集成研究""获得对问题的集成认识或新知识"三大目标，设计了文献综合集成研究范式，剖析了整体流程中六个环节所使用的方法与技术。此外，该书还介绍了由笔者团队研建的 KSS，该平台为综合集成研究提供了一站式解决方案。

其中，通过对"青藏高原现代雪线高度研究态势研究"等案例的分析，体现了 KSS 对科学文献知识的集成分析功能，同样可以预见，这一工作在其他科学问题的集成研究方面也具有很好的扩展潜力。

从这一研究最初的构思萌芽，到如今欣喜地看到论著扎实落地，一晃已过去数年。这一论著凝结了曲建升研究团队的集体工作智慧，也是对文献综合集成工作系统的理论探索与实践总结。相信该书的出版，能够推动大科学背景下文献资源数据集成与知识再创造能力的提升，并切实为具体的复杂科学问题的解决提供支撑。也希望该书能够为广大的情报研究同行们带来参考与启发。

2023 年 12 月

前　言

第二次世界大战后，随着人类基因组计划、国家空间站计划等重大研究项目的实施，基于大科学概念的科学组织范式逐步兴起。大科学概念由美国耶鲁大学德瑞克·J. 德索拉·普赖斯（Derek J. de Solla Price）在其出版的《小科学，大科学》（*Little Science，Big Science*）中首次提出"由于当今的科学大大超过了以往的水平，我们显然已经进入了一个新时代……现代科学具有大规模性，面貌一新且强而有力，使人们以'大科学'一词来美誉之"。联合国教科文组织 1996 年年度报告中首次正式使用"大科学"这一概念，宣告了大科学时代的到来。在大科学时代，科学研究以问题为导向来进行组织。大科学问题不仅涉及多个学科，而且学科之间交叉渗透，有着千丝万缕的联系。要想解决这些科学问题，并不是将许多学科专家之间的知识简单相加，而是需要全面综合地考虑各学科的知识结构、背景与方法，并对其成果进行综合集成，从而实现科学知识的再认识和再突破。

集成研究是从整体上考虑并解决复杂性问题的方法论，是在社会系统、人体系统、地理系统和军事系统 4 个开放的复杂巨系统的研究实践基础上提炼、概括和抽象出来的。集成的关键是通过对某一学科的不同研究成果进行综合以获取新的概念，并将原有的认知水平提高到一个新的高度。当前集成研究方法的实质是把专家体系、信息与知识体系以及计算机体系有机结合起来，构成一个工作程序严谨、知识组织可靠、集成结论可循证的人-机工作体，这样的工作体具有系统性的资源优势和智能化的方法优势。集成研究方法能把科学数据、科学方法、科学思维、科学观点、科学经验等多层次知识资源进行揭示并集成，在多个维度上，使得某一研究主题的科学认识实现从点到面的联系、从定性描述到定量揭示的跨越，以及从分散观点到系统认知的升华。

集成作为一种综合某一主题的知识、智慧、成果、思维、工具、方法与技术的方法论，致力于形成新解释、新认识、新知识与新发现。

从科学组织学的角度，集成可以分为科学设计的集成（如采用头脑风暴、德尔菲法就特定问题开展充分讨论、激发创新设想）、科学实施的集成（包括不同学科专家的集成、不同研究系统的集成、不同人群的集成等)、科学成果的集成(利用某一主题的已有研究成果,以形成整体认识的系统性集成)等。

从科学要素的角度,集成可以分为研究主体集成(包括研究机构、研究团队、研究人员的集成)、研究方法集成(包括工具、方法的集成)、科学资源集成(包括研究设施、设备、财政资源、信息和知识的集成)、研究对象集成(针对不同区域、不同层次问题的集成,如不同流域水质特征研究工作的集成)、研究成果集成(与科学成果的集成相同)等。

本书所指的集成研究是指,基于循证研究思路,按照明确的标准,全面收集、遴选既定主题的研究成果文献,通过对文献中所涉及的研究主体、研究方法等科学要素及其定性或定量的科学观点与研究结论进行评价、综合、计算和集成,从而获得研究主题整体画像和综合结论的科学过程。在大科学背景下,文献综合集成研究体现了对大规模、异构、多源数据的智能化处理,是推动智能化科研(AI for Science,AI4S)范式演进发展的前期探索。

笔者团队长期围绕气候变化和情报研究这两个领域开展工作,这两个领域均具有交叉学科性质,研究工作中需要对外部跨学科知识和信息进行充分的掌握。因此,"集成"成为团队重要的工作理念和手段。集成研究对知识资源占有情况、开放研究组织手段、客观的科学立场等均有较高的要求。在开展各类集成研究工作时,需要关注并避免以下常见问题,以着力提高集成成果的客观性和可靠性:数据和文献来源不均衡,集成研究缺乏代表性;集成过程中所使用的研究材料的质量评估程序不透明,未经评议的科学成果易导致结论偏离;集成过程中仅能体现出支持观点的研究材料,对于持怀疑或反对观点的研究材料的处理过程不透明;集成工作流程不严谨,集成方法单一,集成观点存在偏差,不能反映集成研究主题的真实情况。

这些工作中涌出的要求也推动着我们不断完善相关工作程序,逐步建立起了针对文献和知识进行集成研究工作的流程,为更好地揭示这一工作的科学理论和程式,我们申报了国家自然科学基金面上项目"气候变化科学成果集成研究范式及其实现平台研究",并在2016年成功获批。在这个项目的支持下,我们着力解决以下几个问题:第一,文献综合集成的核心理论与方法体系如何构建?第二,文献综合集成工作的流程及其平台如何实现?第三,文献综合集成过程中所需的知识和数据抽取方法及集成分析技术有哪些?第四,集成成果如何在专门科学主题(如气候变化领域)规范化地表达。

围绕上述目标，本研究团队开展了以下研究工作。

（1）系统梳理了文献综合集成科学体系。文献综合集成概念经历了从集成到集成科学、综合集成方法论、文献综合集成的演化过程。文献综合集成是对综合集成方法论的拓展和延伸，可以解决以下几大类问题：搜集循证证据，支持循证实践；聚集多学科、跨学科问题，集成多项独立研究成果；揭示多维信息，深度展示研究细节；把握研究整体态势，开展主题计量分析；浓缩研究思想，提炼研究核心信息；以及创造新知识，形成新认识。

（2）详细论述了文献综合集成研究范式。文献综合集成研究理论是在集成研究实践中不断摸索并逐渐形成的一种理论构想。在其发展过程中，我们主要借鉴了循证实践、集成研究、系统综述、元分析法、文献计量学、内容分析法等多种研究方法。本项目组从起源与发展、基本原理、方法步骤、特点、应用等多方面系统论述了上述研究方法。文献综合集成与各种方法既有共通之处，又存在一定不同。在文献综合集成的过程中，文献计量学、内容分析法、循证实践、元分析法、综合集成方法论的应用必不可少，如何吸收这些方法的精粹，使其更好地服务于集成大量原始研究、产生新认识的文献综合集成目的，是本书已经解决并将不断完善的研究方向。

（3）设计了文献综合集成研究范式。首先确定文献综合集成的研究目标和研究对象。文献综合集成的根本目标是：通过收集和分析特定研究主题下的科学研究文献，并开展综合集成研究，获得对研究问题的集成认识或新知识。具体来说包括以下目标：①外部特征信息的文献计量；②内容特征信息的叙述性综述；③研究结果的集成分析。文献综合集成的研究对象包括文献、文献中的知识以及文献中的数据三个层次。在此基础上，设计了文献综合集成的整体流程：确定集成研究问题、集成研究文献采集、集成研究文献筛选、知识和数据抽取、集成分析，以及综合集成研究结论与成果汇总报告。除此之外，本书也系统分析了文献综合集成流程中各个步骤所使用的方法与技术，以供读者更全面深入地了解这一研究工作。

（4）开发了文献综合集成研究平台。本项目组自主研发了 KSS，该平台是一个综合集成研究的一站式解决方案，基于循证实践理念和综合集成研究范式开发，同时也是一款面向公众开放应用的平台。可实现文献综合集成研究的一体化操作和全程记录，提供基于学术文献的搜集遴选、知识挖掘和知识集成等特色服务，包含了文献采集、文献筛选、数据和知识抽取、综合集成和可视化分析、产出报告等文献综合集成研究全过程的各个步骤，并最终从文献计量、结论综述、数据集成三方面多维展示文献综合集成的结果。同时，本书还分享了项目组完成的两个独立的分析案例——"温度和湿度对 COVID-19 传播的影响研究"和"青藏高原现代雪线高度研究态势研究"，供读者更具体地了解文献综合集成系统平台的功能。

本书是研究团队近 15 年集体工作的结晶，也是研究团队文献综合集成研究工作的总结，更是对开放科学所带来的一系列新挑战、新机会的理论和实践的准备。项目负责人曲建升及其指导的研究生、研究团队成员马建玲研究馆员和刘巍副研究馆员，围绕项目研究内容开展了大量的研究、平台开发和讨论工作，先后完成了 20 多篇论文，分别发表于《可持续性》（*Sustainability*）和《图书情报工作》《情报理论与实践》《情报科学》等期刊，并在多次国内外会议上交流推广文献综合集成研究的科学思路和应用实践。研究团队基于文献综合集成研究理论开发的 KSS 平台可开放供科研人员使用。在相关工作的推进过程中，我们也感受到了开放科学理念快速发展对集成研究工作的支持，以及数据挖掘、知识组织和知识图谱等相关技术发展对本书所及研究工作的巨大支持，我们也及时地将相关理念运用到文献综合集成的研究工作中来。

在文献综合集成研究工作中，研究团队也开始关注到文献综合集成的逆向工作——知识出版过程中的结构化发布问题。当然，按科学研究的流程来说，文献综合集成工作中对过去文献的解构更具有"逆向"性质。尽管现在已然是数字化时代，但出版模式仍然没有突破传统出版的框架约束，这当中既有知识传承的严谨性需要，也有知识创造过程中对文字所寄予的个性化情感。在对这些朴素的学术规范和真挚的科学情感表示充分尊重的前提下，我们研究团队又继续围绕结构化/数据化出版的可行性开展了相关的探索性研究。相关工作以"元出版"的名义正在推进，并已开发了 MetaPub 平台，这一平台无疑是 KSS 平台的镜像兄弟。我们也希望通过这两项工作，能为在开放出版与集成研究领域披荆前行的同行们提供些许参考或启发，进而共同推进开放科学事业加快发展。

在本书形成的过程中，曲建升负责全书的框架设计、内容组织、统稿和审定工作，张丽华承担了大量的协调和稿件校审改工作，黄珂敏也参与了多轮的文字校对任务，各章具体撰写任务的参与人员包括：第一章为张丽华、李晓和季婉婧；第二章为卜玉敏、李雪梅、张世佳、靳军宝、刘红煦、张丽华；第三章为张丽华、卜玉敏、李雪梅、张世佳、刘红煦；第四章为刘巍；第五章为卜玉敏、邱科达、裴惠娟；第六章为李晓、张丽华、黄珂敏。在此，衷心感谢各位贡献者对本书出版所付出的巨大努力。

　　中国创新方法研究会常务副理事长、科学技术部原副部长刘燕华先生，中国科学院文献情报中心原主任张晓林研究员，中国科学院资源环境科学信息中心原主任孙成权研究员在百忙之中为本书亲切作序；国家自然科学基金委员会、中国科学院文献情报中心、中国科学院西北生态环境资源研究院、中国地理学会文献情报工作组、科学出版社等单位和组织对本书的编撰出版提供了很多具体支持；多位有造诣的学者对本书的撰写给予了高屋建瓴的指导和具体帮助；国内外诸多学者的相关著述也为我们提供了很多启发和参考；祝忠明、马建玲、曾静静、靳军宝、董利苹、吴金甲、裴惠娟、刘莉娜、韩金雨等同事也提供了很多具体帮助，在此一并表示最衷心的感谢。同时也真诚欢迎国内外同行学者对本书的不足进行批评指正。

曲建升

2023 年 10 月 30 日

目　录

表 目 录

图 目 录

第一章 1

绪 论

不管是工业革命时期相继涌现的一系列发明，还是近代物理学家"站在巨人的肩膀上"不断创造的新的科学成就，其都建立在广泛的知识、信息或技术基础之上，而集成研究正是将来自不同学科和领域的知识和信息整合起来，形成更为全面和准确的认知和结论的一种方法。此外，面对气候变化、生物多样性丧失等日益严峻的全球共同挑战，单一学科或领域的知识和方法往往无法满足实际需求，而是需要打破不同学科和领域的壁垒，融合不同领域的知识和技术，并对其成果进行集成，实现科学知识的再认识和再突破。开放科学、大语言模型、生成式人工智能等理念与技术正如火如荼地发展，也为文献综合集成研究（Literature Synthesis Research）带来了全新的机遇与挑战。文献综合集成研究利用智能技术对大规模数据与知识进行解构、融合与重塑，以加速科学知识的新发现，代表着对智能化科研的前期探索，也有助于推动一个更为互联、智能和协同的科学生态系统的兴起。本章深入探讨了文献综合集成研究的相关背景与内涵，强调了文献综合集成研究的重要意义，并详细阐述了文献综合集成的科学概念与体系，同时基于对国内外相关研究现状的剖析，提出了本书的研究重点与组织框架。

第一节　研究背景与意义

一、科学研究范式的演变

在科学的历史进程中，科学研究经历了一系列从个体活动到松散的群众组织再到集体研究、集成研究的范式演变过程。

（一）古希腊、古罗马时期的科学研究范式：直观的观察与猜测

古希腊、古罗马时期始于奴隶制国家建立的公元前 8 世纪，终于西罗马灭亡的公元 5 世纪。在 1000 多年的发展历程中，天文学、几何学、力学等学科领域取得重大进展。这一时期的科学研究不但为自然科学的产生和发展奠定了基础，而且作为古代自然科学的象征和代表，在科学发展史上占有重要地位。

从研究内容来看，古希腊罗马的科学主要围绕两条途径：第一，大量的抽象思维的理性创造活动，以关于世界本原的探讨、关于数的抽象研究以及形式逻辑的创立为典型代表；第二，以实践为基础的专门化研究活动，以欧几里得几何学、托勒密天文学、盖伦医学、阿基米德力学为典型代表，逐步形成了独立的学科体系。

从研究方法来看，这一时期的科学研究主要靠直观的观察、猜测，再加上形式逻辑的演绎。恩格斯将这种方法称为"古代人的天才的自然哲学的直觉"。例如，泰勒斯在探讨世界本原问题时，将观察到的物质——水的三态变化作为理解物质世界变化多端的关键，然后利用"天才的自然哲学的直觉"——直觉的猜测，提出水是世界的本原。

古希腊、古罗马时期的科学研究是近现代自然科学产生的重要基础。欧洲文艺复兴运动的兴起是近代自然科学产生的主要原因，而该运动的其中一个宗旨就是要复兴包括科学在内的古希腊罗马时期的古典文化。因此，古希腊、古罗马时期的科学实际上已经为近代自然科学的产生奠定了基石[1]。

（二）文艺复兴时期的科学研究范式：个体活动

14—16 世纪的文艺复兴，是欧洲新兴资产阶级在科学、文化艺术和哲学等领域开展的一次思想解放运动，也称为科学发现的年代，西方科学界称之为欧洲重新发现古希腊文化的时期。

在这一时期，物理学、化学、生物学等取得长足进步，涌现出了很多著名科学家，如伽利略、笛卡儿、玻意耳等。此时的科学逐步从哲学中分离出来，找到了独特的观察与实验方法，数据分析方法的发展使科学研究方法逐步完善。文艺复兴时期是近代科学真正起源的时代。

文艺复兴时期的科学研究虽然出现了高峰，但限于阶段和历史的局限性，其科学研究方法仍然是手工业式的个体活动，由个人或几个人分散进行，并未形成相应的团体或组织[2]。

（三）学术期刊的出现和科学共同体形成：松散的群众组织

科学研究在相当长的一段时间内都是以个体为中心、分散进行的。但随着知识的积累、科学技术的进步以及个体活动无法胜任研究的需求，科学研究组织方式进行了相应的变革。在这个过程中，学术期刊和科学共同体的出现对变革起到重要的推动作用。

世界上出现的最早的学术期刊为 1665 年法国议院参事德尼·德萨洛（Denys de Sallo）创办的《学者杂志》（*Le Journal des Savants*）和同年德国人亨利·奥尔登堡（Henry Oldenburg）等人创办的《哲学汇刊》（*Philosophical Transactions*）。这两种刊主要通过"文摘栏"介绍最新的科学发展态势[3]。《学者杂志》和《哲学汇刊》的创刊打破了个体研究封闭的知识传播体系，使个体研究成果开始迅速地传播，实现了科学研究成果与发现的快速社会化和国际化。

从 17 世纪起，科学工作者相继成立了一系列科学团体和科学组织。典型代表有 1660 年在英国成立的皇家学会（The Royal Society）和 1657 年在意大利成立的西芒托学院。英国皇家学会的宗旨是促进自然科学的发展。它是世界上历史最长且从未中断过运行的科学学会。西芒托学院则由伽利略和他的两个学生发起的，主要工作是进行物理学实验。科学共同体形成之后，科学知识随之不断增长与积累，共同体成员之间频繁的学术交流又促进了知识的传播。可以说，科学共同体是科研发展与知识成果广泛传播的利器[4]。学术期刊和科学共同体推动着科学研究向一种松散的群众组织的方式转变。

（四）近代科学快速发展与当代科学突破：集体研究

19 世纪是近代科学的一个鼎盛时期，以牛顿力学的形成为标志。近代自然科学是立足于科学实验和近代数学方法基础上的真正的科学体系[5]。到 19 世纪末期，各门自然科学已经从经验科学转变为理论科学，经典的自然科学已达到基本完善的程度。随着 19 世纪末 20 世纪初相对论和量子力学的诞生，现代科学革命应运而生。该次革命起始于物理学领域，并于 20 世纪中叶迅速扩展到各个学科领域。科学在向精细、纵深发展的同时，也在不断向综合、系统、技术的方向拓展。

近代科学的全面繁荣与当代科学的巨大进步也促使科学研究范式进行适应性转变。个人、松散的研究方法已无法跟上科技快速发展的脚步，科学研究开始向集体研究转变。与此同时，研究方法不断丰富，研究手段不断完善。这一时期的科学家不仅注重材料的搜集，还重视理论上的分析、概括和综合，他们发展了科学的思维和方法，把假说、演绎同实验、归纳结合起来，使大量自然知识得到系统的整理。

（五）第二次世界大战之后，进入大科学时代：集成研究

第二次世界大战以来，随着人类基因组计划、国家空间站计划等重大研究项目

的实施，基于大科学概念的科学组织范式逐步兴起。1963 年，美国耶鲁大学的普赖斯在其划时代著作《小科学，大科学》中首次提出大科学概念："由于当今的科学大大超过了以往的水平，我们显然已经进入了一个新时代……现代科学大规模性，面貌一新且强而有力，使人们以'大科学'一词来美誉之。"联合国教科文组织1996 年年度报告中首次正式使用"大科学"这一概念，宣告了大科学时代的到来。

在大科学时代，科学研究以问题为导向进行组织。大科学问题不仅涉及多个学科，且学科之间交叉渗透，有着千丝万缕的联系。大科学问题的解决，不能仅从"物理"层面简单叠加、合并不同学科专家的知识智慧，而更应从"化学"层面切实考虑不同学科的知识储备、方法与技术，使具有不同知识背景的专家学者通力合作，进行研究成果的集成，共同形成对科学问题的新认识，实现科学的新突破。

二、集成研究的概念内涵

集成作为一种综合某一主题的知识、智慧、成果、思维、工具、方法与技术的方法论，致力于形成新解释、新认识、新知识与新发现。

从科学组织学的角度，集成可以分为科学设计的集成（如采用头脑风暴、德尔菲法就特定问题开展充分讨论、激发创新设想）、科学实施的集成（包括不同学科的集成、不同研究系统的集成、不同人群的集成等）、科学成果的集成（利用某一主题的已有研究成果，以形成整体认识的系统性集成）等。

从科学要素的角度，集成可以分为研究主体集成（包括研究机构、研究团队、研究人员的集成）、研究方法集成（包括工具、方法的集成）、科学资源集成（包括研究设施、设备、财政资源、信息和知识的集成）、研究对象集成（针对不同区域、不同层次问题的集成，如不同流域水质特征研究的集成）、研究成果集成（与科学成果的集成相同）等。

本书所指的集成研究是公开或非公开科学成果的集成，亦即 H. 库珀（H. Cooper）等[6]所提出的定义：针对明确的研究问题，研究人员基于科学研究策略全面收集文献，并对收集结果进行系统、有序、严格的筛选和文献研究质量评价，进而按照一定的信息提取标准提取文献研究结果进行集成分析，最后形成综合性研究结论的科学研究过程。

三、开放科学、大数据背景下对集成研究的新要求

随着国际上开放获取、开放数据与开放共享运动的蓬勃兴起，人类逐步迈入开放科学时代。这一时代正在经历着科学组织与研究方式的巨变。开放科学既是一种利用信息与通讯技术（Information and Communications Technology，ICT）工具和平台开放共享科学研究成果的理念、文化或环境，也是一种利用 ICT 工具和平台公开、免费获取科学研究成果或进行开放协同研究的模式或方法[7]。

开放科学的第一个特性是开放性。科研人员、公众能够开放获取各类科学研究成果、数据、过程与基础设施，并且公众能够通过不同方式参与科研过程。第二个特性是公众化。开放性使科研工作不再是科学家的"专属性"工作，而成为普通公众也能够参与的寻常活动。第三个特性是共享合作。在开放科学时代，研究成果的传播范围更广，科研人员合作的迫切性更甚。开放科学具有的开放性、公众化和共享合作等特征，对集成研究成果的范围、集成内容与集成成果的应用范围提出了更高的要求。

此外，在云计算、人工智能、移动互联网、分布式存储、物联网、深度学习、生成式人工智能等技术的不断涌现与革新过程中，人类社会步入大数据时代，数据与知识处理也进入了新时代。数字化的数据具有体量大、类型多、价值密度低与速度快的特征，数据的采集、存储与处理变得范围更广、内容更多、速度更快、成本更低。同时计算机数据处理技术的飞速发展使得多样化的海量数据展现出前所未有的巨大价值。

与之相适应的，针对海量数据处理的数据挖掘与文本挖掘技术飞速发展。数据挖掘是利用人工智能、机器学习、统计学等方法从海量的数据中提取有用的、事先不为人知的模式或知识的计算过程[8]。数据挖掘中的数据经常是以结构化的静态数据库的形式存储的。文本挖掘与数据挖掘均能够发现数据之间潜在的联系、模式、规则等，从这一点来看，两个概念的相似性很高，所不同的是，文本挖掘主要是针对大量、无结构文本的处理分析[9]。文本挖掘涵盖包括自然语言处理、文本特征提取、主题建模、聚类、语义分析、深度学习等在内的多种技术。它的主要用途是从原本未经使用的文本中提取出未知的知识[10]。大数据时代，海量信息处理的需求与数据挖掘、文本挖掘技术的飞速发展为文献综合集成研究的数据获取、数据分析与处理提供了便利，也对数据筛选、数据清洗、多源融合、集成分析提出了更

高的要求。

本书是在开放科学、大数据、先进信息技术支持的全新的集成研究时代到来之前所进行的一项研究。

第二节　文献综合集成研究的需求

一、集成研究是一种循证实践手段和方法

20 世纪七八十年代，循证医学（Evidence-based Medicine，EBM）兴起，其主张"慎重、准确和明智地应用当前所能获得的最好研究依据，同时结合临床医生的个人专业技能和多年临床经验，考虑患者的价值和愿望，将三者完美地结合，制定出治疗措施"[11]。在循证医学的带动下，护理学、心理学、教育学、图书情报学、人力资源管理、社会工作等领域开展了一场声势浩大的循证实践运动（EBP movements）。循证实践能够把多种研究证据纳入实践视野，提供实践中多种研究证据的评价标准，并为整合研究证据、实践者的个人经验与相关政策制定提供了一个框架体系，架设了研究与实践之间良性互动的桥梁。20 世纪 90 年代，循证实践逐渐成为一种新的学科范式。

循证实践的构成主要包括四个方面：研究者的证据、实践者的实践、消费者的主动参与以及管理者的协调。它遵循一个较规范的操作流程：第一，发现问题。实践者发现消费者在心理、生理与学习等方面存在的问题。第二，寻找证据。通过检索数据库和相关的实践指南尽可能全面地获取解决该问题的证据。第三，评价证据。评价证据的有用性和效度，发现能够帮助消费者解决问题的最佳证据。第四，遵循最佳证据。在征得消费者知情同意的情况下，平衡成本与效益，遵循最佳证据进行实践。第五，评估实践效果。对遵循最佳证据进行实践的效果进行评价[12]。

循证实践的核心特征是"遵循研究证据进行实践"，也就是强调在实践过程中关注并使用已有的"最好的研究证据"。循证实践的证据既可以是随机对照试验（RCT）或元分析法所获得的数据，也可以是质化研究或个案研究得到的结论，还可以是专

家意见或个体经验。各种研究证据往往质量参差不齐，有的甚至相互矛盾。那么，哪些内容才能被称为证据？哪些证据才是最佳证据？要回答这些问题，必须以全面的证据收集和严格的质量评价为基础，而集成研究就是通过全面的检索、严格的筛选以获得对研究问题的全新认识，因此，从研究证据的角度，集成研究是实现循证实践的一种手段。

此外，循证实践的核心方法是系统综述（systematic review）与元分析法[13]，这两种方法也恰是集成研究所采用的主要方法。因此，无论从研究证据的收集、获取、评价还是从研究方法角度来看，集成研究均是对循证实践研究的探索和延伸。

二、集成研究是解决大科学问题的重要方法

工业革命之后，世界科学研究的形态正在告别单枪匹马、手工作坊式，逐步进入分工协作、整体推进的"大科学时代"[14]。对于资源短缺、生态失衡、贫富差距悬殊等人类共同的全球性问题，以及国际研究前沿问题的重大突破，均需要全球科研人员的共同努力。第二次世界大战之后，随着科研活动的日益频繁以及跨学科、跨区域、跨国合作，逐渐形成了曼哈顿工程、阿波罗计划、人类基因组计划、国际空间站计划、全球变化科学计划、脑科学计划等 50 多项大科学计划或大科学工程。大科学时代的科技创新活动正在如火如荼地开展。

在大科学时代，科学研究以问题为导向来进行组织。大科学问题的解决，不仅涉及多国、多地区、多学科领域的专家协作以及各种大型仪器、设备的分工合作，而且涉及多种研究方法的综合运用以及多种研究结论之间的碰撞、融合。集成正是建立在研究结论基础之上的，对多源知识进行整体呈现、严格评价与全新解释的一种研究范式。

各个领域专家的合作研究并不是简单的物理拼凑，而是将各个领域的思想观点融会贯通，在此基础上进行深层次的合作研究。这就需要集成特定主题的大量研究文献，通过统计分析大量文献的研究结果形成该主题的一个综合性描述与分析，为不同领域的研究人员提供一个较为客观的、一般性的综合结果，以促进其他学科领域科研人员对该主题领域的快速了解，辅助科研人员之间的深度合作，加快科学研究的步伐[15]。

三、集成研究能够开展大量原始研究的综合分析

随着科学的快速进步、大量资源与人力投入科学研究，以及观测、分析、计算和交流手段的质变提升，学科领域知识得到极大丰富。针对同一问题，将产生越来越多的独立研究。这些独立研究的结论可能一致，也可能产生不同甚至是完全相反的见解。如何从大量原始研究中获取非偏倚、科学的结论是众多学者关心的问题。集成恰恰能够提供很好的解决思路。集成研究能够开展大量原始研究的综合分析，在此过程中获取针对某一问题的大量单个原始研究的核心内容，并综合采用文献计量学、投票法、元分析法、系统综述等方式，获取对特定问题的综合认识。

此外，元分析法、综合集成研讨厅、文献计量学、文本挖掘、自动抽取、机器学习等方法与技术的发展也为集成工作提供了很大便利。在知识抽取技术尚处于发展阶段的当下，文献采集、文献筛选再到数据抽取、数据整合、集成分析、可视化展示等环节的部分工作，还需要采取计算机辅助与人工标注相结合的方式：一方面由计算机实现重复性的数据抽取与分析工作，另一方面在问题确定、数据取舍、算法选择、结果解读方面加入人工参与环节，克服计算机程序的机械性及数据抽取和分析的误差率，提高结论的可信度。

四、集成研究能够促进新认识的形成

本书所探讨的集成研究是指内容层面的科学成果的元集成（meta-synthesis）。从语源学的角度来说，meta 在希腊语中意为"超越或超出"，synthesis 则是"合并或组合"[16]。也就是说集成是一种能够重组独立研究并超越独立研究的方法。换句话说，集成研究的目标是实现 1+1>2 的飞跃。

在长期的科学研究历史中，对前人成果的集成大多基于研究人员的知识判断，简单的工作综合如针对某一领域的文献综述，复杂的工作集成如千年发展目标评估和联合国政府间气候变化专门委员会（Intergovernmental Panel on Climate Change，IPCC）评估报告等。因为传统的集成工作不可重复、不可循证且易受研究人员主观意志的影响，导致复杂科学成果的集成研究面临较大挑战。

集成研究方法是高度智能化的人-机结合体系，能够系统集成研究成果、知识、认识、经验、智慧、思维、工具、手段、方法等[17]，利用计算机进行海量信息管理、知识抽取、统计分析或可视化展现，可以充分发挥集成研究成果信息来源更全面、集成工作更高效、研究过程有记录、集成结果可重复等方面的优势，最大程度上达到集成研究工作 1+1>2 的效果。

第三节 文献综合集成科学体系/概念

一、文献综合集成概念演化

文献综合集成概念经历了从集成到集成科学、综合集成方法论，再到文献综合集成等具体应用实践的演化过程（表 1.1）。

表 1.1 文献综合集成概念演化表

时间	事件	代表性研究
18 世纪	意识到集成研究成果的必要性	詹姆斯·林德（James Lind）认为需要全面客观地集成坏血病相关研究文献，形成集成结论，并试图识别集成过程中的偏倚性[18]
		法国数学家阿德利昂·玛利·埃·勒让德（Adrien-Marie Legendre）在开发最小二乘法的过程中应用了集成的思想[19]
20 世纪	形成研究集成科学，应用集中于医学、社会学、教育学、心理学	—
20 世纪 70 年代中期	面对大量相似的独立原始研究	投票法[20]
		元分析法[21]
20 世纪 70 年代末 80 年代初	系统综述受到医学研究者的重视	系统综述[22]
20 世纪 80 年代末到 90 年代初	钱学森等在关于复杂性问题的研究中，先后提出"从定性到定量综合集成方法""从定性到定量综合集成研讨厅体系"等概念	综合集成方法论[23]
现在	出现专用于集成科学成果的文献综合集成体系	文献综合集成体系[6]

（一）集成

第二次世界大战以后，人类的科学事业逐步进入大科学时代。大科学研究呈现高投入、高产出的特点，各学科交互融合，各专业领域竞相发展。随着研究成果的大量增加，如何科学地整合已有成果，并从中发现新问题、新知识变得日益重要。当前，新一轮的科技革命正在加快发展，大多科学活动都具有高投入、高产出的"交叉研究"和"大科学"的特点。在各学科专业交融发展的同时，更多研究成果加快涌现，在这种背景下，科学地整合现有成果，并从中发现新知识至关重要。

集成的概念最早可以追溯到 18 世纪，苏格兰海军外科医生詹姆斯·林德已经意识到集成研究成果的必要性。在有关坏血病的预防与治疗研究中，詹姆斯·林德认为需要全面客观地集成坏血病相关研究文献，形成集成结论，并试图识别集成过程中的偏倚性[18]。目前集成研究已经应用于医学、社会学、教育学、心理学以及资源环境等不同的领域。

国际地圈生物圈计划（International Geosphere-Biosphere Programme，IGBP）主席在科学咨询委员会第 5 次会议上提出"集成"（synthesis）的概念，指出"集成"是将不同的或者相反的思想和观点、不同方面的行动或不同类型的力量整合为统一的整体或者系统理论，最终可以使目标明确、思想统一。将主体各方面的研究成果综合出新的概念，使原有的认识水平上升到新的高度是集成研究的关键所在[24]。

（二）集成概念演化

20 世纪以前，部分领域学者与实践人员已经开始将集成思想运用到实际工作中，并且在实际应用中开始关注集成过程中偏倚性控制问题，如前文提及的詹姆斯·林德在医学领域的集成实践，法国数学家阿德利昂·玛利·埃·勒让德在开发最小二乘法的过程中应用到的集成思想等案例。

至 20 世纪，研究集成（research synthesis）科学形成，应用领域多集中于医学、社会学、教育学、心理学等。20 世纪 70 年代中期，美国的社会科学评论家发现，他们自己不得不面对大量相似的独立原始研究。由此逐渐发展出了"投票法"和"元分析法"。20 世纪 70 年代末 80 年代初，随着循证医学的起源和发展，系统综述作为一种高质量的研究证据受到医学研究者的重视[25]，并于 90 年代以后得以广泛使用。

此部分内容详见第二章第二节第一部分"集成研究的起源与发展"。

（三）综合集成方法论

20 世纪 80 年代末到 90 年代初，钱学森等在关于复杂性问题的研究中，先后提出"从定性到定量综合集成方法""从定性到定量综合集成研讨厅体系"等概念，简称为综合集成方法论。它是一种系统工程方法，其实质就是在有机地整合专家体系、信息与知识体系以及计算机体系的基础上，构建一个高度智能化的人机交互系统，在认知上从定性上升到定量，并最终实现信息、知识和智慧的综合集成[26]。

自 1990 年开放的复杂巨系统及综合集成方法正式提出以来，中国学者围绕该议题开展了大量研究。1990 年是系统科学发展的里程碑，钱学森正式提出开放的复杂巨系统理论及其方法论是定性定量相结合的综合集成方法[27]，为系统科学的发展和研究开辟了新的方向和领域。中国学者围绕开放的复杂巨系统及综合集成方法展开了大量研究。这一时期的关键任务是构建开放的复杂巨系统理论及其方法论体系，包括探讨其起源、内涵与意义等。具体而言，开放复杂巨系统理论是系统学研究的起点，综合集成方法概念的提出及发展是根本贡献所在。这一时期，定性定量相结合发展为从定性到定量的综合集成方法[28]，该转变注重突出该法的动态过程性，同时还加入了对社会关系的深入思考，如对综合集成实践形式、理论发展、工程应用等方面的研究。

中国学者在开展综合集成研究的同时，也对国际上与综合集成相关的研究展开了调查与融合，代表学者有顾基发、唐锡晋等。他们从工程实践、社会管理、企业管理等方面对日本、美国、澳大利亚、俄罗斯，以及欧盟等国家和组织开展了调查研究，研究表明：首先，国际上各领域复杂问题的研究均在走向综合集成[29]，这与我国开展的综合集成研究相类似，具体如表 1.2 所示。其次，决策支持系统架构中的数据-模型-知识-界面均在走向综合集成[30]。尤其是知识科学中 SECI 模型的提出，使得综合集成与知识科学得以相互促进[31]——知识创造场、综合集成知识系统成为对综合集成研讨厅的重新解读。与此同时，我国学者同样提出用综合集成改造知识科学，进而发展形成综合集成知识科学。这些都不断表明，随着综合集成方法研究的开放性不断增强，它不再从与相关理论的对立中寻求发展意义，转而在与相关研究的借鉴与融合过程中相互促进发展。

表 1.2　国外综合集成相关研究

国家/组织	行业	主体	内容	说明
日本	工业	日本学术振兴会（JSPS）	"未来开拓学术研究"	运用于工业生产和设计中知识的综合集成
	自动化	京都产业大学教授、现代自动控制专家椹木义一（Yoshikazu Sawaragi）	什内康那系统方法	复杂系统建模，融合定量模型与专家知识和专家判断
	环境	日本北陆先端科学技术大学院大学教授中森义辉（Yoshiteru Nakamori）	干预-想像-智能-融合-参考系统（i-system）方法	定性调查研究和处理分析、模型与知识的集成
美国	航天	美国国家航天航空局（NASA）	概率风险评估（PRA）	评估大型复杂系统安全性的方法论，集成了定性方法、定量方法和专家经验
	国家安全与反恐	美国桑迪亚国家实验室	先端概念小组及反恐工具包	通过研制反恐工具包，实现合作问题求解
欧盟	公共管理	欧盟 DES-RES 核项目	应急、危机管理 ENSEMBLE 项目	研究发生核泄漏、核废料问题的应急对策
澳大利亚	信息技术	埃迪斯科文大学；新英格兰大学	分布式专家系统（DES）综合	分布式专家系统的综合情况、方法论和综合策略
俄罗斯	社会管理、企业管理	综合集成公司（Metasynthesis Corporation）	组织控制系统概念与设计方法	用于解决社会和企业管理中的问题
美国、澳大利亚	卫生	美国国家护理研究所；北卡罗来纳大学教堂山分校；南澳大学	全面综合研究	定性综合集成的解析方法

（四）文献综合集成体系

20 世纪 90 年代循证实践逐渐成为一种新的科研范式，"遵循研究证据进行实践"，在实践过程中关注并使用已有的"最好的研究证据"是其最核心的特征。因此，系统、科学地集成多种证据已成为循证实践的首要任务。定性综合集成（qualitative meta-synthesis）和定量综合集成便是分别围绕定性研究和定量研究而形成的。定性综合集成是发现、解释一系列相关定性研究中的定性证据，并将其转换为通用形式的特定方法论[32]，包括元民族志（meta-ethnography）、扎根理论（grounded theory）、元研究（meta-study）、框架集成（framework synthesis）、生态句集成（ecological sentence synthesis）、主题集成（thematic synthesis）等方法。定量综合集成是研究人员依据明确的研究问题，全面收集并系统筛选、评价所有相关文献，同时按照信息提取标准抽取文献研究结果进行集成分析的过程。定量综合集成分析包括元分析法、非正式投票法、正式投票法等方法。

文献综合集成是对综合集成方法论的拓展和延伸。钱学森提出的"综合集成方法论"最初是面向系统工程领域，内容上更侧重于操作层面，即如何达到综合集成的效果。文献综合集成是指对各种形式、多个领域的研究成果的集成，本书属于文献综合集成的范畴。

二、文献综合集成拟解决的问题

文献综合集成作为一种以特定主题科学研究文献为对象，利用各种集成方法与技术开展综合分析，并旨在获得对研究问题的集成认识或新知识的综合性科学方法，拟解决以下几大类问题。

（一）搜集循证证据，支持循证实践

文献综合集成是一种循证实践手段和方法。循证实践的核心特征是"遵循研究证据进行实践"，无论是随机对照试验或元分析法所获得的数据，还是质化研究或个案研究得到的结论，抑或是专家意见或个体经验，都可以作为循证实践的证据。文献综合集成研究通过全面的检索、严格的筛选以获得最佳实践证据，并采用循证实践的主要方法——系统综述与元分析法作为其核心方法。

（二）聚焦多学科、跨学科问题，集成多项独立研究成果

工业革命以后，科学研究的形态逐渐告别单枪匹马、手工作坊式、进入到分工协作、整体推进的"大科学"新阶段。科技创新活动迎来全球大科学时代。文献综合集成顺应大科学时代要求，聚焦多学科、跨学科问题，集成多项独立研究成果，采用元分析、系统综述、文献计量、内容分析等丰富的研究方法，对多源知识进行整体呈现与深度剖析，并形成新的科学见解。

（三）揭示多维信息，深度展示研究细节

文献综合集成从"文献""文献中的知识""文献中的数据"三个维度揭示科研成果中不同层面的信息。"文献"层面主要揭示科研成果的外部特征信息，如作者、

文献来源、机构、出版时间、国别等外部特征信息。"文献中的知识"层面主要揭示文献中的知识单元，包括研究主题、摘要、关键图表、研究方法、研究结果等各类信息。"文献中的数据"层面主要揭示科学研究中的数据和结论，产生新知识或解释。该层面是文献综合集成的核心研究部分。

（四）把握研究整体态势，开展主题计量分析

文献综合集成能够收集和分析特定主题下的科学研究文献，并采用文献计量学研究方法，对该主题的发文年代、文献来源、引用关系、研究国家、研究机构、研究主题等进行计量分析，获得对该主题研究态势、前沿焦点、发展演化等的综合认识。

（五）浓缩研究思想，提炼研究核心信息

文献综合集成能够整合相关研究工作，提炼每篇论文的核心信息，并将特定主题下不同的独立研究结论浓缩，使读者、科研人员更直观地了解特定主题的研究进展。按照一定的结构将每篇文献的核心内容进行抽取和整合，得到其核心内容的叙述性概括，如"[作者]在[出版时间]发表了[题名]，研究时间是[研究时间]，使用[研究方法]对[研究问题]进行研究，得出[观点/核心成果/结论]"。

（六）创造新知识，形成新认识

获取对研究问题的集成认识或新知识是文献综合集成的终极目标。文献综合集成从原始研究中抽取集成工作的要素信息，包括文献外部特征信息、命名实体特征信息以及研究设计项目等内容特征信息。并对抽取出来的特征信息和知识进行集成处理，通过异质性检验、敏感性分析、合并效应量等方式创造新知识、形成新认识。

第四节　国际与国内研究现状

一、文献综合集成研究在国际的研究进展

世界科克伦协作网络组织于 1993 年成立，能够提供不断更新的、关于卫生保健

的随机对照试验的系统综述。作为数世纪以来更新科学知识工具的系统综述文章由此拉开了当代典型性评价的序幕。格兰特（Grant）和布斯（Booth）系统阐述了健康和健康信息领域最常见的综述案例，应用检索-评价-集成-分析（SALSA）框架分析了 14 种综述类型和相关方法[33]（表 1.3）。他们指出这些综述类型并不是相互排斥的，也没有明确的界限，它们之间会有相互重叠的部分。

表 1.3　综述类型和相关方法

序号	中文标签	英文标签	描述	综合方法
1	批判性综述	critical review	广泛研究文献并批判性地评价其质量，在分析程度和概念创新方面超越了单纯的描述，通常会产生假设或模型	典型的叙述，可以按照概念或时间维度进行
2	文献综述	literature review	对已发表文献进行审查的通称，基于不同层次的完整性和全面性覆盖较大范围的主题，可能会有研究发现	典型的叙述
3	映射综述/系统地图	mapping review/systematic map	识别和分类特定主题的可用文献，确定并描述所选领域的研究性质、数量和特征	可以是图形或表格
4	元分析法	meta-analysis	应用统计学方法整合定量研究结果从而提供更精确的研究结果	图形、表格以及叙述评论
5	混合研究综述/混合方法综述	mixed studies review/mixed methods review	多种方法的组合，其中一个重要的组成部分是文献综述（通常是系统综述）。在综述背景下指的是综述方法的组合，如将定量研究与定性研究相结合，或者将结果与过程研究相结合	典型的叙述和表格两个部分都会呈现。也可能使用图形手段来整合定量和定性研究
6	综述	overview	对旨在调查并描述特征的文献的总结	综合取决于是不是系统性的。典型的是叙述，但也可能包括表格
7	定性系统综述/定性证据综合	qualitative systematic review/qualitative evidence synthesis	整合或比较定性研究结果的方法。它查找存在于单个定性研究或定性研究之间的"主题"或"构念"	定性的、叙述性综合
8	快速综述	rapid review	对现有研究使用系统综述方法搜索并批判性地评价，对已知政策或实践问题进行评估	典型的叙述和表格
9	范围综述	scoping review	初步评估可用研究文献的潜在规模和范围，旨在确定研究证据的性质和范围（通常包括正在进行的研究）	典型的表格以及一些叙述评论
10	最新综述	state-of-the-art review	与其他回顾性方法相比，倾向于解决当前的问题，可以为问题提供新的观点或指出进一步研究的领域	典型的叙述，可能会伴随有表格

续表

序号	中文标签	英文标签	描述	综合方法
11	系统综述	systematic review	系统性搜寻、评价和综合研究证据，通称遵循指南实施综述	典型的叙述并伴随有表格
12	系统搜索及综述	systematic search and review	将文献评论的优势和综合搜索过程相结合，代表性地通过"最佳证据合成"解决更多问题	最少的叙述，用表格总结研究
13	系统化综述	systematized review	试图包括系统综述过程的要素而阻止系统综述不足之处。经常在研究生学生任务中进行	典型的叙述并伴随有表格
14	系统综述再评价	umbrella review	特指汇编多个综述中的证据形成一个可获取、可用的文件。侧重于有相互矛盾的干预措施的问题和情形，并强调针对这些干预及其结果的综述	图形、表格以及叙述评论

本书基于科学信息研究所（Institute Scientific Information，ISI）知识网（Web of Knowledge）平台，在科学网（Web of Science，WoS）核心合集中，构造检索式 TS="research synthesis"OR"evidence-based Practice"OR"systematic review"OR"systematic literature reviews"OR"meta-synthesis"OR"meta-analysis"OR"meta- analytical"OR"meta-analytic"，将语种限定为英语，并将文献类型限定为综述和期刊论文，进行检索得到文献 268 010 篇（截至 2020 年 10 月 30 日），并基于这些文献进行综合集成研究态势分析。

（一）发文量随年度变化情况

WoS 中文献综合集成研究的年度发文量如图 1.1 所示（统计时间截至 2019 年 12 月 31 日）。从图 1.1 中可见，文献综合集成研究最早始于 1965 年，其发文趋势可分为以下两个阶段：1965—2003 年，年发文量均低于 2000 篇，增长缓慢；2004 年至今，伴随着总体文献数量的爆炸式增长，文献综合集成研究的发文量急速增长，呈现指数增长态势。这说明：①文献综合集成研究的需求越来越大，无论是对于个人还是组织，越来越需要综合现有的研究、调和不一致的研究结果以及鉴别知识之间的差异，并为未来的研究绘制路径。②综合集成研究方法是一种重要的研究方法，学者对此方法的重视与日俱增，大量学者应用该方法从事相应的科学研究活动。③综合集成研究的新观点、新方法、新技术不断涌现，应用领域进一步扩大，从而吸引更多学者将其作为方法学工具不断研究或将该方法应用于具体研究领域。

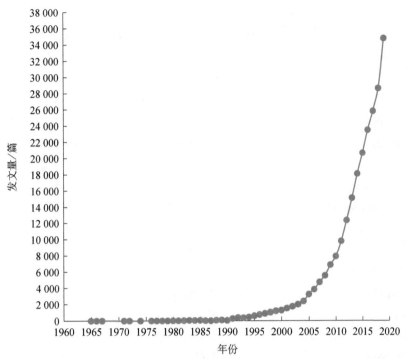

图 1.1　WoS 文献综合集成研究随年份变化情况

（二）来源学科类别分布情况

综合集成研究文献的来源学科可大致反映出研究领域的知识来源及应用范围。因此，本书通过获取 WoS 核心合集中表示来源出版物所属学科类别的"WoS 类别"字段信息对综合集成研究文献的 WoS 类别进行统计，以反映其应用领域。统计发现，268 010 篇研究文献来源于 242 个 WoS 类别，可见应用领域比较广泛。中国国家自然科学基金学科分类法将自然科学分为七大类：数理科学部、化学科学部、生命科学部、地球科学部、工程与材料科学部、信息科学部、管理科学部。将 242 个 WoS 类别与国家自然科学基金学科分类（以下简称国自然分类）进行映射，其中约 40%的 WoS 类别属于国自然分类生命科学部（包括基础生物学、农业科学、医学与药学），该分类所包含文献占总体文献的 86%。以上数据表明虽然综合集成研究文献的 WoS 类别来源广泛，但其主要应用于生命科学领域，且该领域使用文献综合集成研究方法的强度远远超过其他领域。按 WoS 类别所包含文献数量取 Top 20，统计结果见表 1.4，从表中可见，Top 20 中除了多学科科学，其他类别均属于国自然分类生命科学部。

表 1.4 文献综合集成研究的 Web of Science 类别统计表（Top 20）

Web of Science 类别	中文名称	文献数量	所占比（%）
Medicine General Internal	普通内科医学	24 051	8.97
Surgery	外科手术	18 202	6.79
Oncology	肿瘤学	17 483	6.52
Public Environmental Occupational Health	公共环境职业卫生	15 724	5.87
Clinical Neurology	临床神经病学	14 449	5.39
Psychiatry	精神病学	13 235	4.94
Pharmacology Pharmacy	药理学	10 641	3.97
Health Care Sciences Services	卫生保健科学服务	9 875	3.69
Cardiac Cardiovascular Systems	心脏及心血管系统	9 446	3.52
Neurosciences	神经科学	9 333	3.48
Multidisciplinary Sciences	多学科科学	9 004	3.36
Gastroenterology Hepatology	胃肠肝病学	7 913	2.95
Orthopedics	骨科	7 542	2.81
Medicine Research Experimental	医学研究实验	7 390	2.76
Obstetrics Gynecology	妇产科	7 248	2.70
Nursing	护理学	7 220	2.69
Rehabilitation	康复	7 013	2.62
Endocrinology Metabolism	内分泌代谢	7 008	2.62
Pediatrics	儿科	6 205	2.32
Dentistry Oral Surgery Medicine	牙科口腔外科医学	5 751	2.15

为了进一步了解文献综合集成研究在其他学科领域的应用情况，从 242 个 WoS 类别中移除属于国自然分类生命科学部的类别，获得 146 个其他 WoS 类别。同样取 Top 20，统计结果见表 1.5。从表 1.5 中可见，多学科科学、环境科学、教育学及教育研究、管理学、社会工作、商业、经济学等学科开展了较多的文献综合集成研究。

表 1.5 文献综合集成研究的 WoS 类别（去除国自然分类生命科学部类别）
统计表（Top 20）

WoS 类别	中文名称	文献数量/篇	占比/%
Multidisciplinary Sciences	多学科科学	9 004	16.52
Environmental Sciences	环境科学	4 646	8.53
Education & Educational Research	教育学及教育研究	3 248	5.96
Management	管理学	2 977	5.46
Social Work	社会工作	2 028	3.72
Business	商业	1 763	3.24

续表

WoS 类别	中文名称	文献数量/篇	占比/%
Economics	经济学	1 579	2.90
Statistics & Probability	统计与概率	1 485	2.73
Social Sciences，Interdisciplinary	社会科学交叉学科	1 329	2.44
Education，Special	特殊教育	1 241	2.28
Education，Scientific Disciplines	教育科学	1 210	2.22
Family Studies	家庭学习	1 153	2.12
Criminology & Penology	犯罪学	1 151	2.11
Information Science & Library Science	信息科学与图书馆科学	1 068	1.96
Environmental Studies	环境研究	1 035	1.90
Computer Science，Information Systems	计算机科学与信息系统	984	1.81
Computer Science，Interdisciplinary Applications	计算机科学，跨学科应用	915	1.68
Green & Sustainable Science & Technology	绿色可持续科学技术	706	1.30
Linguistics	语言学	690	1.27
Chemistry，Multidisciplinary	化学多学科	553	1.01

总之，虽然文献综合集成研究的学科来源与应用广泛，但由于不同学科的自身属性、演变路径等原因，文献综合集成研究在学科间的应用具有显著差异性。依据国自然分类，生命科学部是文献综合集成研究的主要应用领域，环境科学、教育学及教育研究、管理学、社会学等学科次之。

（三）基于各主题词的发文量比较

分别以 "research synthesis"（RS，研究综合）、"evidence-based practice"（EBP，循证实践）、"systematic review" OR "systematic literature reviews"（SR，系统综述）、"meta-analysis" OR "meta-analytical" OR "meta-analytic"（MA，元分析）、"meta-synthesis"（MS，综合集成）为主题词，将语种限定为英语，将文献类型限定为综述和期刊论文进行检索，检出文献数量如表 1.6 所示，各自年度发文量变化情况如图 1.2 所示（其中 SR、MA 参照主坐标轴，RS、EBP、MS 参照次坐标轴）。从表 1.6 和图 1.2 可见，系统综述与元分析的发文趋势非常相似，已成为文献综合集成研究中的主体，其热度近年来呈指数上升，在文献综合集成研究中占据重要地位；研究综合出现时间比较早，也有人认为系统综述最早源于研究综合，早期二者有时互换使用，现在系统综述的使用越来越流行，研究综合的使用较少，但也在逐年缓慢增加；

综合集成作为质性研究方法，出现较晚，逐年平稳增加；循证实践出现于 20 世纪 90 年代初，时间较晚，但其增长相对较快，也是当前热门的研究方法。

表 1.6　各个主题词检出文献数量

主题词	检索字段	文献数量/篇
"research synthesis"	主题	1 176
"evidence-based practice"	主题	12 469
"systematic review" OR "systematic literature reviews"	主题	168 951
"meta-analysis" OR "meta-analytical" OR "meta-analytic"	主题	160 850
"meta-synthesis"	主题	1 443

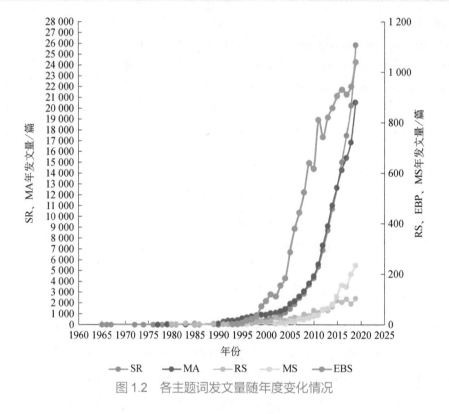

图 1.2　各主题词发文量随年度变化情况

在检出文献中，systematic review 最早出现在 Gans 等人于 1966 年发表在《以色列动物学杂志》上的《蛇头草属植物的系统综述》中[34]。meta-analysis 最早出现在 M. L. 史密斯（M. L. Smith）和 G. V. 格拉斯（G. V. Glass）于 1977 年发表在《美国心理学家》上的《心理治疗结果研究的元分析》中[35]。research synthesis 最早出现于赫奇斯（Hedges）等人于 1980 年在《心理学公报》上发表的《研究综合中的计票方法》中[36]。"evidence-based practice" 最早出现在 M. 贾斯特伦斯基（M. Jastremski）等人于 1993 年发表在《危重病医学》上的《应用于脉搏血氧仪的技术评估模型》一文中[37]。

在对质性研究结果进行整合的方法中，以 meta-synthesis 最常用，其作为主题词最早出现于 1996 年 L. A. 詹森（L. A. Jensen）等人发表在《定性健康研究》上的《定性结果的综合集成》中[38]。

（四）文献综合集成研究关键词分析

关键词是对研究文献研究内容的高度抽象、概括，在一定程度上能够反映研究文献的主题。本书按学科考察 WoS 文献综合集成研究的高频关键词，主要统计了环境科学、教育学及教育研究、管理学、经济学、情报学图书馆学、计算机科学与信息系统等学科中文献综合集成研究的高频关键词，以深入了解该研究方法在各学科的应用情况，比较该方法在学科之间的应用差异，统计结果如表 1.7 所示。

表 1.7　各学科高频关键词

学科	高频关键词
环境科学	元分析、系统综述、气候变化、空气污染、死亡率、可持续性、生物多样性、中国、流行病学、生态系统服务、可吸入颗粒物、温度、保护、健康、体育活动、农业、风险评估、文献综述
教育学及教育研究	元分析、系统综述、循证实践、高等教育、专业发展、学术成就、文献综述、效应量、研究综合、评估、学习、干预、评价、科学教育、技术、成就、教师教育、动机
管理学	元分析、系统综述、文献综述、领导力、性能、创新、循证实践、可持续性、公司业绩、信任、性格、知识管理、可持续发展、变革型领导、企业社会责任、文献计量分析、企业家精神
经济学	元分析、系统综述、经济评价、成本效益、发表偏倚（publication bias，也称为文件抽屉）、经济增长、利益转移、多元回归分析、支付意愿、成本效益分析、网状元分析、出版选择性偏差、估值、文献综述、外国直接投资、贝叶斯模型平均、生活质量、中国、多元回归、气候变化、非洲、综合分析、生态系统服务、生产力、卫生技术评估、农业、成本效用分析
情报学图书馆学	系统综述、元分析、循证实践、定性、文献综述、信息素养、知识管理、技术路线、卫生保健、社交媒体、高校图书馆、定性研究、电子健康记录、文献计量学、综合集成、知识共享、图书馆事业、信息检索、信息系统、医疗信息技术、图书馆员、知识转移、
计算机科学与信息系统	系统综述、元分析、文献综述、机器学习、分类学、云计算、循证实践、电子健康记录、远程医疗、医疗信息技术、互联网、安全、软件工程、医学信息学、循证医学、物联网、决策支持系统、社交媒体、信息系统、需求工程、患者安全、信息技术、循证软件工程、深度学习、区块链、通信、经验软件工程、参考书目、信息学、信息检索

"元分析"和"系统综述"在所有学科中都是使用频率最高的词，教育学及教育研究、管理学、情报学图书馆学学科应用"循证实践"比较多。环境科学学科在气候变化、空气污染、生物多样性等细分领域广泛开展了基于文献的研究成果集成。教育学及教育研究中主要采用了定量系统综述（quantitative systematic review）即元分析法，其核心是

效应量的合并,该学科中使用比较多的统计分析方法是差异检验和相关分析。"领导力""创新"是管理学的热门研究主题,学者对其研究时广泛应用了元分析法、系统综述方法,合成相关研究结果。经济学学科的高频关键词中的"网状元分析""贝叶斯模型平均"等是比较复杂的元分析法,传统的元分析法通常只比较2个干预措施,而"网状元分析"则在面对多种干预措施时,为有效合成研究成果提供有效方法;"贝叶斯模型平均"简单来讲就是用经典的贝叶斯方法进行统计推断,也为解决复杂问题提供可能。通过高频关键词可以看出,情报学图书馆学不仅开展了定量系统综述研究,而且也开展了定性系统综述研究。"机器学习""云计算""深度学习"等近几年来在计算机领域开展得如火如荼,这在计算机科学与信息系统学科的文献综合集成研究高频关键词中也得到了体现。

(五) 基于高被引、热点文献的合作情况

本书基于文献综合集成研究中的高被引、热点文献研究以下三个维度的合作情况:国家层次、机构层次、作者层次。从 268 010 篇文献中共获得 6316 篇高被引、热点文献。

1. 国家层次发文量及合作情况

对 6316 篇高被引、热点文献的所属国家进行统计,如表 1.8 所示。文献综合集成研究高被引、热点文献最多的国家为美国,其次为英国、澳大利亚,中国排名第7。排名前 18 的国家(约占世界国家总量的 9.14%)对文献集成研究高被引、热点文献的贡献度共为 89.47%,该分布符合二八定律以及集中离散趋势。

表 1.8　综合集成研究文献量在 50 篇以上的国家

序号	国家	文献数量/篇	占比/%	序号	国家	文献数量/篇	占比/%
1	美国	1694	27.15	10	西班牙	122	1.96
2	英国	972	15.59	11	法国	121	1.95
3	澳大利亚	480	7.71	12	瑞典	102	1.65
4	加拿大	470	7.53	13	丹麦	102	1.65
5	荷兰	353	5.67	14	比利时	87	1.40
6	德国	272	4.37	15	巴西	70	1.13
7	中国	242	3.88	16	挪威	64	1.03
8	意大利	188	3.02	17	希腊	51	0.83
9	瑞士	133	2.14	18	爱尔兰	50	0.81

在高被引、热点文献中，有 3169 篇研究文献（占所有文献的 50.17%）的作者归属至少两个国家。其中 2018 年发表在《柳叶刀》上的研究文献 1990—2016 年 195 个国家和地区的酒精使用和负担：2016 年全球疾病负担研究的系统分析（"Alcohol Use and Burden for 195 Countries and Territories，1990—2016：A Systematic Analysis for the Global Burden of Disease Study 2016"）[39]，其合作规模最大，由英国、美国、越南、也门、赞比亚、法国、阿根廷、澳大利亚等 81 个国家和地区合作完成，其被引频次截至统计之时达 1214 次。可见，国家和地区之间的合作对高质量的文献综合集成研究贡献度非常大。为了进一步研究国家和地区之间在文献综合集成研究方面的交流合作情况，绘制了国家和地区的合作网络图，如图 1.3 所示。文献综合集成研究高被引、热点文献产出国家都广泛开展了与其他国家和地区的合作，其中美国作为最大的节点与其他 144 个国家和地区开展了交流与合作；其次是英国，作为第二大节点与 142 个国家和地区在文献综合集成研究方面开展了交流与合作；中国所处节点也比较大，与 133 个国家和地区在该研究领域开展了合作。

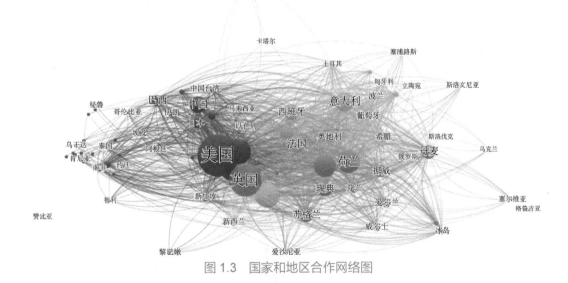

图 1.3　国家和地区合作网络图

2. 机构层次发文量及合作情况

在文献综合集成研究的 6316 篇文献中，高被引、热点文献的作者所属机构有 9516 个。发文量排名前 20 的机构如图 1.4 所示。对高被引、热点文献贡献度最大的机构是英国牛津大学，共发文 303 篇。其次是加拿大多伦多大学，发文 300 篇，美国哈佛大学以 289 篇位居第3。

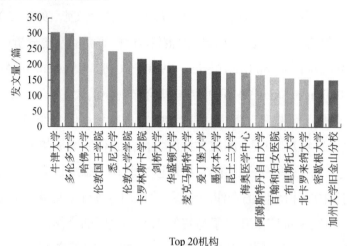

图 1.4　高被引、热点文献的机构发文量

对机构之间的合作情况进行统计发现，牛津大学与 794 个其他机构开展了合作，在合作机构数量上位居第一，其次是多伦多大学，与 776 个机构进行了交流合作，哈佛大学位居第3，与 770 个机构开展了交流合作。另外，哈佛大学与百翰和妇女医院之间的合作最为频繁，达 94 次，其次为剑桥大学与牛津大学之间的合作，达 71 次。绘制的机构合作网络图如图 1.5 所示。

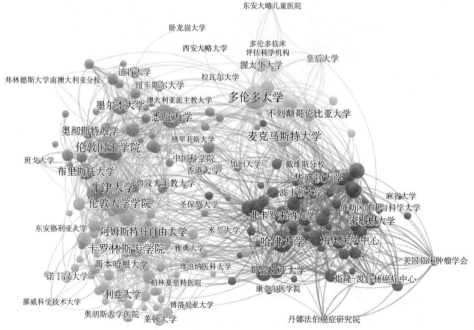

图 1.5　机构合作网络图

3. 作者层次发文量及合作情况

6316 篇高被引、热点文献中,由一位作者独立完成的文献只占 2%,其余文献均至少有两位作者,平均每篇有 10.5 个作者。拥有 3.6 位作者的文献最多,达 50%。其中 2018 年发表于《柳叶刀肿瘤学》(*The Lancet Oncology*)期刊的早期乳腺癌新辅助化疗与辅助化疗的长期结果:来自 10 个随机试验个体患者数据的元分析("Long-term Outcomes for Neoadjuvant Versus Adjuvant Chemotherapy in Early Breast Cancer: Meta-Analysis of Individual Patient Data from Ten Randomised Trials")[40]一文以拥有 546 位作者占据数量之首。

对作者的发文量进行统计,发文量在 30 篇以上、排名前 24 的作者如表 1.9 所示。图 1.6 为表中作者绘制合作网络图。该网络图中共有 24 个节点、149 条边,也就是说 24 位作者之间共建立 149 项合作关系,平均每位作者与其他 12 位作者进行了合作。发文量最高的作者有四位,即 A. 霍夫曼(A. Hofman)、M. 穆拉德(M. Murad)、J. 李(J. Lee)、F. 胡(F. Hu),均有 44 篇产出。A. 霍夫曼与 J. 李作为中心节点均与其他 18 位作者开展了合作,F. 胡与 16 位作者建立合作,而发文量同样居首的 M. 穆拉德与该网络中 2 位作者进行了合作。由此可知,高产作者之间的合作非常频繁。

表 1.9 高被引、热点文献发文量在 30 篇以上、排名前 24 的作者

作者	文献数量/篇	作者	文献数量/篇	作者	文献数量/篇
A. Hofman	44	J. Higgins	38	G. Guyatt	30
M. Murad	44	M. Woodward	37	D. Vancampfort	30
J. Lee	44	P. Ridker	35	H. Campbell	30
F. Hu	44	X. Wang	34	K. Stefansson	30
Y. Wang	43	Y. Li	34	V. Gudnason	30
Y. Liu	43	A. Uitterlinden	34	N. Wareham	30
B. Stubbs	41	V. Salomaa	32	J. Chen	30
P. Cuijpers	40	K. Khaw	31	N. Martin	30

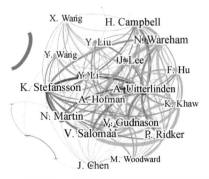

图 1.6 高被引、热点文献高产作者合作网络图

二、文献综合集成研究在国内的研究进展

（一）中国知网文献综合集成研究在各学科的分布情况

基于中国知网（CNKI）平台，构造检索式"SU='元分析' OR SU='荟萃分析' OR SU='meta 分析' OR SU='系统评价' OR SU='系统综述' OR SU='循证实践' NOT SU='主元分析' NOT SU='物元分析' NOT SU='有限元分析' NOT SU='多元分析' NOT SU='离散元分析'"进行检索，资源类型选择"期刊"，得到 37 562 篇文献（截至 2020 年 11 月 10 日）。这些文献的分布见图 1.7。其中医药卫生科技类文献为系列 1，以蓝色柱子表示，包括 32 939 篇文献，占文献总量的 87.69%。其他类文献为系列 2，以橙色柱子表示。国内开展文献综合集成研究的学科类别比较少，大部分集中在医药卫生科技领域，其他开展了文献综合集成研究的学科包括教育、计算机、体育、心理、工商管理、交通运输、图书情报档案、环境等。

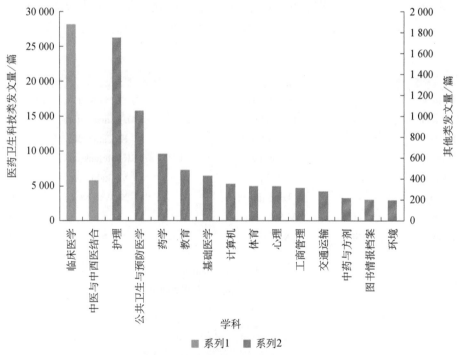

图 1.7 CNKI 检出文献在各个学科的分布情况

（二）发文量随年份变化情况

CNKI 中文献综合集成研究发文量随年份变化情况如图 1.8 所示。国内文献综合集

成研究也可分为两个阶段：1980—2004 年，发文量比较少，增长缓慢；2004 年至今，发文量进入快速增长期，与 WoS 数据库中发文量随年份演变趋势非常相似。这说明我国越来越多的学者开始关注文献综合集成研究，并将该方法论应用于自己的研究中。

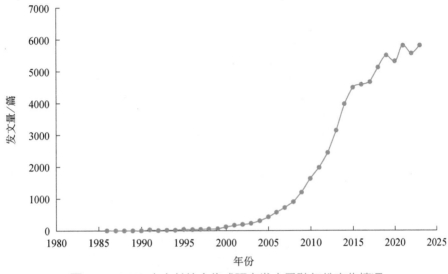

图 1.8　CNKI 中文献综合集成研究发文量随年份变化情况

（三）关键词分布情况

为了深入分析文献综合集成研究的应用领域，在 CNKI 的高级检索中选择期刊检索，在文献分类目录中去除医药卫生科技，选择基础科学、工程科技I辑、工程科技II辑、农业科技、哲学与人文科学、社会科学I辑、社会科学II辑、信息科技和经济与管理科学等，限定时间为 2010—2020 年，选择核心期刊、中文社会科学引文索引（Chinese Social Sciences Citation Index，CSSCI）和中国科学引文数据库（Chinese Science Citation Database，CSCD），以查看文献综合集成研究在非医学领域的应用情况。经过检索并剔除不相关文献，得到 1182 篇文献（检索时间为 2020 年 11 月）。

关键词是文献的核心和精髓，是对文献内容的高度精练和总结。通过关键词的词共现分析可以有效获取文献的主题分布和演化[41]，从而可以纵览文献综合集成研究进展情况。用 SATI 文献题录信息统计分析工具提取 1182 篇文献关键词进行词频统计，将结果导入 Excel 中对其进行数据清洗（如将同义词合并等），选取词频≥4 的 124 个关键词（表 1.10），应用 VOSviewer 对关键词的词共现关系进行模块化聚类，结果如图 1.9 所示。

表 1.10 CNKI 文献综合集成研究关键词词频（≥4）

关键词	词频/次	关键词	词频/次	关键词	词频/次
元分析法/Meta 分析	865	主观幸福感	8	奶牛	5
系统评价	65	调节作用	8	网络成瘾	5
调节效应	55	变革型领导	8	教学方法	5
循证实践	40	质量评价	8	自尊	5
影响因素	33	相关系数	7	健康教育	5
心理健康	32	秸秆还田	7	运动活动	5
学生	25	自杀意念	7	潜在调节变量	5
R 软件	22	生长性能	7	组织学习	5
企业绩效	22	社会资本	7	虚拟现实	5
荟萃分析	22	方法学质量	7	精准扶贫	5
系统综述	21	多媒体学习	6	有氧运动	4
网状元分析	19	SAS 软件	6	学习	4
大学生	18	统计学	6	多态性	4
文献计量学	15	研究方法	6	社会工作	4
创新绩效	14	高强度间歇训练	6	抗阻训练	4
效应量	14	远程教育	6	文化差异	4
组织绩效	14	干预	6	社交媒体	4
青少年	13	证据	6	大气污染	4
随机对照试验	12	抑郁	6	实验研究	4
精神卫生	12	企业创新	6	中国情境	4
儿童	12	情绪智力	6	儿童青少年	4
中国	11	综述	6	发生率	4
性别差异	11	信息技术	5	学业成绩	4
产量	11	评价	5	执行功能	4
学习效果	11	社会支持	5	猪	4
焦虑	10	肥胖	5	护理	4
调节变量	10	孤独感	5	整合分析	4
老年人	10	骨密度	5	系统评价再评价	4
玉米	10	信度	5	干预效果	4
STATA 软件	10	身体活动	5	孤独症谱系障碍	4
绩效	9	候选基因	5	WinBUGS 软件	4
SCL-90	9	市场导向	5	肌肉力量	4
大豆	9	电离辐射	5	价值转移	4
效应值	9	情境因素	5	自我伤害行为	4
异质性	8	知识共享	5	准实验	4
留守儿童	8	运动员	5	可视化	4
数量性状基因座（QTL）	8	信任	5	运动处方	4
学业成就	8	工作绩效	5	质性元分析法	4

关键词	词频/次	关键词	词频/次	关键词	词频/次
翻转课堂	4	运动干预	4	中学生	4
温室气体	4	报告质量	4	行为	4
知识转移	4	边界条件	4		
PM$_{2.5}$	4	组织创新	4		

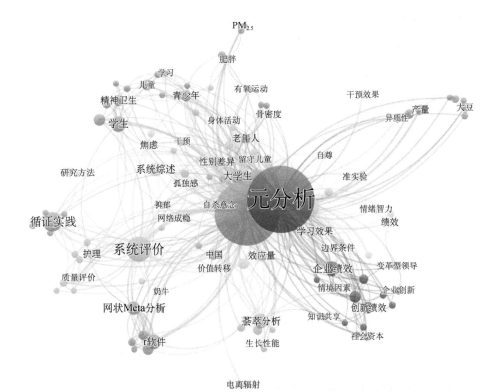

图 1.9 CNKI 文献综合集成研究（非医学类）关键词聚类

由关键词聚类分布可知，元分析法/Meta 分析/荟萃分析在文献综合集成研究中是应用最多的方法，其作为桥梁连接起不同的研究主题。较大的几个簇揭示了以下几个研究主题。

1. 文献综合集成研究在管理学学科的应用

主要基于中国情境，应用元分析法并借助潜在调节变量聚焦企业/组织创新、企业/组织绩效、知识共享等。

2. 文献综合集成研究在心理学学科的应用

文献综合集成研究在心理学学科中的热点主要是基于世界上最著名的心理健康

测试量表之一 SCL-90，应用统计学方法进行研究综合，研究价值转移、自我伤害行为、网络成瘾等心理健康及精神卫生状况。采用的方法是系统综述和元分析法，并且考虑多个调节变量。

3. 文献综合集成研究在教育学和体育学学科的应用

心理学、教育学和体育学学科所在的簇之间会有一些交叉，在教育学学科中主要关注教学方法、学习效果、学业成绩、翻转课堂、远程教育等。在体育学学科中健康教育、有氧运动、运动活动、抗阻训练、运动干预等为高频词。

4. 文献综合集成研究在农作物产量方面的应用

高频关键词包括元分析法、产量、候选基因、大豆、玉米、奶牛、猪、生长性能。在元分析法中，主要将相关系数作为效应量。

5. 文献综合集成研究在环境科学领域的应用

主要采用元分析法，聚焦于 $PM_{2.5}$、大气污染、温室气体、秸秆还田等。

另外一些比较小的簇也揭示了文献综合集成研究中的某些特征，比如在该类研究中使用的计算机工具主要有：R 软件、SAS 软件、STATA 软件、WinBUGS 软件等。在这些软件中都可以进行高级元分析法，如网状元分析法。

三、国际和国内文献综合集成研究进展比较

文献综合集成研究在国内的开展虽然起步晚于国外，但在引入国内后受到了较大关注，近年来增长趋势明显。国际和国内的文献综合集成研究在学科分布方面相似，主要集中在医学领域，国际在环境科学、社会科学等领域的相关研究占比要高于国内。

国际上涌现了很多致力于综合集成研究的组织，如科克伦协作网（Cochrane Collaboration）、坎贝尔协作网（Campbell Collaboration）、开放性学术组织环境证据协作网（Collaboration for Environmental Evidence，CEE）等。这些组织有力地促进并推动了综合集成方法学的发展及其应用，并能提供高质量的系统综述。在国内，相关研究机构和组织较少。

　　另外，国外开展了一些将机器学习和自然语言处理技术应用于加快文献综合集成过程的研究，并开发了相应的工具进行文献搜索、筛选和数据抽取，但国内在这方面的研究还相对滞后。

第五节　　研究框架

　　本书共分为六个章节，各章内容如下。

　　第一章介绍文献综合集成研究范式与实践的研究背景与意义，分析文献综合集成研究的需求，在对国内外相关研究进行简要述评的基础上，提出本书的研究框架。

　　第二章系统梳理与文献综合集成相关的概念，对其发展演变情况进行详细描述，主要涉及循证实践、集成研究、系统综述、元分析法、文献计量学、内容分析法以及文献综合集成。

　　第三章在明确文献综合集成研究目标与研究对象的基础上，提出本书理论部分的核心理论——文献综合集成流程。该流程包括确定集成研究问题、集成研究文献采集、集成研究文献筛选、知识和数据抽取、集成分析、综合集成研究结论与成果汇总报告6个紧密相连的环节。同时介绍了文献综合集成流程中涉及的各种方法与技术。

　　第四章介绍由本研究团队开发的文献综合集成系统平台，包括系统概述、系统功能、系统工作流程、文献综合集成研究报告的形式等内容。

　　第五章分析使用文献综合集成系统平台实施的成功的集成案例，包括基于文献综合集成系统平台的温度和湿度对COVID-19传播的影响研究和基于文献综合集成的青藏高原现代雪线高度研究态势研究两个案例。

　　第六章为文献综合集成展望，包括综合集成对象的扩展、集成技术与方法的优化、文献综合集成应用领域的拓宽，以及集成专业性与操作易用性相结合等。

　　本书的核心内容如图1.10所示。

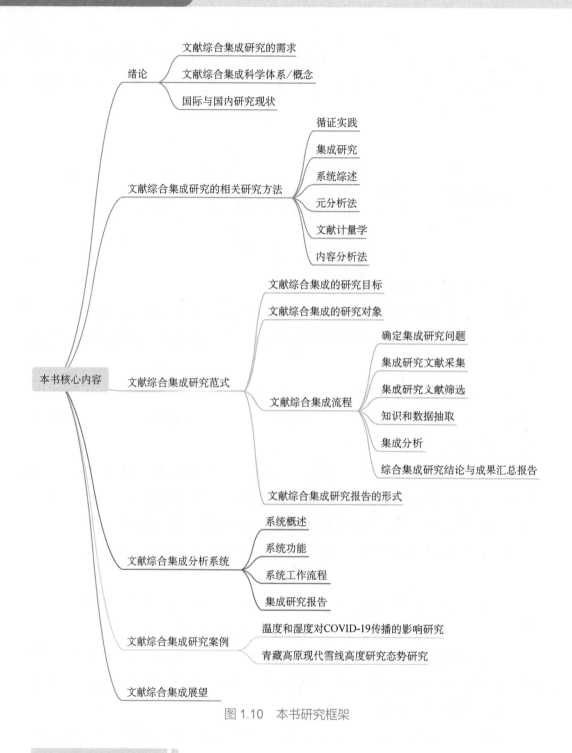

图 1.10　本书研究框架

本章参考文献

[1] 金萍. 试论古希腊罗马时代科学发展的特点及其影响[J]. 阜阳师范学院学报（自然科学版），

1989，6（2）：94-97.

[2] 刘明翰，张志宏. 文艺复兴的时代、巨人和科学[J]. 历史研究，1978，（5）：35-46.

[3] 任毅军. 国外检索期刊出版的历史演进与发展趋势[J]. 国家图书馆学刊，2001，10（1）：31-37.

[4] 吕洁. 科学共同体的形成及机制优化[J]. 科学学与科学技术管理，1999，20（1）：34-36.

[5] 林钧海，张跃发. 论近代自然科学的几个特点[J]. 青海师范学院学报(哲学社会科学版)，1983，5（1）：17-21.

[6] Cooper H，Hedges L V，Valentine J C. The Handbook of Research Synthesis and Meta-Analysis[M]. New York：Russell Sage Foundation，2009：34-39.

[7] 盛小平，杨智勇. 开放科学、开放共享、开放数据三者关系解析[J]. 图书情报工作，2019，63（17）：15-22.

[8] 宋万清，杨寿渊，陈剑雪，等. 数据挖掘[M]. 北京：中国铁道出版社，2019.

[9] 韩客松，王永成. 文本挖掘、数据挖掘和知识管理：二十一世纪的智能信息处理[J]. 情报学报，2001，（1）：100-104.

[10] 梅馨，邢桂芬. 文本挖掘技术综述[J]. 江苏大学学报（自然科学版），2003，24（5）：72-76.

[11] 黄伟红，杨文登. 心理治疗中的循证实践及其哲学思考[J]. 医学与哲学（人文社会医学版），2008，29（8）：53-54，57.

[12] 杨文登. 循证实践：一种新的实践形态?[J]. 自然辩证法研究，2010，26（4）：106-110.

[13] Liu J T，Zhou J，Yao J X，et al. Impact of meteorological factors on the COVID-19 transmission：a multi-city study in China[J]. Science of the Total Environment，2020，726：138513.

[14] 本报评论员. 科技创新正迎来全球大科学时代[N]. 光明日报，2018-04-04（8）.

[15] 李雪梅. 定量文献集成理论框架构建与实证研究[D]. 北京：中国科学院大学，2013.

[16] Borenstein M，Hedges L V，Higgins J P T，et al. Introduction to Meta-Analysis[M]. Chichester：Wiley，2009.

[17] 于景元，周晓纪. 从综合集成思想到综合集成实践：方法、理论、技术、工程[J]. 管理学报，2005，2（1）：4-10.

[18] Chalmers I，Hedges L V，Cooper H. A brief history of research synthesis[J]. Evaluation & the Health Professions，2002，25（1）：12-37.

[19] Stigler S M. The History of Statistics：The Measurement of Uncertainty Before 1900[M]. Cambridge：Belknap Press of Harvard University Press，1986.

[20] Light R，Smith P. Accumulating evidence：procedures for resolving contradictions among different research studies[J]. Harvard Educational Review，1971，41（4）：429-471.

[21] Glass G V. Primary，secondary，and meta-analysis of research[J]. Educational Researcher，1976，5（10）：3-8.

[22] Jenicek M. Meta-analysis in medicine Where we are and where we want to go[J]. Journal of Clinical Epidemiology，1989，42（1）：35-44.

[23] 钱学森. 创建系统学[M]. 于景元，涂元季编. 太原：山西科学技术出版社，2001.

[24] 陈宜瑜. 中国全球变化的研究方向[J]. 地球科学进展，1999，14（4）：319-323.

[25] Paré G，Trudel M C，Jaana M，et al. Synthesizing information systems knowledge：a typology of literature reviews[J]. Information & Management，2015，52（2）：183-199.

[26] 于景元，涂元季. 从定性到定量综合集成方法：案例研究[J]. 系统工程理论与实践，2002，22（5）：1-7，42.

[27] 钱学森，于景元，戴汝为. 一个科学新领域：开放的复杂巨系统及其方法论[J]. 自然杂志，1990，12（1）：3-10，64.

[28] 钱学森. 再谈开放的复杂巨系统[J]. 模式识别与人工智能，1991，4（1）：1-4.

[29] Gu J F，Tang X J. Some developments in the studies of Meta-Synthesis system approach[J]. Journal of Systems Science and Systems Engineering，2003，12（2）：171-189.

[30] 唐锡晋. 对综合集成研究发展的认识和相关研究[J]. 军事运筹与系统工程，2003，17（3）：2-5.

[31] 顾基发，唐锡晋. 综合集成与知识科学[J]. 系统工程理论与实践，2002，22（10）：2-7.

[32] Rice M J. Evidence-based practice in psychiatric and mental health nursing：qualitative meta-synthesis[J]. Journal of the American Psychiatric Nurses Association，2008，14（5）：382-385.

[33] Grant M J，Booth A. A typology of reviews：an analysis of 14 review types and associated methodologies[J]. Health Information and Libraries Journal，2009，26（2）：91-108.

[34] Gans C，Kochva E. A systematic review of Ancylocranium（Amphisbaenia：Reptilia）[J]. Notes on Amphisbaenids，1966，14：87-121.

[35] Smith M L，Glass G V. Meta-analysis of psychotherapy outcome studies[J]. The American Psychologist，1977，32（9）：752-760.

[36] Hedges L V，Olkin I. Vote-counting methods in research synthesis[J]. Psychological Bulletin，1980，88（2）：359-369.

[37] Jastremski M，Jastremski C，Shepherd M，et al. A model for technology assessment applied to pulse oximetry：The technology assessment task force of the society of critical care medicine[J]. Critical Care Medicine，1993，21（4）：615-624.

[38] Jensen L A，Allen M N. Meta-synthesis of qualitative findings[J]. Qualitative Health Research，1996，6（4）：553-560.

[39] GBD 2016 Alcohol Collaborators. Alcohol use and burden for 195 countries and territories，1990−2016：a systematic analysis for the Global Burden of Disease Study 2016[J]. The Lancet，2018，392：1015-1035.

[40] Asselain B，Barlow W，Bartlett J，et al. Long-term outcomes for neoadjuvant versus adjuvant

chemotherapy in early breast cancer: meta-analysis of individual patient data from ten randomised trials[J]. The Lancet Oncology，2018，19（1）：27-39.

[41] 赵蓉英，徐灿. 信息服务领域研究热点与前沿的可视化分析[J]. 情报科学，2013，31（12）：9-14.

第二章

文献综合集成研究的相关研究方法

2

本章通过以文献调研为主、工具方法使用为辅的调研方法，系统性地介绍了文献综合集成研究的相关理论与方法。总体而言，文献综合集成的发展历史可以概括为从传统的手工文献检索和集成，到基于数字化信息资源的文献综合集成工具和平台，再到机器学习、自然语言处理等技术的应用。其研究理论是在集成研究实践中不断摸索并逐渐形成的一种理论构想，主要借鉴了循证实践、集成研究、系统综述、元分析法、文献计量学、内容分析法等多种研究方法。根据集成需求的不同，灵活地加以选择和组合，是一种问题需求导向型的实用性研究方法论。其中一些方法的起源与发展历程之间有交叉有融合，难以进行明确清晰的划分，这一特点也体现了事物发展变化的规律都是从量变到质变的演化。文献综合集成研究理论的形成经历了从宏观到微观，从定性到定量的逐渐深化与发展，该过程正是对这一规律的验证。

第一节　　　　　循证实践

循证实践即"遵循证据进行实践"，肇始于医学领域，是在医学及人文社会科学的实践领域催生的一种实践形态。循证实践既包含了一种理念，也具有一个明确、可执行的实践框架来指导应用，推动了医学及人文社会科学实践领域的"科学化"进程[1]。

一、循证实践的起源与发展

循证实践起源于循证医学。20世纪90年代，医学领域迎来了一次20世纪具有重要影响力的创新和革命[2]，这次创新和革命将科学理论与实践相结合，推动了医学实践的科学化，这就是循证医学。提起循证医学，就不得不提到阿奇博尔德·莱曼·科克伦（Archibald Leman Cochrane），他是英国的内科医生和临床流行病学家，因卓越贡献被公认为循证医学的创始人之一。1940年，阿奇博尔德·莱曼·科克伦在第二次世界大战期间加入战地医疗救护，但不久便被德军俘虏，之后在战俘营从事了 4 年的医疗工作，4 年的历练和体验对他的专业发展产生了重要影响。在对狱友的治疗和照顾中，他深刻体会到对治疗方案进行有效性证明的重要性，这一体会促使他去思考证明医疗措施有效性的最佳方法；同时清楚地看到药物治疗的局限性和人的精神在战胜伤病中的巨大作用，从而开始反思医生和患者在疾病治疗中的角色和作用[3]。这被认为是循证医学思想的萌芽。

1948 年英国医学研究理事会（Medical Research Council，MRC）发表了第一个随机对照试验，确定了链霉素治疗结核的疗效[4]。随机对照试验方法的提出、成功实施和不断完善给予了阿奇博尔德·莱曼·科克伦巨大启示，从此他开始提倡并实施随机对照试验。1972 年，其著作《效果与效率：卫生服务的随机反思》（*Effectiveness and Efficiency：Random Reflections on Health Services*）问世，其中明确提出，"由于资源终将有限，因此应该使用已被恰当证明有明显效果的医疗保健措施"，"应用随机对照试验之所以重要，是因为它比其他任何证据更为可靠"，以此表达了对医疗保健措施进行有效性证明的重要性，以及将随机对照试验作为证据的可靠性。但是并非所有关于同一问题的随机对照试验都能得到相同的结果，为了解决随机对照试验质量良莠不齐、结论不一等问题，阿奇博尔德·莱曼·科克伦等继续研究，1979 年提出"应根据特定病种或疗法，将所有相关的随机对照试验结果联合起来进行综合分析，并随着新的临床试验的出现不断更新，以便得出更为可靠的结论"。1990 年，伊恩·查默斯（Iain Chalmers）等通过随机对照试验结果的系统综述研究，证明对有早产倾向的孕妇使用糖皮质激素，能降低婴儿早产并发症的出现，这一研究结果的推广应用明显降低了早产儿的死亡率，成为随机对照试验系统综述方面的里程碑[5,6]。

1992 年，加拿大学者戈登·盖亚特（Gordon Guyatt）等在《美国医学会杂志》（*JAMA*）发表 "Evidence-based Medicine：A New Approach to Teaching the Practice of Medicine" 一文[7]，标志着循证医学的正式诞生。1996 年，D. L. 萨基特（D. L. Sackett）等在《英国医学杂志》（*British Medicine Journal*）上发表文章，将循证医学定义为"慎重、准确、明智地应用所能获得的最佳研究证据来确定个体患者的治疗措施"，2000 年更新定义为"慎重、准确和明智地应用当前可获得的最佳研究证据，并结合临床医师个人的专业技能和长期临床经验，考虑患者的价值观和意愿，将三者完美结合在一起，制定出具体的治疗方案"[8]。

循证医学在医学领域取得了巨大成就，这种"遵循证据进行实践"的理念正迎合了社会科学实践领域对科学性、有效性的需求，从 20 世纪 90 年代末到 21 世纪初，这种实践理念被推广到广泛的社会科学实践领域，形成了循证心理治疗（evidence-based psychotherapy）、循证社会工作（evidence-based practice in social work）、循证教育（evidence-based education）、循证政策（evidence-based policy）、循证图书馆学（Evidence-based Librarianship）等分支研究，发展成为一场浩大的循证实践运动（evidence-based practice movement）[9]。2000 年，社会科学领域的循证实践组织坎贝尔协作网成立，该组织致力于生产和传播社会科学干预措施的系统综述，涉及教育、社会福利、犯罪与司法、营养和国际发展等领域，目前已成为获取社会科学领域高质量证据的重要资源之一[10]。

循证实践将专家个人经验、可获取的最佳的外部证据以及实践对象的特点和期望相结合，因此其特点包括以下几个方面：①专家个人的评估；②搜集相关的可获取的最佳外部证据，并评估对于具体对象的适用程度，所谓最佳证据，是指研究者提供的与解决所需问题最为契合的、级别最高的研究证据；③考虑实践对象的特点和期望[11]。循证实践的本质在于其决策过程是显性的，能够清晰地加以表达，所制定的决策不仅能向实践对象提供解释，还能为同人与管理者所证明[12]。

随着循证实践的推广和循证医学方法体系的成熟，2003 年，中国循证医学中心主任李幼平教授提出"循证科学"（evidence-based science，EBS）范式，并将助力其他学科知识运行升级作为循证科学新的使命。同时提出了循证科学发展的实现路径，在发展循证科学的过程中，其他学科可以整体或环节形式借鉴循证医学的规范化研究理念和研究方法，同时结合本学科的原生特征选择合适的研究方法，根据本学科的知识运行规律合理安排产证和用证，并可以进一步建立方法学以支撑组织，最终使循证科学在提升知识产生和实践过程的效率、质量与准确性方面发挥作用[13]。

二、循证实践的步骤

循证实践由证据识别、获取、评价、应用等一系列系统和结构化的过程构成[14]。结合各领域的循证实践过程来看，可一般化为问题建构、收集证据、评价证据、方案设计与实施、评估总结几个步骤。其他领域的循证实践并非对循证医学照抄照搬，因不同学科实践之间存在不同程度的差异，循证实践实施过程也不完全相同。

（一）问题建构

循证实践的第一步是将实践中遇到的实际情况提炼为一个可以回答的问题形式，识别问题并界定问题类别，确定核心概念并转化使之具有可操作性，最后形成的问题力求简洁、精确、聚焦。

（二）收集证据

第二步是根据界定的问题进行证据收集，证据资料可以是"来自研究的证据"（research-based evidence，即经过同行评议的公开研究出版物）、"其他科学证据"（other scientific evidence，即已经产生有效和可靠结果的某个科学过程）、"来自实践的证据"（practice-based evidence，即具有相关职业认可的专业实践，且符合同行专家经验预期）[15]。在医学、政策科学、教育学等不同领域，证据的表现形式也有不同，如医学领域的临床研究、随机对照试验，政策科学领域的分析调查数据，教育学领域的教育实验研究，社会工作领域的实践经验、实验案例，以及各领域的系统综述、实践指南、专家经验、专家共识等。

（三）评价证据

第三步是将收集到的证据进行梳理和评价，选出最优证据。例如，在心理治疗领域根据疗效（treatment efficacy）和实效（effectiveness）来判断证据质量[16]，在医学领域根据证据的正确性、有用性以及作用的大小和临床实用性来进行判断[17]。一般地，随机对照试验研究、系统综述获得的研究证据级别最高；准实验研究、相关研究、病例研究得来的结论级别次之；教科书建议、个人经验、专家意见等级别最低，为 0。

（四）方案设计与实施

第四步是结合专家经验及主体特点和诉求、实际处境因素等，将最佳证据应用于实践；或者根据判定结果，决定是否应用证据。

（五）评估总结

第五步是对实施效果进行跟踪和评估，对前述步骤进行反思，总结经验，指导下一次实践。

整个实践过程并非简单地按部就班，每个领域在各个步骤都存在特定的难点问题。比如，在证据判定方面，如何在研究设计的严谨性考虑与可操作性、成本等多种因素综合考虑之间进行平衡，存在不同的观点，这就导致了制定证据分级体系的困难；而在社会工作领域，由于关注对象具有较大程度的个性和变动性，理想的可循之证难以获得；在政策科学领域，证据生产者（研究者）与实践者（政策制定者）角色分离，更是拉大了证据与实践的距离[18]。

三、循证实践的应用

循证实践遵循求真、民主、高效、公正、共享的科学时代精神，能够将最佳证据与实践相结合，并且提供了具体可行的实施框架，有助于改善实践，也反过来促进新证据的产生。D. L. 萨基特等提出了提倡循证实践的五个原因：①能够提高我们帮助实践对象的能力的新型证据正在产生；②尽管我们需要这种证据，但是却常常难以获取；③上述情况导致的结果就是，我们的知识和实践效果都随时间而削弱；④这种削弱不能通过传统的继续教育项目得到改善；⑤一种使得实践者持续获得最新知识和实践的学习方式已经产生（即问题导向的学习方式）。

对于一个具体的学科领域来说，从理论到应用，循证实践不能一蹴而就，从研究证据到实践应用中间要构建与学科相适应的实现路径。比如，循证社会工作的实践思路包括理论研究与实践研究分离、建立批判性评价证据的标准、证据分级、证据分发四步[19]。循证政策的实现路径包括五个方面，分别是：国家顶层设计，政府部门、研究机构、利益相关者、公众、媒体等不同类型主体间的协同，建立以多元主体为边界的证据网络及包括证据搜寻方法、分类分级、质量控制在内的方法体系，建立政策"知识池"，培育形成"知证决策"文化[20]。循证经济学的研究框架包括研究者提供高质量的研究证据、实践者推广和应用最佳证据、实践对象检验和优化证据、管理者保障和维护证据[21]。这些实现路径在吸收本学科领域特色的同时，基本均以证据为中心展开，在证据评估、证据分级等方法体系建设方面，则不同程度上借鉴了循证医学的经验。

随着循证实践的推广，国际上建立了多个领域的循证实践资源库，为促进社区健康与发展提供最佳实践，表 2.1 中简要展示出部分资源库。

表 2.1 部分循证实践资源库简介

名称	简介
科克伦协作网	医疗保健领域的全球合作组织，致力于生产、传播关于干预和治疗的集成研究证据
坎贝尔协作网	社会科学领域的国际研究网络，提供与政策相关的证据集成研究、摘要和政策简介
加拿大最佳实践门户网站（Canadian Best Practices Portal）	为促进社区卫生健康和疾病预防提供资源和解决方案
社区指南（The Community Guide）	提供社区预防服务工作组（CPSTF）的循证研究集合，为提高医疗和疾病预防水平提供干预措施
为政策和实践信息提供证据和协调中心（Evidence for Policy and Practice Information and Co-ordinating Center，EPPI-Centre）	提供循证政策与实践相关的社会干预评价研究
健康社区研究所的有前景的实践数据库（Healthy Communities Institute's Promising Practices Database）	向专业人员和社区成员提供有记录的改善社区健康和生活质量的方法
堪萨斯州有前景的卫生事业实践（Kansas Health Matters Promising Practices）	提供经过严谨评价、记录、分级的实践，包括好的经验想法、循证实践等
国家行政长官协会最佳实践中心（National Governor's Association Center for Best Practices）	帮政策工作者设计和实施应对一系列新兴挑战的解决方案，包括教育、医疗卫生、国土安全、技术、环境、能源、劳动力计划等
人权数据库的新策略（New Tactics in Human Rights Database）	提供人权与发展问题解决策略的案例数据库
社会计量学项目档案（Sociometrics Program Archives）	概述重点卫生领域的杰出预防计划的档案，这些领域包括性、青少年健康、艾滋病病毒/艾滋病、青少年药物滥用和预防等

为对比了解国内外对循证实践的应用情况，分别在 WoS 核心合集和 CNKI 核心期刊中检索，检索式分别是"'Evidence-Based'（标题）""TI='循证'"，分别得到外文文献 34 176 篇、中文文献 3107 篇，时间均截至检索当日（2022 年 3 月

17 日）。图 2.1 是中外文文献的年发文量折线图，表 2.2 和表 2.3 分别是外文文献、中文文献的循证研究中所涉及的学科。图 2.1 和表 2.2、表 2.3 显示，最早的外文文献发表于 1996 年，年发文量总体呈现上升趋势，1996—2009 年增长较快，2009年以后呈波动上升趋势。相较而言，中文年发文量要少得多，最早的中文文献发表于 1998 年，同样地，1998—2009 年呈现逐年增长趋势，2009—2011 年保持较高位，但 2012 年及之后有所下降，一定程度上体现了循证方法在国内未得到充分发展。在应用的学科方面，外文文献共涉及 228 个学科（根据 WoS 类别分类），概括起来，包括医学及其相关学科、心理学、教育学、社会学、图书情报学、管理学、经济学、犯罪学与刑罚学、环境科学等。中文文献涉及约 40 个学科（根据 CNKI 学科分类），包括医学及其相关学科、图书情报学、社会学、心理学等。可见循证实践可应用的学科领域十分广泛，有据可循的实践在不同程度上均可应用到循证方法，比较来看，外文文献中所涉及的领域更广一些，但主要的学科均为医学及其相关学科、心理学、教育学、社会学。

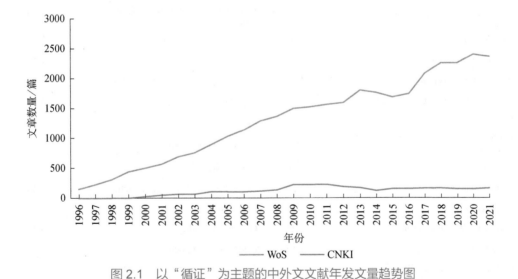

图 2.1　以"循证"为主题的中外文文献年发文量趋势图

表 2.2　以"循证"为主题的外文文献学科分布统计表

WoS 学科分类	占比/%	WoS 学科分类	占比/%
Medicine General Internal	9.91	Surgery	5.84
Nursing	9.17	Psychiatry	5.49
Public Environmental Occupational Health	7.65	Clinical Neurology	5.17
Health Care Sciences Services	6.56	Oncology	4.81

续表

WoS 学科分类	占比/%	WoS 学科分类	占比/%
Health Policy Services	4.16	Substance Abuse	0.97
Pediatrics	3.74	Psychology	0.95
Rehabilitation	3.18	Otorhinolaryngology	0.91
Obstetrics Gynecology	2.92	Infectious Diseases	0.90
Psychology Clinical	2.83	Family Studies	0.90
Cardiac Cardiovascular Systems	2.81	Information Science Library Science	0.85
Pharmacology Pharmacy	2.79	Environmental Sciences	0.82
Critical Care Medicine	2.52	Social Sciences Biomedical	0.82
Education Educational Research	2.10	Social Sciences Interdisciplinary	0.81
Orthopedics	2.07	Multidisciplinary Sciences	0.78
Gastroenterology Hepatology	1.89	Veterinary Sciences	0.78
Psychology Multidisciplinary	1.82	Education Special	0.74
Social Work	1.79	Management	0.74
Urology Nephrology	1.69	Integrative Complementary Medicine	0.72
Dentistry Oral Surgery Medicine	1.67	Computer Science Information Systems	0.69
Respiratory System	1.66	Ophthalmology	0.67
Education Scientific Disciplines	1.65	Computer Science Interdisciplinary Applications	0.54
Neurosciences	1.61	Psychology Educational	0.52
Medical Informatics	1.59	Criminology Penology	0.52
Psychology Developmental	1.51	Audiology Speech Language Pathology	0.50
Medicine Research Experimental	1.47	Reproductive Biology	0.48
Dermatology	1.45	Pathology	0.47
Radiology Nuclear Medicine Medical Imaging	1.41	Public Administration	0.46
Gerontology	1.40	Toxicology	0.46
Sport Sciences	1.36	Computer Science Theory Methods	0.45
Emergency Medicine	1.31	Linguistics	0.45
Peripheral Vascular Disease	1.25	Genetics Heredity	0.45
Anesthesiology	1.15	Psychology Applied	0.40
Endocrinology Metabolism	1.15	Transplantation	0.38
Nutrition Dietetics	1.14	Business	0.38
Primary Health Care	1.12	Biochemistry Molecular Biology	0.36
Geriatrics Gerontology	1.12	Engineering Electrical Electronic	0.35
Hematology	1.07	Computer Science Artificial Intelligence	0.34
Economics	1.06	Medical Laboratory Technology	0.34
Immunology	1.01	Allergy	0.33
Rheumatology	0.98	Microbiology	0.33

表2.3 以"循证"为主题的中文文献学科分布统计表

CNKI 学科分类	占比/%	CNKI 学科分类	占比/%
医学教育与医学边缘学科	28.16	预防医学与卫生学	1.16
临床医学	25.94	泌尿科学	0.87
中医学	6.18	中药学	0.81
儿科学	4.67	行政学及国家行政管理	0.77
肿瘤学	3.93	特种医学	0.77
外科学	3.86	感染性疾病及传染病	0.74
医药卫生方针政策与法律法规研究	3.48	急救医学	0.74
心血管系统疾病	3.32	建筑科学与工程	0.68
药学	3.32	计算机软件及计算机应用	0.61
妇产科学	2.51	成人教育与特殊教育	0.61
高等教育	2.48	社会学及统计学	0.58
内分泌腺及全身性疾病	2.32	中等教育	0.42
图书情报与数字图书馆	1.96	中西医结合	0.39
神经病学	1.90	出版	0.39
教育理论与教育管理	1.55	公安	0.39
消化系统疾病	1.32	自然科学理论与方法	0.29
呼吸系统疾病	1.19	基础医学	0.29
眼科与耳鼻咽喉科	1.19	体育	0.26
精神病学	1.19	心理学	0.23
口腔科学	1.19	安全科学与灾害防治	0.23

第二节 集 成 研 究

随着现代科学技术的高度分化与深度交叉渗透，不同学科、不同领域的新旧知识相互交叉与融合，朝着综合集成的方向发展。目前综合集成趋势逐渐明朗化，但集成研究并不是新兴产物，自从科学著作出现以来，集成知识的步伐就从未停止。

一、集成研究的起源与发展

早在18世纪，苏格兰海军外科医生詹姆斯·林德就已经意识到集成研究成果的必要性。在有关坏血病的预防与治疗研究中，詹姆斯·林德认为需要全面客观地集成坏血病相关研究文献，形成集成结论，并试图识别集成过程中的偏倚性。这一研究实例在伊恩·查默斯、拉里·V. 赫奇斯（Larry V. Hedges）与哈里斯·库普（Harris Cooper）撰写的《研究集成简史》（"A Brief History of Research Synthesis"）一文中得到详细描述：要根除偏见并非易事……有必要对迄今为止坏血病主题的研究发表全面而公正的看法，并将研究按时间顺序排列，以便发现这些错误的根源。确实，在清晰恰当地阐明某个主题之前，有必要清除大量"垃圾"[18]。到 19 世纪末，一些研究集成的应用开始出现。直至 20 世纪，我们今天所熟知的研究集成科学才开始出现，其主要应用领域集中于医学、社会学、教育学、心理学等，用于开展临床治疗效果、相关关系以及影响因素分析等。1904 年，伦敦大学学院生物识别实验室主任卡尔·皮尔逊（Karl Pearson）等通过集成多篇相关文献实施了服役士兵免疫力和死亡率关系的相关实证研究，这一研究在卡尔·皮尔逊[22]于《英国医学杂志》上发表的关于抗伤寒疫苗效果的评论文章中进行了详细描述。卡尔·皮尔逊[23]对 180 多个关于品格教育对于宾夕法尼亚州学童影响的实验进行了总结分析。吉恩·V. 格拉斯（Gene V. Glass）和玛丽·李·史密斯（Mary Lee Smith）[24]对有关班级规模与个人成就之间的关系开展了集成研究。但在 1990 年以前，这些数据集成研究数量很少，而文献综述才是集成不同研究成果数据或结论的主要方法。

文献综述通常由作者根据特定目的、需要和兴趣，围绕某一题目收集相关文献，采用定性分析方法，对论文研究目的、方法、结果、结论和观点等进行分析，并结合个人观点和经验进行阐述和评论。MeSH 主题词表对文献综述的定义是：文献综述是对当前最新文献资料进行考察的一种文献类型，论述主题广泛。文献综述对所纳入的研究文献进行总结，并分析其价值与贡献性，力图确定研究进展，以避免开展重复研究[25]。但文献综述有两个方面的不足：①研究具有主观性。由于并无统一的文献筛选标准，因此不同的综述人员在纳入文献时可能采用不同的标准，在选择文献时具有自身偏好性，且更可能选择方便获取的文献。②研究具有不透明性。综述人员并未标明文献筛选标准，通常不公开综述过程，不具有可重复性。文献综述在相关文献量较少的时候能够发挥其总结研究现状的作用，但是随着科学技术的飞速发展，以及相关研究成果的快速积累，综述人员已无法利用原来的方法应对相关研究文献量剧增的问题。

1962 年，普赖斯在其著作《大科学，小科学》中指出科学是呈指数增长的，科学出版物的数量以 10—15 年为周期趋于翻一番。20 世纪 70 年代中期，美国的社会科学家评论家也发现，他们自己不得不面对大量相似的独立原始研究。

面对该问题，A. 肯尼思·费尔德曼（A. Kenneth Feldman）在 1971 年曾预言：系统集成一个领域的文献或许是一种研究类型。肯尼思·费尔德曼描述了集成过程的四个步骤：主题研究、开发框架、集成研究、撰写报告[26]。同一年，理查德·莱特（Richard Light）和保罗·史密斯（Paul Smith）展示了一种称之为"集群方法"（cluster approach）的研究集成方法用来解决现存集成策略中研究设计不同的原始研究无法集成以及研究结果相矛盾的问题[27]，这种方法即投票法（vote-count method）。塔韦贾（Taveggia）描述了研究集成的常见问题：研究选择标准、检索资料、从研究中抽取信息建立编码、分析结果的可比性、累计具有可比性的结果、分析结果分布、报告结果[27]。很多关于研究集成的过程描述和定义都体现了它的主要焦点和目标：研究集成试图集成同一主题下各独立研究结果以生成新的结论。

为解决大量相似的独立原始研究快速增加的问题，吉恩·V. 格拉斯于 1976 年提出了"元分析"这一术语，意指"为了整合研究结果而对原始独立研究分析结果集合进行统计分析的过程"，并强调元分析方法的使用能够更好地促进研究集成的开展[21]。在随后的十年中，罗伯特·罗森塔尔（Robert Rosenthal）提出了元分析方法纲要[28]。赫奇斯等于 1985 年出版了元分析统计方法专著元分析的统计方法（*Statistical Methods for Meta-Analysis*）[29]。弗兰克·L. 施密特（Frank L. Schmidt）和约翰·E. 亨特（John E. Hunter）将"元分析"定义为运用系统分析法对特定研究课题中有一定内在联系的多种研究进行一种客观且有统计量基础的综合[30]。迈克尔·博伦斯坦（Michael Borenstein）等认为元分析需要解决研究集成的可行性问题、模型选择问题、敏感性分析方法筛选问题以及结果解释问题[31]。随着"元分析"一词的广泛使用，人们倾向于将元分析作为统计集成的一个过程，而不是研究集成的代名词，这一主张目前已经被大多数人所接受。例如，《系统评论》第二版将元分析作为副标题以示区别[32]，拉斯特（Last）的《流行病学词典》第四版分别对系统评论和元分析进行了定义，认为系统评论是收集、评价和集成特定主题相关研究过程中控制偏倚性的策略，可根据集成过程的实际情况决定是否需要开展元分析，而元分析则是通过相似原始数据的集成与比较研究，得出关于原始研究集合的定量总结[33]。

我国对集成研究的探索起点较高，不仅仅局限于原始独立研究的集成，还从人与计算机相结合的角度，逐步探索跨学科专家体系、信息与知识体系以及计算机体系的集成，从而为开放复杂巨系统的问题解决提供决策支持。综合集成方法作为我国对集成研究的方法论成果，由钱学森等知名科学家在 20 世纪 80 年代针对开放性复杂巨系统提出，是发源于我国系统工程方法论的典型代表[34]。综合集成方法是在人机结合与人网结合的前提下，集成专家、信息、经验、知识和智慧的综合集成方法[35]。综合集成方法是还原论与整体论的辩证统一，是科学方法论的创新与发展，其实质是把专家体系、信息与知识体系以及计算机体系有机结合的人机融合体系，通过人机结合，实现信息、知识和智慧的综合集成[35, 36]。20 世纪 90 年代初，钱学森等[34]提出了"开放复杂巨系统及其方法论"，形成了"从定性到定量综合集成方法"及其实践形式"从定性到定量综合集成研讨厅体系"，统称"综合集成方法"。

综合集成研讨厅体系的形成过程主要经历了三个阶段：1985 年初至 1988 年 10 月，钱学森针对复杂巨系统问题提出了"定性与定量相结合的方法"方法论；1988—1990 年，马宾、于景元提出，钱学森等进一步提炼了"定性与定量相结合的综合集成法"[34]；1985—1992 年，钱学森在结合多人智慧的基础上凝练了先形成综合集成的定性认识，后形成定量认识的"从定性到定量的综合集成法"，该方法强调了动态的、辩证的性质。1992—1997 年，钱学森把"法"上升为"厅"，提出并丰富了注重人机结合的"从定性到定量综合集成研讨厅体系"，强调研讨厅的核心是专家，采取人机结合，以人为主的路线，综合集成多人智慧以产生新知识，解决新问题[37]。从定性到定量综合集成研讨厅体系是钱学森对从定性到定量综合集成方法的进一步发展。从定性到定量综合集成方法是方法论上的创新，从定性到定量综合集成研讨厅体系则是实践这一新方法论的组织形式，综合集成研讨厅凭借其整体优势和综合优势，常用来处理跨层次、跨学科、跨领域问题，该方法的开发与应用有力地推进了我国系统工程的发展与实践。

二、集成研究的方法及内容

直到 20 世纪集成研究方法才得以正式形成与发展。20 世纪以前，部分领域学者与实践人员已经开始将集成思想运用到实际工作中，并且在实际应用中开始关注集成过程中的偏倚性控制问题。法国数学家阿德利昂·玛利·埃·勒让德对最小二乘法的开发与应用即考虑了集成中的偏倚性问题[19]。20 世纪初，国外针对同一主题下的原始独立研究进行小样本集成，并逐步发展成投票法、元分析法与系统评论等定量集成方法。20 世纪以前，在集成前人研究成果的道路上，相比于小样本原始独立研究结果的集成，文献综述是主流的知识集成归纳方法，但文献综述关注于研究概念与研究主题的梳理、研究方法的比较和研究结论的评析，其最初目的并不是收集分析原始文献数据。

美国学者 H. 库珀认为文献综述可以有不同的关注点、不同的目标、不同的角度、不同的覆盖面、不同的组织方式和受众，涉及的范围比较广泛，但是研究深度则稍显欠缺（表 2.4）[38]。文献综述的目标是通过批判性地总结以前的研究著作以促进相关主题研究人员的沟通和联系，从而进一步识别领域的中心问题或者这个领域的所有问题。

表 2.4 文献综述的内涵

特点	分类
关注点	研究结果、研究方法、理论、实践或应用
目标	综合（概况、冲突的解决、语言桥梁的建设）、批判主义、中心问题的识别
角度	中性表述、拥护的角度
覆盖面	详尽的、选择性的、典型的、中心的或者关键性的
组织方式	历史性的、概念上的、方法的
受众	专业学者、普通学者、实践者或者政策制定者、普通大众

从以上对文献综述的介绍中可以看出，在传统的文献综述中，综述者往往依据主观评价来决定资料的取舍，而且对不同的研究结果只作定性的比较。传统的文献综述方法为叙述性综述。叙述性综述一般只对原始文献的某些结果加以罗列，即原始文献报道什么数据结果，综述者在综述中也引用什么结果。描述性综述则收集编码、分析那些现存文献中反映主题频次、作者频次和方法频次的数值数据。综述人员从原始研究中提取出版年、研究方法、数据收集技术、结果效应（积极、消极或者非显著性）等信息进行频次统计分析以形成定量化研究结果。在一定程度上，该研究结果代表了一个研究领域的最新研究成果。

随着科学研究的迅速发展，科研成果大量产出，海量的科学文献加大了知识全面获取和有效利用的难度。单纯的文献综述已经无法完整反映研究现状，循证实践的出现更加突出了文献综述的缺陷，并推动了研究集成方法中元分析法的成熟与完善。受循证观念的影响，相关研究人员和决策人员在实施决策行为时越来越依赖于特定主题领域的实证研究结论。集成特定主题的所有相关证据成为正确辅助决策的前提，也成为总结主题概况的一种途径。但是文献综述面对急剧增长的文献量，无法做到对相关材料的全面收集与评价分析。这就要求形成一个更加客观的、全面的集成相关文献研究结论的理论框架。由于全面集成多种证据是循证实践的首要任务，而元分析法能够在定量层面上综合各项实证研究的研究成果，因此，元分析法以其系统的流程与严谨的文献纳入原则成为循证实践的主要研究手段并在循证实践中获得发展与完善。元分析法从投票法发展而来。理查德·莱特和保罗·史密斯[39]提出的投票法操作过程如下：①针对研究问题，收集相关研究文献；②将收集的独立研究分为三类，即在一个方向上统计检验显著，在反方向上统计检验显著，统计结果不显著；③采取投票表决方式，数量最多的一类被认为具有代表性，反映真实结果[39]。在这个过程中，研究者常用 33% 的原则，某一类型的研究超过了 33%，则这个研究就会"胜出"。例如，检验一种诊断方法的有效性时，如果超过 33% 的研究显示此种诊断方法具有统计显著性，那么此诊断方法会被认为是一种积极的诊断方法[40]。从投票法的操作过程中能够看出该方法易于实施、集成所需的结果数据简单。但传统投票法自身存在一定的缺陷，理查德·莱特和保罗·史密斯最早指出投票法过程中没有考虑样本量的大小。

投票法在定量文献集成方面存在的缺陷以及循证实践的迅速发展使元分析法得到了广泛运用。元分析法的英文原称为 meta-analysis，是英国教育心理学家吉恩·V.格拉斯在 1976 年首次提出的。吉恩·V. 格拉斯认为元分析法是一种对分析的分析，是对大量独立研究结果的一种定量分析，从而达到整合研究结果、综合已有发现的目的。从 20 世纪 80 年代末起，元分析法在社会学领域尤其是医学领域的发展势如破竹。作为系统评论的主要方法，元分析法的方法介绍、实施过程与具体应用在第二章第四节将会有详细阐明，此处不再赘述。

我国集成研究中形成的研究方法论是综合集成研讨厅。综合集成研讨厅主要包括三个部分：专家体系、信息与知识体系以及计算机体系。专家体系是由与具体复杂问题相关的各学科领域的研究学者、代表等组成的，他们往往拥有大量的理论实践经验知识，是综合集成研讨厅的关键参与者。专家群体思维头脑风暴，有利于创造性地解决问题。信息与知识体系由与问题相关的各种形式的数据、信息、知识、模型库等组成。计算机体系是存储数据、信息、知识、模型等的主要载体，并进行数理逻辑运算，通过互联网和局域网帮助专家体系实现知识共享和知识重用。综合集成研讨厅作为综合集成方法的实践形式，是将上述三部分有机结合，集成专家体系、信息与知识体系、计算机体系，构成人机结合、人网结合的智能循环演化体系。综合集成研讨厅实施过程包括实现定性综合集成、定性定量相结合综合集成、从定性到定量综合集成三个阶段[35]。人们研究开放复杂巨系统问题时，将经验理论知识和专家判断相结合，首先提出经验性假设，但这些经验性假设通常是定性认识，可运用经验数据构建模型以形成对定性认识的定量化评估，最终得到从定性到定量的结论。综合集成研讨厅并不是用数学方法将备选方案转化为意见共识，而是在专家智慧碰撞研讨过程中形成对问题的解决方案，然后选择合适的收敛方法形成方案，并进行建模，同时消除方案中不一致的部分，最终得到群体一致性认可的收敛意见。

随着物联网、大数据、云计算、人工智能等新一代信息技术的开发与应用，综合集成研讨厅体系得到了进一步提升。薛惠锋等[41]在融合"综合集成理论"和"旋进原则"等系统工程方法论的基础上，针对包括人为因素较多的社会复杂巨系统问题，提出了综合提升方法论。综合提升方法论通过系统协调，可将系统从不满意状态提升至满意状态，而非目前系统方法所追求的量化最优解。与综合集成研讨厅一样，综合提升方法论也是一套具体化的系统方法论，能够为开放复杂巨系统的协同效率提升提供有效支撑。

三、集成研究的应用

集成是对先前知识的总结，知识的快速积累依赖于先前独立研究结果的集成。当科学研究还处于"小科学"时期时，文献数量较少，研究人员可以对相关主题的研究进行归纳总结，以了解研究全貌。20 世纪以前，研究人员主要依赖文献综述方法积累他人成果，但集成研究成果中数据与结论的探索已经开始。19 世纪早期，法国数学家阿德利昂·玛利·埃·勒让德提出了最小二乘法用以合并从不同观测天文台获取的误差不同的数据。到 19 世纪末，一些研究称集成的应用开始出现，例如，1891 年，赫伯特·尼科尔斯（Herbert Nichols）发表了一篇关于时间心理学的理论和实验的评论。直到 20 世纪，研究集成科学才开始出现。研究集成方法开始发展完善，20 世纪 80 年代，元分析法和系统综述开始广泛应用于医学领域和心理学领域，90 年代又扩展至生态学领域，目前在商业领域和经济管理领域也有所涉及。

为有效实施系统综述，各国临床医学专家、系统综述专家等相关研究人员在 1993 年召开的首届世界科克伦年会上成立了科克伦协作网络组织（www.cochrane.org）。科克伦协作网是一个非营利的国际独立组织，其宗旨是希望通过医疗卫生领域防治措施系统综述的持续开展，产出高质量的循证依据，提高医疗保健干预措施的效率，为健康和护理决策提供信息。系统综述不仅在医学领域有专门网站，在社科领域也于 2000 年成立了坎贝尔协作网（www.campbellcollaboration.org）。作为一个国际研究网络，坎贝尔协作网主要开展社会和行为学领域内干预措施效果评价的系统综述，目前已与科克伦协作网络组织开展了合作。随着计算机技术的逐步发展，作为研究集成主要方法之一的元分析法已经开始拥有专门的软件与程序包了，如科克伦协作网于 2003 年首次推出 Review Manager 的免费软件，主要用于生态学领域的 Meta-Win 软件以及功能强大的 Comprehensive Meta 软件，此外还包括 STATA 软件、SAS 软件、R 软件等通用软件或编程语言中的程序包。

国内关于集成的研究并未局限于科研成果这一知识载体，而是从人、物、智慧的角度进行综合集成，经历了定性综合集成、定性定量相结合综合集成、从定性到定量综合集成三个阶段，通过专家体系间的合作、专家体系与机器体系间的合作开展实施工作[35]。综合集成方法是当前处理开放复杂巨系统问题的有效方法，已在经济、教育、军事等众多领域实践应用。例如，操龙兵和戴汝为[42]研制并开发了基于 Internet 的综合集成研讨厅雏形系统用以支持宏观经济决策；于博[43]将综合集成研讨厅应用于教育政策决策，并将大数据技术运用到综合集成研讨厅过程中；李元左[44]将综合集成研讨厅应用于空间军事系统；戴超凡和王明利[45]将综合集成研讨厅应用于军事信息系统需求获取分析；易本胜[46]试图构建面向军事理论创新的综合集成研讨厅；韩祥兰等[47]研制建立了面向导弹武器装备型号论证的综合集成研讨厅系统，用于辅助完成武器装备论证工作。在综合集成研讨厅方法广泛应用于各类复杂巨系统的实践过程中，综合集成研讨厅方法本身也在不断完善。例如，宋东明等[48]提出了综合集成研讨厅中复杂决策问题求解的问题分解自适应模型和算法，探讨了在专家小组内进行问题分解的数学模型；王丹力和戴汝为[49]研究了研讨厅中专家群体行为规范、专家群体意见处理、专家群体结果的可视化等。

综合集成研讨厅是通过专家体系、信息与知识体系以及计算机体系等的集成，达到对整体的认识，用以解决复杂巨系统问题。本书所述的文献综合集成是科学研究成果的集成，为信息与知识体系的集成提供了一种方法，能够有效助力综合集成研讨厅的应用。

第三节　系统综述

系统综述是由英文 systematic review（或 systematic literature review）翻译而来的，简称 SR 或 SLR，也称为系统综合。系统综述产生于对多个原始研究结果进行合成的需求，是一种设计严谨的研究综合方法（research synthesis methods），从方法学层面最大限度地减少偏倚和随机误差，提高集成研究的有效性。系统综述源于医学领域，与元分析法、循证医学的发生发展相伴。随着系统综述在医学领域的推广和发展，广泛的社会科学领域也对其开展研究，但目前无论在方法还是应用方面，都不及医学领域。

一、系统综述的起源与发展

系统综述起源于研究集成，伴随循证医学的发展而兴起。

早在 1753 年，苏格兰海军外科医生詹姆斯·林德在证实柑橘和柠檬在治疗坏血病的效果时，曾意识到集成研究在结果解释中降低偏倚风险的重要性[50]。1904 年，英国著名统计学家卡尔·皮尔逊做了疫苗接种对伤寒预防效果的合成研究，并在报告中指出了合并研究的原因："许多观察组由于样本数太少，可能存在误差，而难以得到任何明确的结果。"[22]这是对多个原始研究结果进行合并的首次正式尝试，也是在医学领域进行的首个元分析法研究[51]。1907 年，约瑟夫·戈德伯格（Joseph Goldberger）发表了关于伤寒患者尿路感染发生率的合成分析报告[52]，从 44 篇原始研究中筛选出 26 篇，抽取数据并计算均值。约瑟夫·戈德伯格的研究从四个方面满足了我们今天对研究合成提出的期望标准，也体现了元分析法的标准——提供了原始研究的文献列表、制定了明确的文献筛选标准、以表格形式抽取了文献数据、将抽取的数据进行了统计分析，这可以说是研究合成的早期范例。到 20 世纪 30 年代，研究集成也在农业领域开始出现[53]。

20 世纪 60 年代，社会科学的研究数量迅速增加，对研究集成的需求越来越多[54]。在这一过程中，研究者们很快意识到，研究集成带来的不仅是统计集成的方法选择问题，还有更为复杂的一些方法学问题，比如研究集成很多时候是一个批判性评价（critical evaluation）的过程，需要制定一套一致且无偏的原始研究评估标准[55]。美国 C. D. 穆罗（C. D. Mulrow）等调查了 1985—1987 年 *JAMA*、《新英格兰医学期刊》（*NEMJ*）、《内科学年鉴》（*Ann Intern Med*）、《内科学纪要》（*Arch Intern Med*）这四种主流医学期刊上发表的 50 篇综述发现，其质量普遍低下，基本没有使用科学方法去甄别、评价、综合和报告重要信息[55]。学者们越来越认识到，正如原始研究一样，方法学的严谨性也是综合研究有效性的必要条件。

1989 年，科克伦（Cochrane）在关于孕期和围产期保健护理的研究综合汇编文献的前言中首次使用"系统综述"这一表达[54]。1995 年，伊恩·查默斯和道格拉斯·G. 奥尔特曼（Douglas G. Altman）在主编的《系统综述》专著中，将"系统综述"定义为在资料和方法学部分用系统的方法减少偏倚和随机误差[56]。系统综述也可以不使用元分析法（应用统计方法获得效应量的估计值）[57]。科克伦协作网认为系统综述是全面收集、评价和整合关于某个具体研究问题的所有符合筛选标准的实验证据，研究者应使用明确、系统的方法来使偏倚最小化，进而产生可靠的结果，为决策提供参考。在循证医学中，系统综述作为高级别的研究证据受到研究者的重视，20 世纪 90 年代以后被广泛使用。2000 年后系统综述研究数量持续增加，并延伸到更广泛的社会科学领域。由于系统综述具有严格的方法设计，因此常被用来表明研究综合中是否包括了对偏倚问题的控制[58]。

二、系统综述的特点

系统综述具有方法明确、预定义、可重复的特点。医学领域的系统综述方法更为成熟和严谨，以科克伦干预措施系统综述为例，包括 15 个步骤：撰写计划书；确定研究范围和问题；制定纳入标准与分组；文献搜集与筛选；抽取数据；计算效应估计值；评估纳入研究的偏倚和利益冲突；随机试验的偏倚风险评估；总结原始研究特点，为合成做准备；执行元分析法；执行网状元分析法；使用其他方法合成数据；评估漏报结果带来的偏倚；完成主要结果表格和证据质量分级；结果解释。其他领域的系统综述方法或许没有如此成熟，但一般按表 2.5 中的步骤执行。

表 2.5　其他领域的系统综述的研究流程

步骤	执行内容	说明
1	确定研究问题	界定研究问题，明确（结构化）表述研究问题
2	制订研究计划	制定系统综述的整个过程及每个步骤的方法
3	研究搜集	一般需要系统、广泛地获取相关研究（部分定性系统综述的研究除外）
4	研究筛选	根据预先制定的筛选标准，由多人共同执行
5	研究数据抽取	抽取所需的研究结果数据
6	纳入研究的偏倚风险评估	对纳入的研究进行质量评价，评价结果可作为权重纳入数据分析中
7	研究数据整合	对抽取的数据进行定量或定性的整合
8	报告偏倚性分析	偏向于传播"阳性"统计结果而带来的偏倚
9	结果展示	主要研究结果汇总
10	结果解释与讨论	客观提供重要结果的相关信息和结果的质量

　　系统综述与传统叙述性综述之间有明显不同。传统叙述性综述的研究和撰写方式相对灵活，长期以来也被视为整合相关研究的恰当方法。叙述性综述由相关领域的权威专家来撰写，或者出现在科学项目或学位论文的研究现状部分，研究过程不受方法约束，容易加入研究者的主观偏见，因此往往出现同一问题的不同研究结果。系统综述有严格的执行步骤，在每个步骤中有相关方法或工具来控制偏倚风险，在研究报告中会对重要的过程要素进行说明，因此整个过程的透明度较高，研究结果更为可靠。表 2.6 中展示了系统综述与传统叙述性综述的主要区别[59,60]。

表 2.6　系统综述与传统叙述性综述的主要区别

比较内容		系统综述	传统叙述性综述
研究步骤	步骤 1：确定研究问题	问题具体、集中	范畴广泛，界限不明确
	步骤 2：制订研究计划	需要专家指导	非必须；综述可由单人完成
	步骤 3：研究搜集	全面搜索获取	通常不全面
	步骤 4：研究筛选	筛选标准确定，多轮筛选	非必须；如果综述的范围不确定，则筛选难以执行
	步骤 5：研究数据抽取	抽取方法确定，但经常受到原始报告的限制	非必须
	步骤 6：纳入研究的偏倚风险评估	经常受到原始报告的限制	非必须

比较内容		系统综述	传统叙述性综述
研究步骤	步骤 7：研究数据整合	定性或定量（元分析法）	常使用定性和叙述性方法
	步骤 8：报告偏倚性分析	视研究方法而定	非必须
	步骤 9：结果展示	要提供纳入研究的特征列表和异质性来源	通常仅限于参考文献列表
	步骤 10：结果解释与讨论	一般不作为重点	主要目的所在，内容丰富
整体评价	偏倚风险控制	高	低
	主观性	低	高
	可重复性	高	低
	结果可靠性	高	低

三、系统综述的类型

原始资料合并是产生综述结果的直接步骤，根据合并方法的定性和定量，系统综述分为定性系统综述和定量系统综述。定性系统综述是将多个定性研究结果收集分析，得到在不同背景、不同人群中关于某个现象的综合理解。定量系统综述是对多个研究结果效应量的合并，常用来评价干预措施的有效性。2004 年科克伦定性研究方法工作组（Cochrane Qualitative Research Methods Group）成立，研究定性证据的综合方法以及定性证据与 Cochrane 效果类综述的结合使用，2013 年更名为科克伦定性和实施方法工作组（Cochrane Qualitative and Implementation Methods Group）。

定性系统综述和定量系统综述都坚持无偏性原则，二者的区别主要体现在研究问题、原始资料和证据整合方法的不同，对比如表 2.6 所示[61]。定量系统综述侧重于评价干预措施的有效性，研究定量资料，采用元分析法等定量分析方法进行数据合成，并展示量化结果；定性系统综述是对研究人群的行为、观点、态度、经验等现象的综合[62]，可研究定性资料和定量资料，证据整合采用的是元民族志、主题集成、定性综合集成、关键解释性集成（critical interpretive synthesis）、理论驱动集成（theory-driven synthesis）、元叙述（meta-narrative）、现实主义集成（realist synthesis）等定性集成分析方法，通过系统性的评价和综合，得到新的见解，并进行描述性展示[60,63]。定性集成分析方法在第三章第四节"定性集成分析"部分进行介绍。

四、系统综述的应用

科克伦协作网和坎贝尔协作网是系统综述研究的专业组织，其支持的系统综述研究质量较高，能在一定程度上反映系统综述的应用情况。截至 2021 年 6 月 14 日，科克伦系统综述数据库（Cochrane database of systematic reviews）中共包括 8614 篇系统综述研究，涉及 37 个医学主题。其中干预性系统综述有 8329 篇，最早的出版于 1996 年，定性系统综述有 13 篇，最早的出版于 2013 年（图 2.2）。坎贝尔协作网的系统综述共有 192 篇[①]，研究领域包括社会福利（social welfare）69 篇、犯罪与司法（crime and justice）54 篇、国际发展（international development）42 篇、教育（education）42 篇、营养（nutrition）6 篇、残疾人事业（disability）3 篇、方法研究（methods）2 篇、知识转化与实施（knowledge translation and implementation）1 篇（图 2.3）。可见，系统综述在医学的各个领域已经得到广泛应用，在社会科学领域的应用还普遍较少。

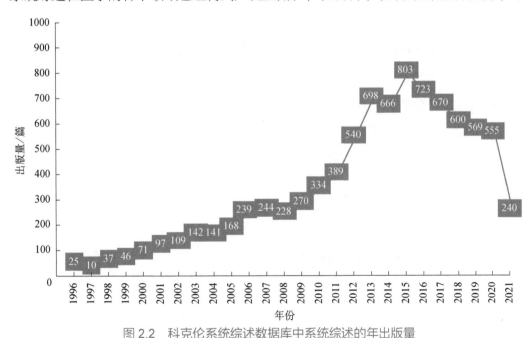

图 2.2　科克伦系统综述数据库中系统综述的年出版量

---

① 研究领域有重叠或交叉。

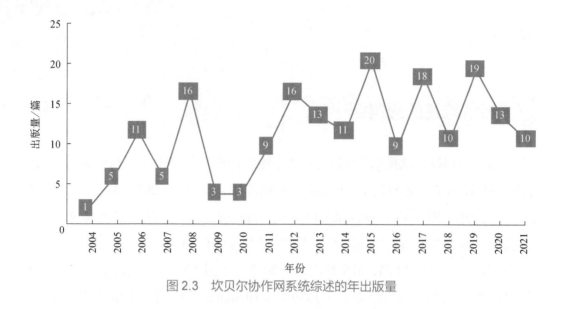

图2.3　坎贝尔协作网系统综述的年出版量

第四节　元 分 析 法

　　元分析法是集成研究中比较常见的一种定量方法，经常用于定量系统综述，同时也是循证科学中进行数据分析的一种有效手段。由此可见，元分析法与前文所述的循证实践、集成研究以及系统综述有着千丝万缕的联系：它是集成研究不断深化发展的产物，是系统综述定量化的必然要求，也是循证实践不断发展的必然结果。元分析法通过引入效应量的概念，在追溯和解释集成研究异质性的根源方面发挥了重要作用。

一、元分析法的起源与发展

　　元分析法的思想最早可追溯到 1904 年，英国著名统计学家卡尔·皮尔逊在《英国医学杂志》上发表了名为"特定肠热疫苗接种统计报告"（"Report on Certain Enteric Fever Inoculation Statistics"）的文章。在文章中，他对关于伤寒疫苗接种与死亡率之间关系的五项研究的结果进行了综合集成分析[22]。这份报告被认为是对不同样本的数据进行合并分析的首次报道。卡尔·皮尔逊同时也在报告中指出了合并研究的原因：“许多观察组由于样本数太少，可能存在误差，而难以得到任何明确的结果。”1907年，美国的内科医生、流行学家约瑟夫·戈德伯格对所有发表的有关伤寒患者尿路感染发生率的文献进行了选择、提取和统计分析，制定了特定的标准，提出了综合分析的四步法，勾勒出了现在元分析法的步骤。这被认为达到了当今元分析的基本要求。随后，英国生物统计学家罗纳德·费希尔（Ronald Fisher）在1920年提出了合并 P 值的方法，奠定了元分析法统计模型的基础。30年代，F. 耶茨（F. Yates）等统计学家又提出了结合概论统计检验，进一步丰富了元分析法的统计理论基础[53]。国内一些学者将这一时期称为元分析法的萌芽阶段[64,65]。

　　20世纪40年代到70年代中期，元分析法在探索中缓慢发展。理论研究方面，N. 曼特尔（N. Mantel）和W. 亨塞尔（W. Haenszel）于1959年提出了曼特尔-亨塞尔方法（分层分析方法）[66]。该方法是用分层的方法对混杂因素进行调整，以消除由资料内部的不均一性所造成的偏倚，使资料分析的结果能够更准确地反映研究对象变量间的定量关系[67]。该方法和科克伦发展的科克伦法分别为以后的 Peto 法和D-L法提供了基础[68]。应用研究方面，亨利·K. 比彻（Henry K. Beecher）于1955年发表了医学领域第一篇真正意义上的元分析论文，用以评价安慰剂的疗效，并给出了元分析初步的定义，率先提出了文献综合分析理论。作者分析了15份单独研究结果，对1000余名差异非常大的（如术后伤口痛、咳嗽和心绞痛等）疾病患者服用安慰剂的疗效进行了综合分析，结果发现安慰剂竟具有35%的疗效[69]。1971年美国的学者理查德·J. 莱特（Richard J. Light）进一步提出应当在全世界收集对某一病种各种疗法的小样本、单个临床研究试验结果，对其进行系统综述和统计分析，将尽可能真实的科学结论及时提供给社会，以促进推广真正有效的治疗手段，剔除尚无依据的无效的甚至有害的方法[70]。

　　元分析法这一术语首次正式被提出，是在吉恩·V. 格拉斯的《研究的初步、二次和元分析》（*Primary，Secondary and Meta-analysis of Research*）这一著作中，并且首次提出了效应值的概念。吉恩·V. 格拉斯认为，元分析法是以综合已有的发现为目的，对单个研究结果进行综合的统计学分析方法[71]。自20世纪80年代开始，这一方法开始真正兴起，利用元分析进行研究的论文呈几何级数增长趋势，元分析法所涉及的领域也越来越广。社会科学（包括教育学、心理学和社会决策学等）很快引入了 Meta 分析方法。80 年代末期，元分析法在医学中的应用开始迅猛发展，医学统计学者也不断发展出新的元分析法使之不断适应医学领域的特殊需求。R. 德西莫尼（R. DerSimonian）和 N. 莱尔德（N. Laird）改进了 Cochrane 法，提出了随机效应模型，拓宽了传统 Meta 分析中的假设范围，引入了研究间方差权重，使其更符合客观实际[72]。1985 年，L. V. 赫奇斯提出了基于小样本的校正方案[29]。后来有些元分析法专家又提出了定性综合分析（qualitative meta-analysis），指出在综合时要考虑各研究的质量。90 年代，生态学家们又将其引入了生态领域，引起了生态学界的高度重视。迪恩·C. 亚当斯（Dean C. Adams）等发展了混合效应模型，1997 年又提出了适合生态学的重取样检验法[73]，并发布了她的 MetaWin 软件。

20 世纪 90 年代初，我国的一些学者也陆续将元分析法引入研究工作。王重鸣[74]在《心理学研究方法》一书中介绍了元分析法的特点和基本步骤。赵宁、俞顺章[75]归纳了元分析法在医学领域能够解决的主要问题类型；彭少麟、唐小焱[76]把这一方法引入了我国的生态学研究领域，利用大量野外实验竞争效应的研究数据集验证了对陆地、淡水和海洋生产者而言，竞争效应是不相同的；21 世纪，元分析法在经济与管理领域也开始逐渐被应用。2006 年，强韶华利用元分析法研究了审计独立性的影响因素；同年，李东和王翔应用元分析法归纳出了商业模式的基本要素，在此基础上探讨了基于路径特征的模式创新类型和相应的策略体系[77]。

二、元分析法的内涵与特点

有学者认为，元分析法是定量综述（quantitative review）的一种。早在 19 世纪 30 年代初期，就已经有人运用特殊的统计工具将系统实验系列的结果合并在一起。同时也有人运用简单的计数和平均技术来总结从文献中偶然收集来的研究结果。其他定量综述的方法还包括合并置信水平、计数正负研究结果、综合百分比、综合相关系数[78]。

1989 年，美国国立医学图书馆的医学主题词表出现了与元分析法相对应的主题词——meta-analysis as topic，并且在 1993 年有了 Meta-Analysis 这一出版类型，该词表对其做了如下的阐释：元分析法这类文献是用定量的方法合并多个独立研究结果、综合这些文献的摘要和结论，目的是评价治疗效果、进行新的研究等等；元分析法常常是临床试验的全面评述，应该与传统的文献综述相区别。从这个意义上讲，元分析法应该属于一种系统综述类文献，是用元分析法的定量方法对资料进行统计学处理所获得的系统综述。元分析法具有传统综述的优点，又提供了定量的总结与统计估计，其主要贡献是提供对某一问题系统、全面、客观的评价[79]。

2012 年，诺埃尔·A. 卡德（Noel A. Card）在其著作 *Applied Meta-Analysis for Social Science Research* 中把元分析法纳入了广义的文献综述（literature review）体系之中进行了全面阐述。他认为元分析法本质上是一种文献综述方法。这里所说的文献综述方法是一种广义上的文献综述方法，它泛指"关于某个特定主题的对已有文献的综合集成"的所有方法，而并不等同于以往我们所说的传统文献综述，传统文献综述在图 2.4 的体系中对应的是"叙述性研究综述"。文献综述有若干不同的维度[80]，其中有两个维度十分重要——关注点和集成方法，二者确定了元分析法在文献综述分类体系中的位置。图 2.4 呈现了元分析法在关注点和集成方法上异于其他文献综述的特征。

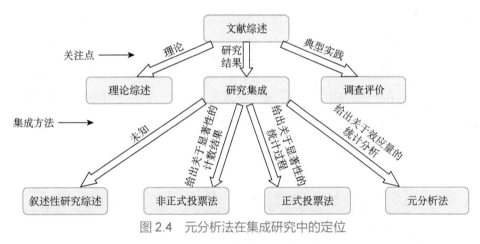

图 2.4 元分析法在集成研究中的定位

根据关注点的不同，可以把文献综述划分为：理论综述（theoretical review）、研究集成和调查评价（survey review）。理论综述关注在某个领域内被普遍应用的理论，设法集成多种理论观点。调查评价关注某一领域的典型实践，如某种特定的方法在某个领域的应用。研究集成关注某一问题的研究结果。

根据集成方法的不同，研究集成又可以划分为叙述性研究综述、非正式投票法、正式投票法和元分析法。图 2.4 最后一行从左到右依次是从定性到定量的综合方法。

最左端的是叙述性研究综述，这种文献综述方法未使用任何系统方法来对所综述内容的原始数据进行收集、综合，常常只是罗列以往的研究结果，同时研究结论不可避免带有主观性。这种方法通常适用于定性研究的集成。

非正式（informal）投票法和正式（formal）投票法都考虑到了研究的显著性——把研究结果分为正显著、负显著、不显著，最后基于每一类的数量来得出结论。非正式投票法是指根据"少数服从多数"的原则简单得出结论，即如果多数的研究结果发现了正显著效应，那么将会得出一个结论——该项研究是正效应。正式投票法利用预期结果频率的统计分析，给出了犯第一类错误的概率。这种方法具有一定的定量性，在效应值信息不可得的情况下非常有用。

元分析法的结论是基于许多单个研究效应量的统计分析而得出的。同叙述性研究综述相比，元分析法对原始文献有着严格的纳入和剔除标准，得出集成研究结论的具体过程是清晰可知的，克服了主观性；元分析法中计算出每一项研究的效应量，经过加权合并可以得出关于该类问题的总体研究结果，克服了不同研究结论的分散性；另外元分析法中的异质性分析为追溯研究间差异的根源提供了途径。同投票法相比，利用元分析法得出的关于已有效应的结论更具说服力，而且元分析法计算的效应量能够提供更多的信息[81]。

综上所述，与传统文献综述相比，元分析法有着明显的标准化、定量化、科学化的特点，这也在一些方面为其带来了优势。约翰·亨利·诺布尔（John Henry Noble）详细总结了不同研究者提出的元分析法的优势（表2.7），这些优势分别体现在元分析法的不同阶段。

表2.7　元分析法的主要优势①

序号	优点
1	将同类研究结果进行定量综合②
2	揭示研究设计中的调节变量的作用③

---

① John H，Noble J R. Meta-analysis：methods，strengths，weaknesses，and political uses[J]. Journal of Laboratory & Clinical Medicine，2006，147（1）：7-20.

② Thompson S G，Higgins J P. Treating individuals 4：can meta-analysis help target interventions at individuals most likely to benefit？[J]. Lancet，2005，365（9456）：341-346.

③ Cooper H. The integrative research review：a systematic approach sage publications[J]. Educational Researcher，1986，15（8）：17-18.

续表

序号	优点
3	能够判定干扰变量的作用是否足够强大[①]
4	可以降低解释的不确定性[②]
5	更客观地评价证据并降低研究结论的不一致性[③]
6	减少错误的负向研究结果的影响[③]
7	可以检验预先提出的假设[③]
8	揭示研究结果的异质性[③]
9	为未来的研究指明方向[③]
10	明确界定未来研究中所需样本量[③]
11	增强文献研究的精度[④]
12	通过对初始研究特征编码，降低判断的偏差[①]
13	通过多种统计技术，计算效应值的置信区间[①]
14	运用多种假设和统计技术，阐释文献综述的多种可能结果[①]
15	能够克服传统叙述性文献综述的缺点[⑤]
16	可以解释结构性的缺陷和研究偏差[⑥]

在资料准备阶段，**Meta** 分析设计严密，有明确的纳入文献标准；系统地考虑了研究的方法、结果测量指标、分类、对象对分析结果的影响；同时考虑了独立研究的质量问题。元分析法常采用偏倚风险评估工具、**Jadad** 量表、QUADAS（Quality Assessment of Diagnostic Accuracy Studies）等标准来评价原始研究的质量，发现潜在偏倚和研究间异质性来源[82]。

在分析过程中，元分析法给出了测量指标（结合统计量），提供了一种定量估计效应程度的机理。在过程质量评估方面，元分析法拥有专门的质量评价工具。目前

---

① Lipsey M W，Wilson D B. The efficacy of psychological，educational，and behavioral treatment：confirmation from meta-analysis[J]. Quantitative Methods in Criminology，2017：65-93.

② Webb E，Campbell D，Schwartz R，et al. Nonreative measures in the social sciences[M]. Boston，MA：Houghton Mifflin，1981.

③ Egger M，Smith G D. Meta-analysis：potentials and promise[J]. BMJ，1997，315（7119）：1371-1374.

④ Cooper H，Hedges L V. Potentials and limitations of research synthesis. In：Cooper H，Hedges L V. The handbook of research synthesis[M]. New York：Russell Sage Foundation，1994.

⑤ Wolf F M. Meta-analysis：Quantitative Methods for Research Synthesis[M]. Thousand Oaks，CA，1986.

⑥ Campbell D T，Stanley J C. Experimental and Quasi-experimental Designs for Research[M]. Ravenio Books，2015.

评估元分析法过程与元分析法报告的质量评价工具有 OQAQ（Oxman-Guyatt Overview Quality Assessment Questionnaire）、SQAC（Sack's Quality Assessment Checklist）、QUOROM（The Quality of Reporting of Meta-analyses）以及 AMSTAR（A Measurement Tool To Assess Systematic Reviews Cochrane），这些质量评价工具多从文献检索、文献选择、数据抽取、数据合并分析等几个容易引起偏倚的方面进行评价[83]。

在得出结论时，元分析法会采用漏斗图、时效安全系数等多种方式对各类偏倚进行修正，此外还通过异质性检验、敏感性分析、亚组分析等方法来验证结果的稳定性和科学性，提升了文献的综合统计能力。

在得出结论以后，元分析法还可以帮助人们发现以往研究中存在的不足之处，揭示出单项研究中存在的不确定性，识别出各个单项研究中存在的重要差异，进而得出更为客观的普遍结论，并提出新的研究课题和研究方向。

尽管有着上述的众多优势，元分析法也被一些学者质疑其存在不足之处。比如，发表偏倚、原始数据缺失、不对等比较（"橘子与苹果问题"）、元分析法与随机化试验不一致等的问题。这些问题有些是所有综述类研究面临的共同问题，还有一些随着元分析法的不断发展成熟已经逐步被克服或者降低了其负面影响。实际上，元分析法不能代替独立研究，因为它们是 Meta 分析的基础和材料；元分析法也无法完全替代传统的文献综述，元分析法的出现丰富了文献综述体系的内涵，为其提供了有益的补充。

三、元分析法的方法与步骤

元分析法的主要步骤包括选定研究课题、收集并筛选文献、信息提取、效应量的选取与计算、异质性检验和得出结论等步骤（图 2.5）。

（一）选定研究课题

在任何科学研究方法中，提出问题都是研究开始的第一步。在选定研究课题时主要需要考虑以下问题：①研究者想要解决的具体问题；②研究者所关注的概念或

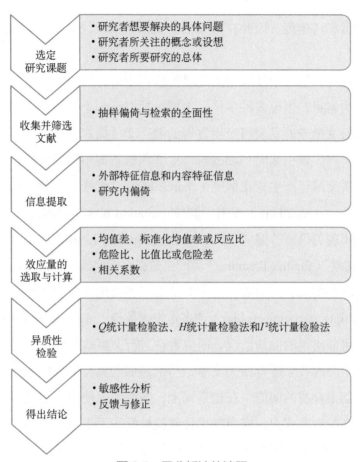

图 2.5　元分析法的流程

设想；③研究者所要研究的总体。

　　值得注意的是，由于元分析法本质上是一种集成方法，因此最终的结果通常情况下只能回答先前文献中已经存在的问题。另外，由于同一个概念可能有多个术语，而相似的术语可能表示两种不同的概念，因此在进行元分析法前必须对相关概念有一个比较清晰的界定。最后，研究者还需要考虑哪些样本应该被涵盖在此次元分析法研究中。较大的研究总体可以得出更具广泛性的研究结论，同时也包含了更多的异质性，增加了后期的数据处理难度；然而较小的研究总体虽然会使结果的异质性减弱，但是研究结论会有较强的局限性。基于以上特点，两者如何取舍主要取决于研究者的研究目标。

（二）收集并筛选文献

　　获取已有的文献资料是元分析法的重要步骤。搜集文献工作的结果将会直接影响到研究的质量和可信度。因此在收集相关主题文献时，需要注意抽样偏倚带来的不良影响。

抽样偏倚是元分析法中搜集相关文献阶段产生的各种偏倚的总称。抽样偏倚在实际应用中最为常见，表现多种多样，主要包括以下几个方面：①因研究结果没有统计学意义导致文献未能发表可产生发表偏倚；②数据库中数据标引不准确使相关文献未被检出可产生索引偏倚（index bias）；③因检索词不准确或检索策略失误出现漏检或误检相关文献可产生查找偏倚（search bias）；④搜集文献时依赖综述可引起参考文献偏倚（reference bias）或引文偏倚（citation bias）；⑤检索文献时限定语种为英语则可能出现英语语种偏倚（English language bias）；⑥未搜集会议论文、学位论文等"散在文献"（fugitive literature）可产生数据提供偏倚（bias in provision of data）；⑦同一组研究对象的观察结果被作者分为 2 篇或多篇论文发表可产生研究对象重复使用偏倚（multiply used subjects bias）或多重发表偏倚（multiple publication bias）[84]。

综合以上可能出现的偏倚情况，研究者在进行文献收集时应当尤其注意检索的全面性。尽量全面地收集所有相关文献，特别是那些具有代表性观点的文献，避免或者减少研究结果存在的偏倚。在检索词上，主要考虑使用中英文检索词、同义词和近义词等。在检索方式上，应当考虑计算机检索和手工检索相结合。另外，要尤其注意发表偏倚问题，为了在一定程度上减轻发表偏倚对结论造成的影响，应该尽量获取未发表的研究。在检索范围上，除了使用主流数据库之外，还应该适当考虑灰色文献和一些专业预印本网站中的文献。另外可以采用专家咨询法作为补充[85]。对于可能存在的语言偏倚，尽管我们不可能去掌握所有的语言来解决该问题，但是应该意识到语言的局限性会对研究结果产生影响，并在最后的报告中加以说明。最后，为了确保研究的透明性和可重复性，综述者需要报告他们获取相关文献的途径，如检索式、所使用的数据库以及语种等信息。

（三）信息提取

在进行信息提取时，需要根据研究目的来确定提取的内容。一般来说，元分析法需要提取的数据信息有外部特征信息和内容特征信息。外部特征信息包括：文献来源、出版时间、作者、机构、国别等。内容特征信息包括：研究主题、研究对象、研究内容、研究方法以及研究结论等。此外，分析人员还应该针对具体的研究内容完善部分信息，以保证信息提取的全面性与合理性。在一些情况下，可能还需要提取文章的原始数据。

信息提取过程中可能会出现研究内偏倚。研究内偏倚是从纳入研究中提取用于元分析法的数据信息阶段产生的各种偏倚，主要包括以下三个方面：①元分析法者从纳入的研究中提取的数据信息不准确可产生提取者偏倚（extractor bias）；②对纳入研究质量的评价不恰当、不全面可产生研究质量评分偏倚（bias in scoring study quality）；③纳入研究没有报告元分析法所需要的数据信息可产生报告偏倚（reporting bias），特别是当一些研究有多个结局变量，但纳入文献中只报告了有统计学意义的结局变量时，应仔细考察是否存在报告偏倚。

为了减少研究内偏倚，使用元分析法时应设计用于提取数据信息的专门表格，一般包括基本信息、研究特征、结果测量等内容。另外，对表格中的每一项内容如何记录应有明确清晰的说明，特别是纳入研究报告的结局变量或临床观察的终点指标可能不同，有时甚至要先计算或进行数据转换。对纳入研究质量的评价则应严格按照循证医学评价文献的方法和原则进行。纳入文献的质量高低可以用权重表示，也可以用量表或评分系统进行评分。但是纳入研究的质量评估指标体系目前还没有统一的"金标准"。

（四）效应量的选取与计算

效应量是元分析法中最为重要的指标，它主要用来度量实验处理的效果大小。由于原始文献数据报道方式不同，因此在实际工作中需要根据情况选取恰当的效应量。效应量的选取主要取决于原始文献数据的获取程度。选择效应量指标时主要考虑以下几个方面：第一，不同研究的效应量应当是可比的，即不同研究的效应量不应因为该研究的设计方面的特征（如样本含量和协变量）而变化。第二，效应量的估计可以从已出版的文章报道的信息中计算。不应要求对原始数据进行重新分析（除非原始数据是可得的）。第三，效应量应当具有良好的技术性能（如样本分布应当是已知的才能计算出方差和置信区间）。第四，效应量的实际意义最好是可解释的。如果效应量本身没有实际意义，应当尽可能地将其转换为另一个有意义的指标来呈现。

实际上，用于原始研究的数据常常使得两个或三个效应量满足以上标准。一般地，如果由原始研究报道的描述性数据是两组数据的均值与标准差，合适的效应量通常为均值差、标准化均值差或反应比。如果描述性数据是建立在发生事件和未发生事件间的二项结果，合适的效应量通常是危险比、比值比（OR）或危险差（RD）。

如果原始研究报道了两个变量间的关联相关系数，那么相关系数本身可以作为效应量。

（五）异质性检验

异质性检验是指对元分析法中不同研究间的各种变异的检验。异质性检验是元分析法中对各研究结果合并的基础，只有当各研究结果具有一致性时，合并分析的结果才能被认为是真实可靠的。

目前进行异质性检验的方法主要有 Q 统计量检验法、H 统计量检验法和 I^2 统计量检验法，它们都是以 Q 统计量为基础的[86]，但各自的稳健程度、方法及判断异质性的临界值皆有不同，在实际操作中计算量较大且易产生谬误[87]。I^2 统计量检验法经过自由度校正，检验结果较为稳健。

如果经过异质性检验表明各研究结果不具有一致性，则需要进一步的处理，包括：改变结果变量的指标、探讨异质性的来源、按亚组分析、进行元回归及混合效应模型等[88]。

（六）得出结论

在得出数据分析结论之后还需要对元分析法结果做出合理的解释与报告。在报告元分析法结果时，应该结合研究的问题以及原文献所涉及的研究背景和实际意义进行讨论与分析，必要时还可以对大样本的单独研究结果和元分析法结果的一致性开展进一步研究。此外，还可以根据数据分析的反馈情况进行适当的修正。

四、元分析法的应用

一般来讲，元分析法的应用场景通常需要满足以下几个特征。

（一）学科领域以定量研究为主

例如医学、生态学、经济学和管理学等，这些学科领域的研究使用的数据格式一般较为规范化和结构化，便于元分析法的合并分析。一些使用文字描述或者纯理论性的社会科学研究则并不十分适用元分析法。

（二）研究结论不确定或存在较大争议

元分析法所要研究的问题通常是某一研究领域中一些结论不确定或争议比较大的问题。因为这类问题的争议很可能与选取的样本以及指标的数量和质量相关，采用元分析法能在一定程度上减少仅使用单个统计方法而导致的研究结果之间的差异，并且有助于找出异质性的原因，从而抓住问题的本质。

（三）研究主题已经存在大量的研究实践

例如，在全球气候变化研究领域，已经有许多学者研究了近年来全球平均气温的变化情况，但是由于选取的样本存在区域性、样本数量以及指标的差异，得出的结论各不相同。这种情况下由于该课题的样本量充足，采用元分析法往往能够得到较好的结果。

（四）比较容易获取原始数据

在采用元分析法进行集成研究时，一个重要的环节是构造效应量。根据文献中报道数据方式的不同，构造的效应量也各不相同。为了得到统一的、可以合并比较的效应量，一般最好能够获得单个研究的原始数据。此外，在异质性分析中，如果需要采用元回归分析来找出异质性的来源，那么单个研究的原始数据也是必不可少的条件之一。

尽管本书认为利用元分析法进行定量集成研究时最好符合以上四个特征，但元分析法的应用范围并不仅限于此。只是在通常情况下，符合这些特征的研究课题在利用元分析法进行集成研究时能够事半功倍，得到最大的投入产出效果。

元分析法经过近四十年的发展和完善，已经应用于不少学科领域的定量集成研究中。从早期的在具有可重复性和可控性的实验科学领域应用，到现在扩展到其他一些非实验性学科领域，如教育学、管理学等，不论是在应用的广度还是深度方面都有了很大的提高。可以预见，未来元分析法有着广阔的发展和应用前景，具体来说包括以下几个方面[89]。

1. 与大型数据集结合

元分析法的局限性之一在于数据来源仅限于原始研究报告中提供的数据，为此有学者研究将元分析法与大型数据集结合使用。元分析法与大型数据集的结合使用方法有多种。例如，将数据集作为元分析法的原始数据，使用一步法（将个体研究者数据汇总和调整之后进行聚类）或两步法（将每次研究取得的个体研究者数据分别分析，然后使用标准的元分析法技术将这些分析结果综合集成）进行分析；或使用其他统计分析方法分析数据集，再将其分析结果与元分析法结果并置对比，以互相验证或补充；或利用数据集对元分析法不能考察的变量进行探索；等等[90]。利用大型数据集的主要优势是允许元分析法专家从更丰富的数据中选取兴趣数据，而不是仅仅依赖于原始研究报告中的数据。

2. 方法更加灵活

传统元分析法是把每个原始研究结果转化成一个公共效应指标，再由此得到关于该研究主题的一个总体估计效应值，并给出精确度估计[91]。在传统元分析法的基础上还发展出了一些其他元分析法，包括累积元分析法（cumulative meta-analysis）、网状元分析法（network meta-analysis）、前瞻性元分析法（prospective meta-analysis）、个体参与者数据元分析法（individual participant data meta-analysis）等[92]。每种类型的元分析法各有其特点，根据研究目的和数据特点可以灵活选择合适的分析方法。

3. 应用的学科领域进一步扩大

元分析法在成果定量集成研究中有着重要的应用价值。自 1976 年被提出以来，其应用的学科领域不断扩大。到 20 世纪末，元分析法已成为自然科学和社会科学主要研究领域的重要研究方法之一[93]。近年来，元分析法在生态学、保护生物学和资源环境科学等领域的应用也逐渐增多。今后，随着元分析法体系的不断完善和推广，其将会更广泛地运用于基础学科和应用学科的研究中。

4. 服务于跨学科研究

元分析法能够通过对某一类相关研究的综合分析解决一个特定的问题，由于元分析法对研究领域、研究设计和数据类型有广泛的适用性，它对于需要集成多学科数据的研究有潜在的重要意义[94]。通过结合多个相关领域的元分析法结果，可以用来辅助涉及领域更广的跨学科研究。

<table>
<tr><td>第五节</td><td>文献计量学方法</td></tr>
</table>

一、文献计量学的起源与发展

文献计量学最早出现于 1917 年，以文献学家 F. T. 科尔（F. T. Cole）和 N. B. 伊尔斯（N. B. Eales）对欧洲各国解剖学的文献统计研究为起点。1922 年，英国专利局的图书馆员 E. W. 休姆（E. W. Hulme）首先提出了统计书目学（Staistical Bibliography）。1969 年，英国学者艾伦·普里查德（Alan Pritchard）首次提出了文献计量学（Bibliometrics）的概念。

我国学者邱均平教授将文献计量学定义为以文献体系和文献计量特征为研究对象，采用数学、统计学等计量研究方法，研究文献信息的分布结构、数量关系、变化规律和定量管理，并进而探讨科学技术的结构、特征和规律的一门学科。利用文献计量学可以定量地揭示某一领域的发展现状、研究热点、竞争格局及研究方向等。

文献计量学的起源与发展可以分为三个阶段，分别为萌芽阶段、奠基阶段和快速发展阶段。

1917—1925 年为第一阶段——萌芽阶段。文献计量学起源于 20 世纪初[95]，其中以 1917 年文献学家 F. T. 科尔和 N. B. 伊尔斯合作对欧洲各国在动物解剖学方面发表的论文进行统计为标志，开启了书目计量研究的先河；5 年后的 1923 年，英国专利局的图书馆员 E. W. 休姆对科技论文增长情况进行分析，并将这一文献计量研究起名为统计书目学[96]。

1926—1961 年为第二阶段——奠基阶段。文献计量学的一些基本规律在这一阶段出现。1926 年，美国统计学家艾尔弗雷德·詹姆斯·洛特卡（Alfred James Lotka）在研究科学生产率时，经过大量统计与研究，发现了科学论文作者与论文数量之间关系的洛特卡定律，即"倒数平方定律"，并将这一成果发表在《华盛顿科学院杂志》（*Journal of the Washington Academy of Sciences*）上，论文标题为"科学生产率的频率分布"。

该段时期提出了文献计量学领域的三大定律。

1934 年，英国著名文献学家塞缪尔-克莱门特·布拉德福（Samuel Clement Bradford）提出了期刊论文在相应期刊中的数量分布的集中与分散规律，被称为布拉德福定律，该定律后来被广泛应用于核心期刊确定、文献检索等领域。

1948 年，美国学者乔治·K. 齐普夫（George K. Zipf）在对英文文献中每个词出现的频次进行大量统计的基础上提出了著名的词频分布定律，即齐普夫定律，该定律已被广泛应用于语言学、信息科学、情报学等领域。

1955 年，美国著名情报学家尤金·加菲尔德在《科学》（Science）上提出了"引文索引"的设想，比较系统地提出了引文索引检索文献的方法，为后来建立科学引文索引（SCI）打下了一定基础[97,98]。

1958 年起，由 J. D. 伯纳尔（J. D. Bernal）提出，R. E. 伯顿（R. E. Burton）和 R. W. 基布勒（R. W. Kebler）发展的文献"半衰期"（half-life）概念用定量化的方法衡量文献老化的程度与速度。

1961 年，美国著名科学家普赖斯总结提出文献量的指数增长规律及逻辑斯蒂曲线（logistic curve）增长规律。

1962 年至今为第三阶段——快速发展阶段。这一阶段随着计算机技术和信息科学的发展，之前在人类看来不可能实现的任务得以实现。借助于计算机技术，文献计量学在理论不断发展的基础上，其应用研究也开始快速发展，特别是尤金·加菲尔德陆续建立了世界上最大也是最全的科学引文索引、社会科学引文索引（SSCI）和艺术与人文引文索引（A&HCI）等引文数据库，极大地促进了科技文献检索和引文分析的发展。

1969 年，英国学者艾伦·普里查德首次提出了文献计量学的概念[99,100]，并将其定义为："应用数学和统计学方法，通过计算和分析文献数量来更清楚地表明书面交流的过程和所表达的学科的发展特点。"文献计量学概念提出后，迅速得到图书情报界的响应，并很快替代了之前的"统计书目学"。

经过半个多世纪的发展，文献计量学无论在理论还是实际应用方面都取得重大的进展，1975 年，由贝特拉姆·克劳德·布鲁克斯（Bertram Claude Brookes）组织的第一次国际性的情报学研究论坛在伦敦举办，1978 年，科学计量学领域的专业期刊《科学计量学》（Scientometrics）在匈牙利创刊。进入 21 世纪，大数据、人工智能技术的发展使得从杂乱无章的海量文献中挖掘有价值的信息成为可能，文献计量学也发展成为一门独立的科学学科，并在其他学科中得以广泛应用。

我国文献计量学的发展分为三个阶段：第一阶段为 1980—1985 年，是我国文献计量学发展的起步阶段，这一阶段相关文献很少，且内容以翻译、介绍和引进国外相关研究成果为主，缺乏系统性。最早的一篇文献为 1980 年刘植惠教授发表在《情报科学》杂志上的《文献的定量分析研究》。第二阶段为 1986—2002 年，文献计量学文献开始逐年增多，并且文献计量学方法应用实践开始增多。第三阶段为 2003 年至今，文献计量学开始进入全面快速发展阶段，中国科学技术情报研究所建立"中国科技论文与引文数据库"进行系统的文献计量统计，文献计量学理论体系与应用也进入新阶段[101]。

二、文献计量学的内涵与特点

文献计量学在产生与发展过程中，形成了揭示文献分散规律的布拉德福定律、词频分布规律的齐普夫定律、作者分布规律的洛特卡定律、文献增长定律、文献老化规律、文献引用规律等[102]，成为指导文献计量学发展的基本规律，也形成了文献计量学的鲜明特点。

1. 文献分布规律——布拉德福定律

布拉德福定律是由英国著名文献学家塞缪尔·克莱门特·布拉德福于 20 世纪 30 年代率先提出的定量描述文献分布规律的经验定律。布拉德福定律是指，如果将期刊按其刊载某学科领域论文的数量多少进行递减顺序排序，则可以将该学科领域期刊分为核心区[103]、相关区和非相关区，每个区刊载文献数量相等，此时核心区、相关区和非相关区之间期刊数量的关系为 $1 : n : n^2$。

2. 词频分布规律——齐普夫定律

齐普夫定律是由美国学者乔治·K. 齐普夫于 20 世纪 40 年代提出的关于文献中的词频分布的规律。齐普夫定律指将文献中的词按照出现频次进行递减排序，并将频次由高到低进行排序，最高位为 1 级，其次为 2 级……则可以发现单词频次与序号之间存在"幂律"关系，即 $fr=c$，其中，f 表示频率（frequency），r 表示序号

（rank），c 为常数。

3. 作者分布规律——洛特卡定律

洛特卡定律由美国的统计学家、情报学家艾尔弗雷德·詹姆斯·洛特卡于 1926 年率先提出，用来描述科学生产率的经验规律。用公式 $f(x)=c/x^2$ 来表示，其中 $f(x)$ 为撰写 x 篇论文作者出现的频率，c 是常数。通过公式可以发现，洛特卡定律指撰写 x 篇论文的作者数量与他们所写的论文数量呈平方反比关系，故洛特卡定律又称为"倒数平方定律"。

4. 文献增长定律

随着科学技术的发展，文献数量越来越多，文献增长定律也开始被研究人员重视。其中最具代表的为普赖斯提出的文献指数增长规律。其表达式为：$F(t)=ae^{bt}$，其中 $F(t)$ 表示时刻 t 的文献量，a 是统计初始时刻（$t=0$）的起始文献量，b 是常数，表示持续增长率。普赖斯提出的文献指数增长规律在一定程度上反映了文献增长规律，但由于文献增长受到许多复杂因素的影响，因此在实际应用中有一定局限性。后来又有许多学者对文献增长曲线进行了补充和修正，其中具有代表性的为苏联科学家弗拉杜茨（Vladutz）和纳米莫夫（Nalimov）在 20 世纪 60 年代提出用逻辑斯蒂曲线来修正和重新描述文献的增长过程，但在实际应用中仍有一定缺陷，因此有学者不断提出新的研究成果。

5. 引文半衰期——文献老化规律

科技文献老化是指，科技文献发表后，随着时间的推移，逐渐失去其科技情报的价值。1958 年，英国学者 J. D. 伯纳尔率先借用化学中放射性物质的"半衰期"以及"引文中值年龄"这两个概念，来形象地描述文献的老化过程和老化速度。所谓"半衰期"，是指某学科领域现时尚在利用全部文献中的一半是在多长一段时间内发表的[104]，不同学科因其学科性质、文献类型等不同而有不同的"半衰期"。普赖斯提出了科学文献指数增长定律与衡量科学文献老化的"普赖斯指数"（Price's Indicator）这一量化指标，相应的方程式为：$C(t)=ke^{-at}$。$C(t)$ 表示发表了 t 年的文献的被利用次数，k 是常数，随学科不同而异，a 为老化率。

6. 文献引用规律

在科学技术发展过程中，任何研究的发展和创新，都离不开前人或者他人的相关研究成果，这种相互关系体系在科学文献中则表现为文献间的相互引用。简单描述文献引用规律即高被引文献数量与其被引频次基本呈反比例关系，也就是说被引频次越高，对应文献的数量越少。常用的引文分析工具是由美国著名的情报学家尤金·加菲尔德建立的"科学引文索引"。

三、文献计量学分析步骤

文献计量学分析步骤通常主要包括：任务分解与需求定义、文献检索与数据采集、文献数据清洗、数据分析与内容挖掘、结果解读与展示等几个步骤（图2.6）。

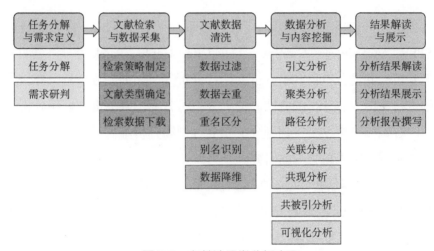

图 2.6 文献计量学分析步骤

1. 任务分解与需求定义

对任务需求的准确把握是文献计量学分析的基础。对任务需求的准备把握需要掌握任务的核心要义，包括任务的目标、用户的最终需求等。因此，在文献计量学分析中，首先需要用户对研究任务需要解决的问题进行准确的把握，在实际操作中往往对大任务进行细分分解，以便后期的实际操作并取得理想的效果。

2. 文献检索与数据采集

对上述需要解决的问题进行准确把握之后，需要根据分解后的任务制定相应的检索策略。文献检索过程在实际操作中需要把握好查全率与查准率的问题，具体情况需要根据不同问题本身来界定。检索策略制定后选取相应数据库进行数据收集工作。

3. 文献数据清洗

文献数据清洗在文献计量学分析中占据很大的工作量。具体包括数据过滤、数据去重、重名区分、别名识别、数据降维等。如在对机构的分析中，需要考虑机构名称的合并去重问题。举例来说，如对兰州大学产出论文进行计量学分析，在数据清洗中，需要把"兰州大学""兰大""兰州大学××学院"进行合并，同时要考虑不同语言的差异。在人名分析中，需要考虑重名的问题，特别是中文名字。

4. 数据分析与内容挖掘

在数据分析与内容挖掘中可以借助许多现成的分析工具。常见的分析工具有DDA、SPSS、VOSviewer、CiteSpace、HistCite、Gephi、Pajek等。常见的分析维度包括词频分析、共词分析、共引分析、耦合分析等。如词频分析是以齐普夫定律为理论基础进行文献内容分析的方法。词频分析可分为标题关键词词频分析、摘要词频分析、内容词频分析、引文词频分析和混合词频分析等。词频分析大量应用于科学前沿主题领域和发展趋势等的研究。

共词分析属于内容分析法的一种。它的原理主要是对一组词两两统计它们在同一篇文献中出现的次数，以此为基础对这些词进行聚类分析，生成共词文献簇，进而分析这些词所代表的学科和主题的结构变化。利用共词分析法及其相关的可视化方法可以进行深入的主题分析，系统而直观地了解学科结构和发展状况，并进行学科发展预测。

共引分析是指两篇文献同时被一篇或多篇文献引用，同时把共同引用这两篇文献的文献数称为共引强度（或共引频率），共引强度越大，说明这两篇文献关系越密切。在共引图谱中，点表示文献，当相关文献对的共引强度等于或大于某个阈值时，两点就被连接起来。共引分析多用于作者共引分析和期刊共引分析。

耦合分析是与共引分析相对应的分析方法。如几篇文献具有相同的参考文献就形成了文献耦合关系，具有相同参考文献的文献数称为耦合强度。耦合分析包括文献耦合分析、期刊耦合分析、作者耦合分析、学科耦合分析等，分别表示文献、期刊、作者、学科之间具有主题和内容相似性，可作为相关文献分析、作者群体分析和科学演化分析等的依据。

5. 结果解读与展示

在完成上述分析工作之后，需要对分析结果进行准确解读与展示。在实际报告撰写中，要结合具体问题需求，也可咨询相关领域专家，对研究结果进行修正与完善。

四、文献计量学的应用

文献计量学作为图书情报领域最常用的方法之一，主要是通过定量化方法研究文献分布与变化特征的方法，进而揭示科学发展规律。目前已广泛应用于期刊评价、学科评价、人才评价等方面。

1. 期刊评价

文献计量学方法在期刊评价方面的应用主要体现在核心期刊的遴选上，方法也较为成熟。主要通过对期刊论文的引用频次、影响因子和下载频次等对期刊进行评价与遴选。如徐杨、陈耀辉[105]通过核心总被引频次、核心影响因子、综合评价总分、学科扩散指标和学科影响指标等对我国电力核心期刊进行了分析评价。

2. 学科评价

通过文献计量学分析可以揭示学科研究热点与研究前沿，一定程度上反映了学科发展演化方向。常用的如关键词分析、文献耦合分析、引文分析、共被引分析等。例如，邵峰等[106]通过文献计量学对海洋科学学科发展态势进行了分析，揭示了海洋科学文献数量分布态势、研究热点及研究前沿等；邹亚飞等基于 WoS 核心数据库数据，通过文献计量学对植物保护学科发展态势进行了分析，主要分析维度包括发文数量、篇均被引频次、发文机构及发文情况等。

3. 人才评价

文献计量学由于可以用量化数据对人才进行评价，因此在人才评价中的应用非常广泛，例如基于"科学引文索引"的引证文献分析对人才进行评价[107]。2005 年美国加州大学乔治·E. 赫希（Jorge E. Hirsch）教授提出了 h 指数（Hirsch Index）方法，该指数综合考虑了论文产出与影响力两方面的因素，在科技人才评价中应用较多[108]。我国学者张桂兰等[109]基于文献计量视角对引进人才与本土人才的科研创新能力进行了对比分析，主要从国际合作、科研成果产出、学者影响力等角度进行评价分析。

4. 其他综合应用

文献计量学除了用于上述提到的期刊评价、学科评价与人才评价外，在知识管理、科学评价等其他方法中应用也非常多。特别是在大数据、人工智能发展的背景下，文献计量学的理论与方法也在不断完善与扩展，应用范围也越来越广。其分析对象除了论文、专利等结构化的数据之外，也增加了网络浏览量、下载量等替代计量指标，不断开拓文献计量学应用研究的新领域[110]。

第六节　内容分析法

一、内容分析法的起源与发展

早在 20 世纪初，一些学者就已经开始尝试采用半定量化的方法对文献的内容进行加工处理，以传播学领域的学者为代表的一批研究人员为了了解新闻报道的关注重点及社会影响力，开始尝试统计刊登在报刊上的新闻篇数，通过对数量的考察从而进一步了解社会舆论动向。谈到内容分析法的雏形产生，就必须提到美国著名的传播学家哈罗德·D. 拉斯韦尔（Harold D. Lasswell），他在第二次世界大战时联系了多位业内学者，他们通过对德国出版的报纸内容进行系统性的分析，最终获得了具有十分重要军事意义的机密情报，这项被命名为"战时通信研究"的工作一举成名，内容分析法的雏形也自此初步形成，同时也为战后内容分析法的蓬勃发展奠定了坚实的基础。尽管内容分析法最初应用于新闻传播领域，但伴随着方法的广泛应用，在艺术、文学、历史和哲学等多领域内容分析法也开始得到了扩展应用，此时，一批学者开始将注意力由原先的篇数转向文献内容，并希望通过对某一主题下的文献进行某些处理从而了解某一领域的发展趋势。这就不得不提到奠定内容分析法方法学地位的一本书——《大趋势：改变我们生活的十个新方向》（*Megatrends：Ten New*

Directions Transforming Our Lives），1982 年，伴随着该书的正式出版，内容分析法开始逐步发展成熟，并有了较为可靠的方法学基础。该书的作者约翰·奈斯比特（John Naisbitt）带领其所在团队人员仔细系统地梳理了 200 份报纸，最终成功总结出美国从工业社会向信息社会过渡的十大趋势[111]。在此之后，一大批专注于内容分析法的研究人员涌现出来，他们开始将内容分析法广泛应用于科学研究和实际应用中。

二、内容分析法的内涵

从某种意义上说，内容分析法已经初步体现出了文献综合集成的部分思想，简单来说，内容分析法是通过对文献内容的解读，了解某个领域某一方面的研究态势等。以上理解从概念层面不够科学严谨，本书详细梳理了内容分析法的具体定义，从而从学理演变角度深刻了解内容分析法的概念形成。对内容分析法的定义自方法产生开始就已经有了不同的声音，可以说是百花齐放、百家争鸣，不同阶段不同学者对其也有不同的理解，但是至今仍没有形成公认的定义，学术界对其仍然存在一定的争议[112]，不过这些并没有影响到内容分析法的应用，目前看来，在不同学科领域内容分析法具有较强的可迁移性。早在 1952 年，美国著名的行为科学家兼传播学家伯纳德·贝雷尔森（Bernard Berelson）出版了《传播学研究中的内容分析》一书，率先将内容分析法定义为一种"客观地、系统地、定量地描述交流的明显内容的研究方法"[113]。随后的 1969 年，O. R. 霍斯提（O. R. Holsti）对这一概念进行了拓展，他认为内容分析是对某些内容特征的客观系统的识别，并以此作为分析和推理的依据[114]，这里同样强调了客观系统性，但也提出了对内容特征的识别及推理判断。从本质上来说，有学者认为内容分析法的本质是系统客观地度量实际分析内容中的某些变量。但是内容分析法是否只是一种研究方法还存在一定的争议，持有方法学观点的学者就指出利用内容分析法可以从一系列待研究的文本中得到重复有效的推理[115]，或者将定性文本转换为定量文本，对文本进行定量分析以及针对事实进行判断和推论，无论是何种定义，我们均可以看出国外学者主要认为内容分析法是一种定性定量分析方法，其目的是对文本进行综合，从而得出结论，这与文献综合集成的整体思想具有一定的相似性，但是在操作方式和具体流程及核心范式上，二者仍存在一定差别。

尽管国内学者对内容分析法的关注相比国外较晚，但是目前也已经有了较多应用。文献计量学领域著名学者邱均平，在国内率先系统性地阐释了内容分析法的理论内涵，他认为内容分析法顾名思义，就是一种对研究对象的内容进行深入分析的研究方法[116]，其本质是通过进一步确定文本内容的"数量"，将"用语言表示而非数量表示的文献转换为用数量表示的资料"，通俗地讲就是通过识别文本中的关键特征从而获得对分析结果的统计性描述。整体来说，采用内容分析法进行分析研究就是通过发现可能反映文档内容的某些方面的特征，并用于计算，从而发现某些规律并尝试进行解释，最终目的是发现隐藏在文献中的隐含情报信息，并进一步尝试对事物的发展趋势进行情报预测[117]。正如前文所述，内容分析法在实际应用时并不需要多高的研究成本，仅需要研究人员静下心来对丰富的数据进行剖析，就有可能产生知识上的发现，因此在七十多年的发展历程中，内容分析法已经广泛应用于多个领域，且取得了较多有价值的成果。

三、内容分析法的类型演变

在漫长的发展历程中，经过众多学者对内容分析法理论层面的探讨和应用层面的检验，内容分析法目前已经趋于完善。在发展过程中，其类型也逐步细化，目前广泛认可的分类方式主要有三种：①从分析对象的角度出发，可将其分为实用内容分析法、语义内容分析法和符号载体内容分析法；②从分析的层次角度出发，可将其分为概念分析法和关系分析法[118]，对前两种分类方式已经有众多资料进行了较为详细的阐释，本书不做过多介绍；③从方法支撑层面，学者尝试将内容分析法再细分成三类，即解读式、实验式和计算机辅助内容分析法。从第三种的三类内容分析法的演变过程可以看出这一方法是定性还是定量方法的认识发展轨迹。接下来将简单阐释这三类内容分析法，希望有助于读者理解文献综合集成方法的定性定量相结合的研究体系。

首先，从命名方式上可看出，解读式内容分析法是通过集中阅读、理解并解释文本，从而传达作者意图的一种方式。这一类方法依靠读者的主观判断，可以将其理解为定性分析为主的一类内容分析法，专业的定义是从整体和更高层次上把握文本内容的复杂背景和思想结构，从而探究文本内容的真实含义，并以描述事实为目的，广泛应用于案例研究中。但正是由于这种方法离不开主观描述和判断，因此不可避免地会产生主观臆断，此外，这一阶段的研究对象极为宽泛，研究结果没有统一的分类标准，很难二次利用，因此这种方法缺乏通用性，较难拓展。此时学界对定性内容分析法也产生了一些方法学上的共识，简单来说就是对各种概念元素之间的联系和组织结构进行合理的分析。通常，定性方法被认为是包括特定的定性程序，如确定主题和研究对象、解释实验结果等，但是定性方法由于缺乏相关的依据，很难被广泛认同。

相比解读式内容分析法，实验式内容分析法则开始将定性与定量内容结合在一起进行分析。事实上，自内容分析法在新闻传播领域产生之初，就已经带有定量分析色彩。最初媒体将文本内容划分为特定类别，并计算每种类别的内容元素的出现频次。尽管如此，仅通过机械的数量统计仍无法保证结果的准确可靠，原因在于内容分析形成变量和内容分类的过程仍然依赖于主观判断。可进行统计计数的对象仅局限于文本中明显的内容特征，而对撰写动机、背景环境、影响意义等内容则无法通过统计学方法得出。基于这些背景，许多学者提议将定性和定量方法相结合，综合起来对文献的内容进行阐释分析。W. 博斯（W. Bos）等对定性和定量相结合的内容分析法所需满足的几个要求进行了总结：一是前期对研究问题要具备一定的理论积累；二是要客观地选择样本并进行审查；三是在整理数据的过程中要开发实用且有效的分类体系；四是对实验数据进行定量分析，并作出合理的解释[119]。

实验式内容分析法在内容分析法的发展道路上具有里程碑意义，但不可忽视的是计算机技术的应用更是极大地加快了内容分析法的应用进程。无论是定性内容分析法中的半自动内容分析，还是定量内容分析法中的计算机辅助内容分析，都仅仅只是名称不同，在实质上都是采用计算机技术，对内容分析法进行更加系统高效的应用，借助于计算的高效存储和运算等功能，内容分析法目前已经得到了空前的发展。

四、内容分析法的原理与步骤

内容分析法的实质是分析信息量及其在文献内容中的变化，其目的是利用数据对内容进行可重复验证和有效的推论。从哲学的角度来看，这种方法的可行性是建立在对客观世界的可知理论的前提下的，也就是说人们可以通过分析和研究客观信息以达到正确理解客观世界发展规律的目的。在这种理解过程中，采用内容分析法可以帮助人们使用各种统计、推理和比较分析方法，从而正确且有效地看待及解决问题。内容分析法中最常采用的一种统计方法是计数法[120]，这是由于人们认为文本中某些特定的高频词可以反映出大家关注的焦点，人们对事物的关注程度的变化会体现在对文本的使用频次上，这句话可能有些专业，但是事实上常用词往往属于认知的核心区域[121]，词频统计可以有效地传达出重要意图和核心思想。

本节最后，我们再对内容分析法的常规操作流程进行简单的介绍。利用内容分析法分析文本内容，一般应遵循六个步骤，即从科学分析的角度，沿着确定某一研究问题、获取相关数据、处理数据并得出结论这一思路。我们根据常规的分析思路，对内容分析法的流程做了图示，如图 2.7 所示。

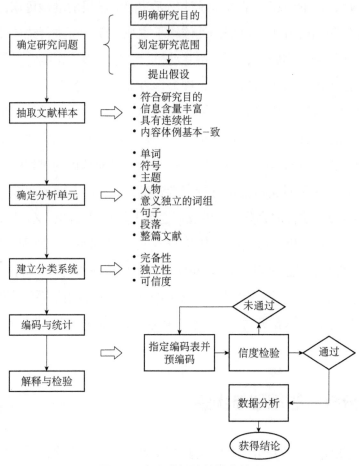

图 2.7　内容分析法的操作流程

内容分析法的具体操作步骤如下。

（1）确定研究问题。这一步十分重要，确定一个边界范围清晰的研究主题并不容易，此时可以借助于"研究纲要"来指导方法的后续实施，建立纲要的具体思路是明确研究的目的和意义，划清研究边界并建立相应的研究假设。

（2）抽取文献样本。由于在研究时很难获取全部文献，因此采用抽样方法至关重要，样本选择的标准要满足研究目的，信息含量要尽量大且数据连续，内容体例要基本一致。也就是说选定的样本的性质要与总体性质相关，且最终可以推断出总体结论。

（3）确定分析单元。这一步要求提取并挖掘各类因素，所有这些因素都应与分析目的紧密相连，并有利于提取操作。这里所指的分析单元范围十分广泛，既可以是单词、符号、人物、地址、主题等单独词汇，也可以是词组、句子或段落，甚至可以是整个文档。

（4）建立分类系统。简单来说，这一步是指确定分析单元的分类标准。一个有效的分类系统应该遵循三个标准：一是完整性，确保所有分析单元都可归属到类目中；二是独立性，各个类别之间应该是互斥的，一个分析单位只能划分为一个类别；三是稳定性，类别系统要具有一定的可信度，应该能够获得不同编码人员的一致认可，即使由不同人员进行编码，结果也应该具有相对稳定性。

（5）编码与统计。这一步是内容分析法的核心，编码是指将不同分析单元依次划分到对应的类目系统，统计是对各种数据进行结果统计、知识发现的过程，如通过计算均值、比例等获得结果的描述性认识，或通过相关分析、主成分分析、因子分析、回归分析等获得结果的关系性认识。前文提到的计算机及软件的应用在这一步可以起到事半功倍的效果。

（6）解释与检验。得出数据统计结果之后，应对量化的结果进行合理的阐释，并结合文献的定性描述和判断，总结出自己的认识。另外，分析结果需要通过信度检验，若不满足需要重新编码，直到通过检验，才可得出具有一定可信度的研究结论。

五、内容分析法的应用

上文已提到，目前内容分析法已经得到充分发展，在情报学领域已经成为一种比较成熟的研究方法，多领域的应用也如雨后春笋般不断涌现，国外对内容分析法的研究已经较为成熟且形成了完善的体系，无论是理论研究还是应用研究，无论是社会科学领域还是自然科学领域，内容分析法的应用都已经取得了较多研究成果。同时我们也注意到，其中尤以应用研究居多，如在情报学[122]、教育学[123]、生态学[124]、医学[125,126]等多学科应用，因此可以说内容分析法在解决实际问题中具有一定的效果，可以在分析具体问题时作为方法学支撑。随着新媒体的发展，结合时代发展，丹尼尔·里夫（Daniel Riffe）等[127]倡导使用"全新"的内容分析法处理各类多媒体数据，如声音、图片、影像等[128]，这为内容分析法未来的发展提供了新的思路。

为了了解内容分析法的研究进展，国内图情领域的学者通过阅读相关文献，利用其专业优势广泛地获取大量一手资料，对方法体系形成了较为完整的认识，邱均平等系统地分析了相关文章，形成了对内容分析法较为全面客观的认识[116]。他努力推广方法的应用，通过联合多位专家，倡导了文献计量学方法与内容分析法相结合的全新定量化分析范式[129]，受到了广泛关注，其中以政策分析领域[130]的应用最为典型。

在自媒体应用中，学者倡导将内容分析法应用于多种类型的知识发现中，目前在弹幕[131]，自媒体如微博[132]、微信[133]，特色网站如网络购物网站[134]、政府门户网站[135]，以及智库[136]、史料文本[137]等多种载体中，内容分析法都得到了广泛应用。

第七节　文献综合集成与各种方法的异同

集成研究能够综合同一学科不同的研究成果，获得新的概念、解释，并将原有的认识水平提高到一个新的高度。从研究流程来看，集成包括设计、实施、成果的集成；从科学要素来看，集成包括研究主体、研究方法、科学资源、研究对象、研究成果的集成。在不同类型的集成过程中有机融合了专家体系、信息与知识体系以及计算机体系各自的优势，构成了一个高度智能化的人-机体系，使得该体系具有综合优势、整体优势和智能优势。

文献综合集成作为一种重要的集成方式，吸收了包括元分析法、系统综述、文献计量学、内容分析法在内的多种方法（表2.8）的精髓，并形成了不同于上述任何一种方法的独特的流程体系（见第三章）。在介绍集成研究的基础上，本节将对集成涉及的具体方法的起源、特点、基本原理、分析过程进行详细描述。

表 2.8 与文献综合集成研究相关的方法比较

研究类型	科学概念	检索范围	质量评估	与"文献综合集成"的相同之处	与"文献综合集成"的不同之处
文献综合集成	基于元分析法等规范化方法，对大量独立研究结果进行系统综述和定量分析，以达到全面整合研究结果、集成已有发现的目的	检索范围明确详尽	有具体的质量评估方法和评估标准	—	—
循证实践	将现有的最佳研究证据、实践者(医生、教学工作者、科技管理者等)的专业技术和经验、实践对象(患者、用户等)的需求三者相结合，制定出最佳决策	未明确	有具体的质量评估方法和评估标准	基于最佳研究证据；需要严格评估研究证据的质量	研究证据的来源不同：循证实践的研究证据来源更广泛。用途不同：文献综合集成是对不同研究结论的客观描述与集成，形成新认识，而循证实践的目的是辅助决策
综合集成方法论	由钱学森针对开放复杂巨系统提出的研究方法论，通过人、机结合，以人为主，实现信息与知识的综合集成	未说明	未说明	解决复杂性问题的方法论；重点是多源主体、工具、资源、信息和知识的融合	侧重点不同：综合集成方法论面向系统工程，文献综合集成面向多种类型科技信息成果。研究内容不同：综合集成方法论内容包括群体研讨过程框架、协商研讨模型、决策研讨模型、综合集成研讨环境实现技术等，文献综合集成内容包括成果检索、筛选、质量控制、集成分析等
系统综述	致力于整理所有符合预先制定的选择标准的实证研究，以回答一个具体的研究问题，它使用明确的、系统性的方法来将偏倚风险最小化，因此能够提供更为可靠的结果，从而得出结论并用于决策制定	部分存在具体说明	存在质量评估，但并不深入	执行严格的分析流程	文献综合集成与系统综述分属于方法论与方法层面，系统综述是文献综合集成中一种常用且非常重要的研究方法
元分析法	以综合已有的发现为目的，对单个研究结果进行综合的统计学分析方法	有明确的检索范围	进行质量评估	都是对相互独立的多个研究结果的分析	概念层面不同：文献综合集成属于方法论层面的概念，而元分析法是文献综合集成中一种常用的研究方法。包含的研究不同：文献综合集成既可以包括定性研究的集成，也可以包括定量研究的集成，而元分析法多属于定量研究的集成

续表

研究类型	科学概念	检索范围	质量评估	与"文献综合集成"的相同之处	与"文献综合集成"的不同之处
文献计量学	以各类文献为基础，采用数学、计算机科学、系统科学等方法，对文献规律、文献科学管理及科学技术动态特征进行研究的方法	没有明确规定	没有明确规定	方法论层面的概念；共同的分析对象——科技文献；通过对科技文献、成果的分析获得对研究问题的深入理解	流程严格性不同：文献综合集成遵循严格的执行流程，而文献计量学缺乏统一的标准。研究目标不同：文献综合集成偏重于形成新见解，而文献计量学方法偏重于全面、客观地呈现原有研究
内容分析法	一种对研究对象的内容进行深入分析，透过现象看本质的科学方法	未明确	未明确	方法论层面的概念；可以包括定性研究与定量研究；包括对科技文献的研究	侧重点不同：文献综合集成中定性与定量并重，而内容分析法以定性分析为主导。核心方法不同：文献综合集成的核心方法包括统计学、元分析法、系统综述等方法，而内容分析法的核心方法为推理和比较。研究对象的具体范围不同：文献综合集成的研究对象为文献、文献中的信息以及文献中的知识，而内容分析法还包括社论、新闻、报道、广告、电视节目、广播节目等。质量评估标准不同：文献综合集成中使用严格的质量评估标准与程序，而内容分析法中并未作此规定

一、文献综合集成与循证实践

循证理念原生于循证医学，其实质是基于最佳研究证据的决策与实践。文献综合集成与循证实践的共同点是：第一，两者都基于最佳研究证据，尽可能全面地收集各类研究证据以解决问题；第二，两者都需要严格评估研究证据的质量，在文献综合集成中需要经过多轮筛选以确保研究证据的质量，循证实践中将研究证据划分为不同级别。两者的不同之处在于：第一，研究证据的来源不同。文献综合集成的研究证据来源于公开的出版物，通过收集相关研究的研究结论、集成研究结论以获得新的认识，而循证实践的研究证据则来源更为广泛，不仅包括公开出版物，还包括实践指南、动物实验结果、元分析法结果、病例对照研究结果等。第二，两者的用途不同。文献综合集成大致包括两类目的，即客观描述展示同一主题的不同研究结论、对各研究结论进行集成以形成新认识。循证实践的目的是将最佳研究证据与实践者的专业技术、经验以及实践者的需求相结合，以制定最佳决策。

二、文献综合集成与综合集成方法论

综合集成方法论是由钱学森针对开放复杂巨系统提出的研究方法论，经历了"从定性到定量综合集成方法"到"从定性到定量综合集成研讨厅体系"的演变。文献综合集成旨在通过公开或非公开科学成果的集成，经过明确问题、全面收集文献、文献筛选与质量评价、信息提取、集成分析等一系列严格的集成过程，最后形成综合性研究结论。从研究目标来看，综合集成方法论和文献综合集成均是解决复杂性问题的方法论，重点是多源主体、工具、资源、信息和知识的融合，以生成新见解、新知识，达到 1+1>2 的效果。但两者的侧重点有所不同，综合集成方法论最初是面向系统工程领域，研究内容包括群体研讨过程框架、协商研讨模型、决策研讨模型、综合集成研讨环境实现技术等；而文献综合集成面向的是多种类型的科技信息成果，研究内容包括成果检索、筛选、质量控制、集成分析等。

三、文献综合集成与系统综述

系统综述兴起于 20 世纪 70 年代末 80 年代初。根据科克伦协作网的定义，系统综述致力于整理所有符合预先制定的选择标准的实证研究，以回答一个具体的研究问题，它使用明确的、系统性的方法来将偏倚风险最小化，因此能够提供更为可靠的结果，从而得出结论并用于决策制定。

文献综合集成与系统综述的共同之处在于，两者均执行严格的分析流程，采用系统性方法最小化偏倚风险，提高研究结论的可靠性。所不同的是，文献综合集成与系统综述分属于方法论与方法层面，系统综述是文献综合集成中一种常用且非常重要的研究方法。作为一种严谨的综合集成模式，系统综述能在较大程度上实现集成过程的无偏性和可重复性[138]。

四、 文献综合集成与元分析法

元分析法是以综合已有的发现为目的，对单个研究结果进行综合的统计学分析方法。

文献综合集成与元分析法虽然都是对相互独立的多个研究结果的分析，但文献综合集成属于方法论层面的概念，而元分析法是文献综合集成中一种常用的研究方法。两者为隶属关系。且文献综合集成既可以包括定性研究的集成，也可以包括定量研究的集成，而元分析法多属于定量研究的集成。

五、 文献综合集成与文献计量学方法

文献计量学是以各类文献为基础，采用数学、计算机科学、系统科学等方法，对文献规律、文献科学管理及科学技术动态特征进行研究的一门学科[139]。

文献计量学方法与文献综合集成的共同点是：第一，两者都属于方法论层面的概念，都包括很多具体方法；第二，两者有共同的分析对象——科技文献；第三，两者的目标都是通过对科技文献、成果的分析获得对研究问题的深入理解。两者的不同之处在于：第一，文献综合集成遵循严格的执行流程，而文献计量学在文献选择、剔除标准、数据清洗方式、分析方法选择方面缺乏统一的标准；第二，文献综合集成旨在通过对同一主题不同研究的集成分析，以形成综合性的研究结论为目标，而文献计量学的目标则更侧重于较全面、客观地展示研究主题或研究问题的目前发展态势与未来趋势，即文献综合集成偏重于形成新见解，而文献计量学方法偏重于全面、客观地呈现原有研究。

六、 文献综合集成与内容分析法

内容分析法是一种对研究对象的内容进行深入分析，透过现象看本质的科学方法。内容分析法的实质是对文献内容所含信息量及其变化的分析，其研究目的是根

据数据对内容进行可再现的、有效的推断。

文献综合集成与内容分析法的相同之处在于：第一，两者都属于方法论层面的概念，均包括很多相关方法；第二，两者均可以包括定性研究与定量研究的处理；第三，科技文献都是两者的研究对象。

文献综合集成与内容分析法的不同之处在于：第一，文献综合集成中既包括扎根理论、元人种志等定性综合集成方法，又包括元分析法等定量研究方法，而内容分析法则以定性分析为主导，探索用拟定量方法去解释相关的现象[140]。第二，核心方法存在差异。文献综合集成的核心方法包括统计学、元分析法、系统综述等方法，而内容分析法的核心方法为推理和比较，先利用推理和比较的方法对研究对象的内容特征加以分析，再使用数学和统计学的方法对分析结果加以验证。第三，研究对象的具体范围不同。文献综合集成的研究对象为文献、文献中的信息以及文献中的知识，而内容分析法的研究对象范围较广，不仅包括文献，还包括社论、新闻、报道、广告、电视节目、广播节目等。第四，文献综合集成中使用严格的质量评估标准与程序，而内容分析法中并未作此规定。

第八节　本章小结

文献综合集成作为一种重要的集成方式，吸收了包括元分析法、系统综述、文献计量学、内容分析法在内的多种方法的精髓，并形成了不同于上述任何一种方法的独特的流程体系（见第三章）。本章系统梳理了与文献综合集成相关的各类研究方法，包括循证实践、集成研究、系统综述、元分析法、文献计量学、内容分析法等。对于每种相关研究方法的介绍，涉及方法的起源、发展、原理、内涵、步骤、类型以及应用等情况。

文献综合集成与各种方法既有共通之处，又存在显著不同。在检索范围方面，文献综合集成与元分析法具有明确的检索范围，而综合集成方法论、部分系统综述、文献计量学与循证实践均没有明确的检索范围说明。在质量评估方面，文献综合集成、元分析法与循证实践均有具体的评估方法和评估标准，而其他三种方法未有明确的评估标准。在研究内容、侧重点、概念层面、核心方法、研究证据的来源以及用途方面，文献综合集成与其他 6 种方法存在显著差异。

在文献综合集成的过程中，文献计量学、内容分析法、循证实践、元分析法、综合集成方法论的应用必不可少，如何吸收这些方法的精粹，使其更好地服务于集成大量原始研究、产生新认识的文献综合集成目的，是本书已经解决并将不断完善的研究方向。

本章参考文献

[1] 杨文登，叶浩生. 社会科学的三次"科学化"浪潮：从实证研究、社会技术到循证实践[J]. 社会科学，2012（8）：107-116.

[2] 李幼平，李静，孙鑫，等. 循证医学在中国的发展：回顾与展望[J]. 兰州大学学报（医学版），2016，42（1）：25-28.

[3] 杜亮，李幼平. Archie Cochrane：Cochrane 系统评价的倡导者[J]. 中国循证医学杂志，2005，5（2）：174-176.

[4] A Medical Research Council Investigation. Streptomycin treatment of pulmonary tuberculosis[J]. British Medical Journal，1948，2：769-782.

[5] Crowley P，Chalmers I，Keirse M J. The effects of corticosteroid administration before preterm delivery：an overview of the evidence from controlled trials[J]. British Journal of Obstetrics and Gynaecology，1990，97（1）：11-25.

[6] 杨克虎，李秀霞，拜争刚. 循证社会科学研究方法：系统评价与 Meta 分析[M]. 兰州：兰州大学出版社，2018：5.

[7] Guyatt G，Cairns J，Churchill D，et al. Evidence-based medicine. A new approach to teaching the practice of medicine[J]. JAMA，1992，268（17）：2420-2425.

[8] Sackett D L，Straus S E，Richardson W S，et al. Evidence-Based Medicine：How to Practice and Teach EBM[M]. 2nd ed. Edinburgh：Churchill Livingstone，2000.

[9] Trinder L，Reynolds S. A Critical Appraisal[M]. Oxford：Blackwell Science，2000.

[10] 尚文茹. 定性系统评价在社会科学研究中的应用[D]. 兰州：兰州大学，2018.

[11] Sackett D L，Richardson W S，Rosenberg W，et al. Evidence-based Medicine：How to Practice and Teach EMB[M]. New York：Churchill Livingstone，2001.

[12] Taylor M C. Evidence-based Practice for Occupational Therapists[M].Oxford：Blackwell Science，1999.

[13] 赵晨，田贵华，张晓雨，等. 循证医学向循证科学发展的内涵和思考[J]. 中国循证医学杂志，

2019，19（5）：510-514.

[14] Miller F，Partridge H，Bruce C，et al. How academic librarians experience evidence-based practice：a grounded theory model[J]. Library & Information Science Research，2017，39（2）：124-130.

[15] Eraut M. Practice-based evidence//Thomas G，Pring R. Evidence-Based Practice in Education[M]. New York：Open University Press，2004：92.

[16] American Psychological Association. Criteria for evaluating treatment guidelines[J]. American Psychologist，2002，57（12）：1052-1059.

[17] 王吉耀. 循证医学与临床实践[M]. 2版. 北京：科学出版社，2006.

[18] 赵晰，谢倩雯. 循证政策的实践障碍与发展经验[J]. 华东理工大学学报（社会科学版），2020，35（6）：57-69.

[19] 杨文登. 社会工作的循证实践：西方社会工作发展的新方向[J]. 广州大学学报（社会科学版），2014，13（2）：50-59.

[20] 张云昊. 循证政策的发展历程、内在逻辑及其建构路径[J]. 中国行政管理，2017，（11）：73-78.

[21] 魏丽莉，张晶，斯丽娟，等. 循证经济学的逻辑推演、范式变革与发展前景[J]. 图书与情报，2018，（3）：28-34.

[22] Simpson R J S，Pearson K. Report on certain enteric fever inoculation statistics[J]. British Medical Journal，1904，2（2288）：1243-1246.

[23] Pearson K. On a method of determining whether a sample of size n supposed to have been drawn from a parent population having a known probability integral has probably been drawn at random[J]. Biometrika，1933，25（3/4）：379-410.

[24] Glass G V，Smith M L. Meta-analysis of research on class size and achievement[J]. Educational Evaluation and Policy Analysis，1979，1：2-16.

[25] Grant M J，Booth A. A typology of reviews：an analysis of 14 review types and associated methodologies[J]. Health Information and Libraries Journal，2009，26（2）：91-108.

[26] Feldman K A. Using the work of others：some observations on reviewing and integrating[J]. Sociology of Education，1971，44：86-102.

[27] Cooper H，Hedges L V，Valentine J C. The Handbook of Research Synthesis and Meta-Analysis[M]. New York：Russell Sage Foundation，2019.

[28] Rosenthal R. Meta-Analytic Procedures for Social Science Research Sage Publications：Beverly Hills[J]. Educational Researcher，1986，15（8）：18-20.

[29] Hedges L V，Olkin I. Statistical Methods for Meta-Analysis[M]. New York：Academic Press，1985.

[30] Schmidt F L，Hunter J E. Methods of Meta-Analysis[M]. Newbury Park：Calif Sage，1990：45-49.

[31] Borenstein M，Hedges L V，Higgins J P T，et al. Introduction to Meta-Analysis[M]. Chichester：

Wiley，2009：435-466.

[32] Matthias E，George D S，Douglas G A. Systematic Reviews in Health Care：Meta-Analysis in Context[M]. London：BMJ Publication Group，2001.

[33] Last J M. A Dictionary of Epidemiology[M]. 4th ed. New York：Oxford University Press，2001.

[34] 钱学森，于景元，戴汝为. 一个科学新领域：开放的复杂巨系统及其方法论[J]. 自然杂志，1990，12（1）：3-10，64.

[35] 于景元. 钱学森系统科学思想和系统科学体系[J]. 科学决策，2014，（12）：2-22.

[36] 于景元. 系统科学和系统工程的发展与应用[J]. 科学决策，2017，（12）：1-18.

[37] 卢明森. "从定性到定量综合集成法" 的形成与发展：献给钱学森院士 93 寿辰[J]. 中国工程科学，2005，7（1）：9-16.

[38] Cooper H. Synthesizing Research：A Guide for Literature Reviews[M]. 3th ed. London：SAGE Publications Inc，1998.

[39] Light R，Smith P. Accumulating evidence：procedures for resolving contradictions among different research studies[J]. Harvard Educational Review，1971，41（4）：429-471.

[40] Nothnagel K. A Meta-Analysis of the Central Propositions[M]. Wiesbaden：Gabler Verlag/GWV Fachverlage GmbH，2008.

[41] 薛惠锋，周少鹏，侯俊杰，等. 综合集成方法论的新进展：综合提升方法论及其研讨厅的系统分析与实践[J]. 科学决策，2019，（8）：1-19.

[42] 操龙兵，戴汝为. 基于 Internet 的综合集成研讨厅系统体系结构研究[J]. 计算机科学，2002，29（6）：63-66.

[43] 于博. 教育政策决策研究：一项基于综合集成研讨厅的模拟分析[J]. 价值工程，2016，35（34）：20-23.

[44] 李元左. 关于空间军事系统综合集成研讨厅体系的研究[J]. 中国软科学，2000，（3）：12-14.

[45] 戴超凡，王明利. 基于综合集成研讨厅的军事信息系统需求获取[J]. 火力与指挥控制，2010，35（11）：61-64.

[46] 易本胜. 面向军事理论创新的综合集成研讨厅体系探索与思考[J]. 军事运筹与系统工程，2011，25（4）：15-19，71.

[47] 韩祥兰，吴慧中，陈圣磊，等. 武器装备论证综合集成研讨厅系统[J]. 南京理工大学学报（自然科学版），2005，29（4）：446-450.

[48] 宋东明，朱耀琴，吴慧中. 综合集成研讨厅问题求解过程中的问题分解研究[J]. 系统仿真学报，2008，20（18）：4927-4931.

[49] 王丹力，戴汝为. 综合集成研讨厅体系中专家群体行为的规范[J]. 管理科学学报，2001，4（2）：1-6.

[50] Volmink J，Siegfried N，Robertson K，et al. Research synthesis and dissemination as a bridge to knowledge management：the Cochrane Collaboration[J]. Bulletin of the World Health Organization，

2004，82（10）：778-783.

[51] Gurevitch J，Koricheva J，Nakagawa S，et al. Meta-analysis and the science of research synthesis[J]. Nature，2018，555（7695）：175-182.

[52] Winkelstein W，Jr. The first use of meta-analysis?[J]. American Journal of Epidemiology，1998，147（8）：717.

[53] Yates F，Cochran W G. The analysis of groups of experiments[J]. The Journal of Agricultural Science，1938，28（4）：556-580.

[54] Cochrane A L. Effective Care in Pregnancy and Childbirth[M]. Oxford：Oxford University Press，1989.

[55] 刘雅莉. 针灸系统评价和随机对照试验质量及报告规范认知程度的研究[D]. 兰州：兰州大学，2012.

[56] 李幼平，刘雪梅. 系统评价的起源、发展和作用[J]. 中国循证医学杂志，2011，11（1）：2-6.

[57] DerSimonian R. Book review：systematic review[J]. Statistics in Medicine，1997，16（24）：2930.

[58] Chalmers I，Altman D G. Systematic Reviews[M]. London：BMJ Books，1995.

[59] O'Connor A，Sargeant J. Research synthesis in veterinary science：narrative reviews，systematic reviews and meta-analysis[J]. The Veterinary Journal，2015，206（3）：261-267.

[60] 邱璇. 系统综述：一种更科学和客观的综述方法[J]. 图书情报知识，2010，（1）：15-19.

[61] Tong A，Palmer S，Craig J C，et al. A guide to reading and using systematic reviews of qualitative research[J]. Nephrology Dialysis Transplantation，2016，31（6）：897-903.

[62] 张宏伟. 定性研究的基本属性和常用研究方法[J]. 中国中西医结合杂志，2008，28（2）：167-169.

[63] 黄崇斐，拜争刚，吴淑婷，等. 定性系统评价的撰写方法介绍[J]. 中国循证医学杂志，2015，15（9）：1106-1111.

[64] 彭少麟，郑凤英. Meta 分析：综述中的一次大革命[J]. 生态学杂志，1999，18（6）：65-70.

[65] 卫林英，段兴民. Meta 分析在科学研究中的应用与展望[J]. 生产力研究，2006，（6）：144-146，210.

[66] Mantel N，Haenszel W. Statistical aspects of the analysis of data from retrospective studies of disease[J]. JNCI：Journal of the National Cancer Institute，1959，22（4）：719-748.

[67] 王学良. 一个病因研究中常用的数据处理方法：Mantel-Haenszel 方法介绍[J]. 西安医科大学学报，1987，8（1）：100-105.

[68] Cochran W G. The combination of estimates from different experiments[J]. Biometrics，1954，10（1）：101-129.

[69] Beecher H K. The powerful placebo[J]. Journal of the American Medical Association，1955，159（17）：1602-1606.

[70] Light R J. Accumulating evidence from independent studies：what we can win and what we can

lose[J]. Statistics in Medicine，1987，6（3）：221-231.

[71] Glass G V. Primary，secondary，and meta-analysis of research[J]. Educational Researcher，1976，5（10）：3-8.

[72] DerSimonian R，Laird N. Meta-analysis in clinical trials[J]. Controlled Clinical Trials，1986，7（3）：177-188.

[73] Adams D C，Gurevitch J，Rosenberg M S. Resampling tests for meta-analysis of ecological data[J]. Ecology，1997，78（4）：1277-1283.

[74] 王重鸣. 心理学研究方法[M]. 北京：人民教育出版社，1990.

[75] 赵宁，俞顺章. Meta-analysis 概述[J]. 肿瘤，1992，（6）：286-287.

[76] 彭少麟，唐小焱. Meta 分析及其在生态学上的应用[J]. 生态学杂志，1998，17（5）：74-79.

[77] 李东，王翔. 基于 Meta 方法的商业模式结构与创新路径[J]. 大连理工大学学报（社会科学版），2006，（3）：7-12.

[78] 柳学智. 元分析法技术[J]. 心理学动态，1991，（1）：28-33.

[79] Slavin R E. Best evidence synthesis：an intelligent alternative to meta-analysis[J]. Journal of Clinical Epidemiology，1995，48（1）：9-18.

[80] Cooper H M. Organizing knowledge syntheses：a taxonomy of literature reviews[J]. Knowledge in Society，1988，1：104-126.

[81] 张世佳，曲建升，王雪梅. 元分析法在学科定量集成研究中的应用及进展[J]. 图书情报工作，2014，58（18）：131-137.

[82] Guilera G，Barrios M，Gómez-Benito J. Meta-analysis in psychology：a bibliometric study[J]. Scientometrics，2013，94（3）：943-954.

[83] 李雪梅，曲建升. 元分析法与图书情报学[J]. 图书情报工作，2013，57（11）：26-31，64.

[84] 周旭毓，方积乾. Meta 分析的常见偏倚[J]. 循证医学，2002，2（4）：216-220.

[85] 张元鹏. Meta 分析法及其在经济学中的应用[J]. 山东工商学院学报，2013，27（1）：21-28.

[86] 王家良. 循证医学[M]. 2 版. 北京：人民卫生出版社，2006.

[87] Colditz G A，Burdick E，Mosteller F. Heterogeneity in meta-analysis of data from epidemiologic studies：a commentary[J]. American Journal of Epidemiology，1995，142（4）：371-382.

[88] 王丹，翟俊霞，牟振云，等. Meta 分析中的异质性及其处理方法[J]. 中国循证医学杂志，2009，9（10）：1115-1118.

[89] 卜玉敏，曲建升. Meta 分析在成果集成研究中的应用与发展[J]. 情报杂志，2017，36（12）：63-68.

[90] O'Mara-Eves A，Thomas J. Ongoing developments in meta-analytic and quantitative synthesis methods：broadening the types of research questions that can be addressed[J]. Review of Education，2016，4（1）：5-27.

[91] Egger M，Smith G D，Phillips A N. Meta-analysis：principles and procedures[J]. BMJ，1997，

315（7121）：1533-1537.

[92] 曾宪涛，冷卫东，郭毅，等.Meta 分析系列之一：Meta 分析的类型[J]. 中国循证心血管医学杂志，2012，4（1）：3-5.

[93] 张翼，樊耘，赵菁. 国外管理学研究中的元分析法评介[J]. 外国经济与管理，2009，31（7）：1-8.

[94] Goodman J E，Petito Boyce C，Sax S N，et al. Rethinking meta-analysis：applications for air pollution data and beyond[J]. Risk Analysis：An Official Publication of the Society for Risk Analysis，2015，35（6）：1017-1039.

[95] Hert D H，邱均平. 文献计量学的发展史[J]. 国外情报科学，1992，（1）：44-52.

[96] 王崇德，宋力屏. 文献计量学的演变与发展（一）[J]. 情报科学，1989，7（6）：65-68，64.

[97] 邱均平. 试论文献计量学的产生和发展[J]. 情报学刊，1985，（4）：22-25.

[98] 吴爱芝. 信息技术进步与文献计量学发展[J]. 现代情报，2016，36（2）：32-37.

[99] 邱均平. 文献计量学的理论、方法和应用[J]. 图书情报知识，1984（4）：43-46，54.

[100] 张赟，张金海. 公安管理学理论研究现状及展望[J]. 辽宁警察学院学报，2019，21（5）：72-78.

[101] 邱均平，段宇锋，陈敬全，等. 我国文献计量学发展的回顾与展望[J]. 科学学研究，2003，21（2）：143-148.

[102] 龚义台. 文献计量学经典定律的分类[J]. 情报科学，1989，7（2）：36-42，80.

[103] 王晓芳，王健，袁广林，等. 基于布拉德福定律的 Web 被引频次分析[J]. 计算机科学，2012，39（S1）：328-330.

[104] 钱荣贵. 国外"核心期刊"的理论源流[J]. 南通师范学院学报（哲学社会科学版），2002，18（4）：152-156.

[105] 徐杨，陈耀辉.我国电力核心期刊文献计量学指标分析[J].统计与管理，2016，12：33-35.

[106] 邵锋，刘金立，邵征翌. 基于文献计量学的海洋科学学科发展态势及其前景展望[J]. 安徽农业科学，2019，47（12）：236-239.

[107] 吴尔中. 文献计量学与人才评价[J]. 情报科学，1981，（6）：64-73.

[108] 邱均平，缪雯婷. 文献计量学在人才评价中应用的新探索：以"h 指数"为方法[J]. 评价与管理，2007，5（2）：1-5.

[109] 张贵兰，王运红，贾佳，等. 文献计量视角下引进人才与本土人才科研能力对比研究：以新材料领域为例[J]. 中国科技论坛，2021，（8）：39-47，58.

[110] 任全娥. 大数据背景下的文献计量学研究进展与学科融合[J]. 情报理论与实践，2019，42（1）：48-52.

[111] 范并思. 论社科情报研究的方法体系突破口[J]. 情报资料工作，1995，（2）：4-7.

[112] 彭增军. 媒介内容分析法[M]. 北京：中国人民大学出版社，2012.

[113] Berelson B. Content Analysis in Communication Research[M]. Glencoe：Free Press，1952.

[114] Holsti O R. Content Analysis for the Social Sciences and Humanities[M]. MA：Addison-Wesley Publishing Company，1969.

[115] Bauer M W. Content analysis. An introduction to its methodology-by Klaus Krippendorff from words to numbers. narrative，data and social science-by Roberto Franzosi[J]. The British Journal of Sociology，2007，58（2）：329-331.

[116] 邱均平，邹菲. 关于内容分析法的研究[J]. 中国图书馆学报，2004，30（2）：12-17.

[117] 王伟军. 信息分析方法与应用[M]. 2版. 北京：北京交通大学出版社；清华大学出版社，2014.

[118] 邱均平，王曰芬，颜端武. 内容分析法研究与发展综述[J]. 情报学进展，2006，6：1-45.

[119] Bos W，Tarnai C. Content analysis in empirical social research[J]. International Journal of Educational Research，1999，31（8）：659-671.

[120] 侯典牧. 社会调查研究方法[M]. 北京：北京大学出版社，2014：159.

[121] Sapir E. Language：An Introduction to the Study of Speech[M]. New York：Harcourt Brace & Company，1949.

[122] Miranda González F J，Bañegil Palacios T M. Quantitative evaluation of commercial web sites[J]. International Journal of Information Management，2004，24（4）：313-328.

[123] Aalto E，Tarnanen M，Heikkinen H L T. Constructing a pedagogical practice across disciplines in pre-service teacher education[J]. Teaching and Teacher Education，2019，85：69-80.

[124] Oteros-Rozas E，Martín-López B，Fagerholm N，et al. Using social media photos to explore the relation between cultural ecosystem services and landscape features across five European sites[J]. Ecological Indicators，2018，94：74-86.

[125] Kianfar S，Carayon P，Hundt A S，et al. Care coordination for chronically ill patients：identifying coordination activities and interdependencies[J]. Applied Ergonomics，2019，80：9-16.

[126] Loft M I，Martinsen B，Esbensen B A，et al. Call for human contact and support：an interview study exploring patients' experiences with inpatient stroke rehabilitation and their perception of nurses' and nurse assistants' roles and functions[J]. Disability and Rehabilitation，2019，41（4）：396-404.

[127] Riffe D，Lacy S，Watson B，et al. Analyzing Media Messages：Using Quantitative Content Analysis in Research[M]. 4th ed. New York：Routledge，2013.

[128] 李明，陈可薇. 定量内容分析法在中国大陆新媒体研究中的应用：以六本新闻传播类期刊为例[J]. 中国地质大学学报（社会科学版），2016，16（3）：156-165，172.

[129] 邱均平，王曰芬. 文献计量内容分析法[M]. 北京：北京图书馆出版社，2008.

[130] 段尧清，尚婷，周密. 我国政府信息公开政策十年演化分析[J]. 情报科学，2019，37（8）：3-7，37.

[131] 仝冲，赵宇翔. 基于内容分析法的弹幕视频网站用户使用动机和行为研究[J]. 图书馆论坛，2019，39（6）：80-89.

[132] 何芸. 基于新浪微博的三峡游客旅游感知形象研究：一个内容分析法的视角[D]. 重庆：西南大学，2013.

[133] 吴朝彦，饶阳泓. 基于内容分析法的城市政务微信公众号信息传播主题研究[J]. 现代情报，2017，37（2）：52-56，67.

[134] 李玉萍，胡培. 顾客网络购物满意度影响因素研究[J]. 商业研究，2015，（1）：160-165.

[135] 戴艳清，吴芳. 日本政府门户网站内容建设的政策解读：一项基于内容分析法的研究[J]. 图书馆，2017，（2）：55-60.

[136] 裴瑞敏，刘慧晖，杨国梁. 基于文献计量分析与内容分析法的国内外智库研究进展综述[J]. 智库理论与实践，2018，3（3）：17-26.

[137] 文宏，李玉玲. 昭祥纳瑞抑或维稳消灾：改元制度功能的再分析——基于公元前 140 年至公元 1279 年的史料文本分析[J]. 湘潭大学学报（哲学社会科学版），2019，43（4）：18-26.

[138] 卜玉敏. 文献内容空间信息综合集成策略及其实证研究[D]. 北京：中国科学院大学，2019.

[139] 罗式胜. 文献计量学引论[M]. 北京：书目文献出版社，1987.

[140] 王曰芬. 文献计量法与内容分析法的综合研究[D]. 南京：南京理工大学，2007.

第三章
文献综合集成研究范式

3

第一、二章集中对文献综合集成的内涵、功能以及相关概念作了详细介绍，解决了文献综合集成"是什么"和"为什么"的问题，本章则将着重解决"怎么做"的问题。文献综合集成的目标是通过整合关于同一主题的科学研究文献，从多角度获得对该研究主题或具体问题的综合认识，并力求结果可靠、过程透明、可追溯。本章将在具体阐述文献综合集成的研究目标和研究对象基础上，参考系统综述方法要求，设计系统性的研究过程，并结合文献综合集成研究的实现平台，介绍各个步骤可用的方法技术，展现系统且完整的文献综合集成研究范式。

第一节　文献综合集成的研究目标

综合集成是一种能够重组原始研究并超越原始研究的方法[1]。文献综合集成包括两部分研究内容，第一部分是综合，即把很多独立的研究放置、汇总在一起；第二部分是集成，即对很多已有的研究的分析、处理形成新的研究结论。

文献综合集成的根本目标是：通过收集和分析特定研究主题下的科学研究文献，并开展综合集成研究，获得对研究问题的集成认识或新知识。具体来说包括以下目标：外部特征信息的文献计量、内容特征信息的叙述性综述以及研究结果信息的集成分析。

（1）对整个研究外部特征信息的系统分析。该部分内容以单篇论文为分析对象，全面获取关于集成问题的相关研究，采用文献计量学方法，从发文的时空分布、研究主题、文献来源、引用关系等方面对相关研究进行综合述评，从文献学的角度提供关于研究主题的综合认识。

（2）对相关研究内容特征信息的整合。该部分内容以文献中的知识为分析对象，按照一定的结构将每篇文献的核心内容进行抽取和整合，得到其核心内容的叙述性概括，如"作者：[作者]，出版时间：[出版时间]，题名：[题名]，研究问题：[问题描述]，研究时间：[研究时间]，研究背景及研究对象：[与研究问题相关的背景、研究对象及其特点]，研究方法：[研究方法]，研究结论：[观点/核心成果/

结论]"。

（3）进行研究数据集成以产生新知识。该部分内容以文献中的数据为分析对象，从原始研究中抽取集成工作要素信息，不仅包括文献外部特征信息，以及研究主题、研究设计等内容特征信息，更重要的是能够抽取图表、研究结论、研究数据等核心集成要素信息，对抽取出来的特征信息和知识进行集成处理，包括异质性检验、敏感性分析、合并效应量等方式。

（4）获得对研究整体态势的重新认知。文献综合集成在尽可能全面获取和整合原始研究的基础上，以获得新认识为最终目标。如针对气候变化领域内跨学科、交叉融合的大科学问题，文献综合集成涉及文献计量、系统评论以及研究集成工作，能够更好地支持气候变化研究工作的开展。

在以上工作的基础上，通过逻辑融合和可视化，全面展现对研究问题的新认识。

第二节　文献综合集成的研究对象

文献综合集成的研究对象是指构成文献本身的各类信息和知识，根据这些信息和知识与文献核心内容的相关性，将其分为以下三个层次。

1. 文献（文献计量）

科技文献作为科研成果的直接体现，是综合集成最基本的分析单元。文献综合集成中的文献来源于各类中外文权威数据库以及学术搜索引擎，如 WoS、Scopus、CNKI、万方、CSCD、谷歌学术、百度学术等。文献类型涉及期刊论文、会议论文、学位论文、图书、图书章节、报告等。进行文献综合集成研究时，在明确研究问题的基础上，需要借助于数据库检索、咨询图书馆员和领域专家等手段，尽可能全地搜集与研究主题相关的科技文献。检索词可从确定的研究问题中获取，试验多种字符串的组合检索。检索途径包括电子检索和手工检索，前者主要指各种文献检索平台，后者可选择期刊（含企业期刊）、灰色文献（如技术报告）、会议论文、参考文献、网络等作为扩展途径。

在文献层面的集成主要是指文献的外部特征信息，如文献来源、出版时间、作者、机构、国别等。使用文献计量学方法对这些外部特征信息进行描述分析与展示，有助于获得对研究主题目前态势的整体认识。

2. 文献中的知识（叙述性综述）

文献中的知识是指从科技文献中抽取出来的用于综述和研究集成的知识单元，既包括文献主题内容信息，也包括关键图表、研究方法、研究结果等研究设计类的信息和知识。该部分的主要任务是数据抽取。

文献综合集成中的数据抽取包括自动识别和人工抽取两部分。自动识别主要是对论文文摘中的一些命名实体进行识别，如时间、人员、国家、机构等，而人工抽取则是以人工的方式对论文全文中用户需要的各类信息和数值进行抽取，如研究时间、研究对象、研究方法、特定时期的降雨量、经纬度数值、雪线高度等。

3. 文献中的数据（研究集成）

文献综合集成的核心是研究集成，通过分析原始研究中的数据和结论，产生新的知识或解释[2]。此时需要将之前所获取的所有类别的原始研究信息进行汇总，按照计划的方法进行计算与分析，并展示综合分析结果。

此时使用的数据分析方法包括定量方法和定性方法，分别用于对定量资料和定性资料的综合，前者如元分析法，适用于对定量结果的综合，后者包括元人种志、扎根理论和一般的分类、定性对比方法等，适用于定性结果的综合。当定性资料和定量资料同时存在时，可以先将定性结果和定量结果分别整合，然后以定性综合结果解释定量综合结果。

第三节　文献综合集成流程

文献综合集成应该具有低偏倚（或者至少让读者认识到可能存在的偏倚）、可追溯的特点，即具有对多种偏倚问题的控制和对可能存在的偏倚问题的说明，且完整记录整个综合集成过程并辅以必要的解释说明。集成研究过程中的偏倚来源可分为四类，分别是抽样偏倚、选择偏倚、信息偏倚和异质性结果合并偏倚[3]。抽样偏倚是在文献采集过程中因采集不全产生的偏倚；选择偏倚是在对采集的文献进行筛选的过程中产生的偏倚；信息偏倚是错误的信息抽取带来的偏倚；异质性结果合并偏倚是指直接将异质性研究的结果进行合并时产生的偏倚，异质性研究包括方法特征异质性和统计特征异质性。四种偏倚来源分别存在于文献采集阶段、筛选阶段、知识和数据抽取阶段和集成分析阶段，因此这四个阶段是实现无偏、透明原则的主要控制阶段。本着这一思想，设计文献综合集成的整体流程，如图 3.1 所示。

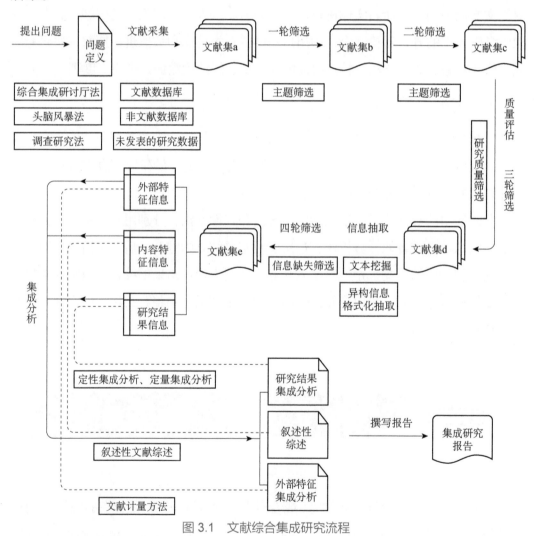

图 3.1 文献综合集成研究流程

一、确定集成研究问题

提出问题是科学研究活动最开始也是最重要的一步，一项主题明确、界限清晰的综述研究必须始于一个设计完善的研究问题。提出研究问题首先需要具备充分的背景知识。在背景知识不充分的时候，初步提出的问题一般就较为宽泛、笼统，随着背景知识的深化，研究问题也会逐渐明朗，这就体现了研究问题确定的渐进性[4]。在定义研究问题之前，可以先执行一次概况性综述（scoping review），从而明确所研究主题或领域的核心概念、证据来源和类型、研究缺口[5]，为找准文献综合集成研究方向奠定基础。之后要确定集成研究对象和研究范围。在确定研究对象时，有时会涉及概念表达的问题，即同一个概念可能有多个术语或者相似的术语表达不同的概念[6]，这时就必须对相关概念有一个明确的界定，比如在做雪线高度的集成研究时，与雪线相关的词还有粒雪线、平衡线，三者所指的高度并不完全一样，但是消融期末的理论雪线高度与平衡线的高度近似，因此在确定研究问题时，需要将这些概念界定清楚，才能明确研究对象。研究范围可考虑的因素有文献类型、研究时间、方法设计、结果指标等，研究范围直接关系到文献采集、文献筛选的过程以及最终纳入的文献量，明确、合理的研究范围能够为文献采集、文献筛选奠定良好的基础。

研究问题越清晰越有利于后续工作的开展，研究问题的形式和所包含的要素还要取决于学科领域及具体的研究目标。比如，在医学领域的系统综述研究中，确定研究问题需要明确人群类别、干预措施和对照因素、结果类型，即 PICO（population/patient，intervention，comparison，outcome）。因此，问题的定义需要建立在对研究全程的认识和考量之上，而并非仅仅几个简单的提问句。

二、集成研究文献采集

在文献综合集成研究中，为降低抽样偏倚，往往需要应用广泛/穷尽

（extensive/exhaustive）的文献采集策略。广泛的采集策略要求既要从多个不同文献数据库中进行检索，也要重视其他来源的手工采集，具体的文献采集来源将在第三章第四节第二部分展开介绍。在正式进行文献检索前，预检索是十分必要的。预检索是根据检索结果的相关性和数量来调整、优化检索策略的过程。最初的检索词可以从提出的研究问题中获取，之后通过检索词的筛选和组合，确定最佳检索策略。需要说明的是，并非所有的文献集成研究都要使用穷尽的检索策略，这与集成研究类型有关，如定性的理论构建型综述（configurative reviews）在文献采集阶段不追求穷尽性，而是找到充足的有差异性的研究案例，以便构建一定的理论模式[7]。文献采集阶段需要记录并向读者报告文献的采集方法，包括文献来源、检索式、采集结果、合并结果等。

三、 集成研究文献筛选

在文献采集完成之后，需要根据研究问题对所获取的文献进行筛选，仅将符合研究标准的文献纳入集成研究。文献筛选是一个烦琐的过程，一方面取决于采集来的文献量，另一方面是由筛选的多阶段性决定的。文献筛选不是一蹴而就的，而是需要多轮筛选，逐步深入，逐步精简，如图 3.2 所示。首先是文献检索时完成的条件过滤，比如语言、发表时间。接着是正式的筛选，包括四轮：第一轮是通过阅读题名、摘要，判断原始文献的研究主题是否符合集成研究需求，并完成去重处理，包括文献去重和研究去重（同一研究重复发表）；第二轮是通过下载并阅读全文，继续对研究主题进行筛选，删除主题不符合或无法获取全文的文献；第三轮是在对目前纳入的研究进行质量评估时，可以将研究质量不符合标准的文献继续删除；第四轮是在知识和数据抽取阶段，将文中没有提供所需研究数据（或必需的内容特征信息）的文献删除。以上四个阶段不是绝对分开的，视实际情况，同一轮筛选也可以分两次完成，也可以将两轮筛选同时进行（如第一轮和第二轮筛选）。可以说，文献筛选几乎贯穿集成研究的全过程。为保证研究的可追溯性，对删除的文献要清楚记录删除原因。

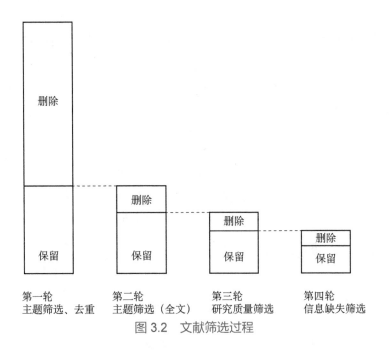

图 3.2 文献筛选过程

四、知识和数据抽取

抽取数据的质量直接关系到集成分析结果的可靠性。这一阶段可能产生的偏倚风险也包括两方面，分别是数据抽取方法不明确和执行过程中人为数据抽取错误。因此降低信息偏倚也需从两方面着手。第一，定义具体、详细的数据抽取方法：设计详细的数据抽取表格，包括抽取的数据名称（即字段名）、数据类型以及相关的说明；对于需要经过判断而不能直接从文章中获取的数据，要规定判断的依据和方法。第二，按照设计的数据抽取方法，由两位及以上的人独立进行数据抽取，对抽取的不一致结果进行复核；或者两人依次抽取，后者对前者的抽取结果进行审核；或多人分工协作完成。数据抽取有时也会与原始研究质量评估同时进行，这时则需要预先确定原始研究质量评估方法，将不符合研究质量的文献删除，或者根据质量对原始研究赋予不同的权重，纳入最后的结果集成分析中。随着文本挖掘准确率逐步提高，该环节工作可部分或全部由软件工具代替。

在文献综合集成研究中，需要抽取的知识和数据包括三类（图 3.3）。第一类是文献外部特征信息，为结构化数据，包括出版时间、文献来源、作者、机构、国别。第二类是内容特征信息，可分为主题描述项目、研究设计项目、叙述性结论。主题描述项目用来揭示研究主题，包括学科、研究目标、研究问题等。研究设计项目反映研究过程和方法学设计，包括研究时间、研究对象、试验设计、结果指标等，比如，关于"高尔夫运动与身心健康之间的关系"的概况性综述研究中抽取的研究地区、研究人群与样本量、方法学、干预及对照类型以及具体详情、干预持续时间[8]；"中国老年人睡眠质量与抑郁、焦虑相关性"的元分析法抽取的研究时间、地区、样本来源、样本量、年龄、抽样方法、量表[9]；"信息偶遇"元人种志分析中抽取的研究对象、研究方法、信息偶遇的维度、原始核心概念[10]。叙述性结论是作者基于研究结果得出的总结。第三类是研究结果信息，包括定量结果和定性结果。实际上研究结果是属于内容特征信息的，这里将其单独列为一类是出于不同层次集成分析的需要。

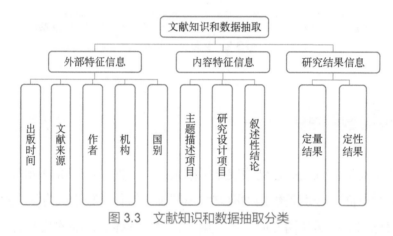

图 3.3　文献知识和数据抽取分类

　　数据抽取是另一项十分烦琐的工作，在纳入的文献量较大（如上百篇）时，单纯依靠人工抽取费时费力。目前已有多种关于文献内容信息自动抽取方法的研究，但抽取结果的准确性在不同学科领域、不同类型的文献信息之间存在较大差别，多数尚处于试验阶段。在执行数据抽取时，可以考虑将自动抽取或自动识别方法与人工抽取相结合，降低人工抽取数据的复杂程度。

五、集成分析

　　确定纳入集成的文献集并抽取所需数据之后，就开始集成分析的过程。可以说，集成分析是文献综合集成的核心，所有的结果和结论都将产生于此。全面认识和反映一个研究问题，一般来说，需要有一个由泛到精、由浅入深的过程，核心是对研究结果的整合。

1. 外部特征信息集成分析

文献综合集成分析的第一层次是从外部特征对研究主题进行综合述评。文献计量学是对科技文献的各种外部特征进行定量分析的文献分析方法[11]，能从"量"的角度解读文献规律，综合反映科技研究的时空分布、学科结构、演化规律等文献学特征。因此，一般将文献计量学分析作为文献数据集成分析的第一步，从发文的时空分布、研究主题、文献来源、引用关系等方面对相关研究进行综合述评，从文献学角度提供关于研究主题的综合认识。

2. 叙述性综述

文献综合集成分析的第二层次是基于抽取的内容特征信息，对研究内容进行综合描述，即按照一定的结构将每篇文献的核心内容进行抽取和整合，得到文献集的叙述性综述。如此，将纳入的每一篇文献都进行提炼和概括，获取所研究问题的主流认知。根据不同学科领域或研究角度，叙述性综述可能包括研究方法、实验材料、仪器设备、研究区域等研究设计信息。这需要与定性研究结果的集成分析区别开来，这种叙述性综述只是一系列研究内容的提炼和概括，而没有产生一个综合性的结果。

3. 研究结果集成分析

文献综合集成分析的第三层次是对原始的研究结果进行集成。通过研究结果集成，能从领域知识的角度获得对所研究问题的集成认识或发现新知识，即文献综合集成研究的核心成果。结果集成分析方法包括定量集成和定性集成：定量集成是对定量研究结果的集成，分析方法以元分析法及统计学方法为主；定性集成是对定性结果或定量结果的集成，分析方法包括元人种志、主题集成、定性综合集成等。当定性结果和定量结果同时存在时，可以先将定性结果和定量结果分别整合，然后以定性综合结果解释定量综合结果。

在结果集成分析中还需要注意异质性结果合并带来的偏倚问题。对于方法特征异质性，可以通过改变纳入标准来判断；对于统计特征异质性，在可能的情况下可以应用元回归分析和亚组分析来进行评估和识别。如果研究中没有对异质性进行任何正式的讨论时，需要提供一个表单，对纳入的文献的研究特点进行描述，以便读者能对这些因素有一个大致的评估。

六、综合集成研究结论与成果汇总报告

集成研究结论是对数据集成分析结果的精练概括和升华，立足于分析结果，以叙述性的方式向读者展示最后的结论。其包含的内容有：主要结果描述、集成研究的局限性和不确定性、应用价值、与已有研究在质量和结果方面的异同等。

最后是将所有研究设计、研究过程、研究结果及结论进行汇总和报告。报告中涵盖五方面内容（图3.4）：报告标题、集成研究信息、任务描述、报告主体以及参考文献和附录。报告主体中呈现详细的文献综合集成流程分析结果，包括综合集成策略、文献获取流程、文献外部特征信息集成、叙述性文献综述、文献研究结果集成以及结论与讨论。

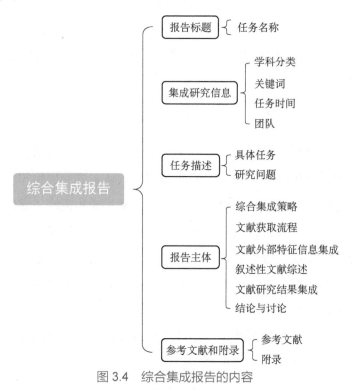

图 3.4　综合集成报告的内容

第四节　文献综合集成方法与技术

由第三章第三节已知，文献综合集成研究过程主要分为确定集成研究问题、集成研究文献采集、集成研究文献筛选、知识和数据抽取、集成分析、综合集成研究结论与成果汇总报告六个步骤，其中集成分析包括外部特征信息集成分析、叙述性综述、研究结果集成分析三个层次。本节将结合文献综合集成研究应用平台，以研究过程为线索，重点介绍各个步骤相关的方法技术以及如何应用，以确保各步骤的顺利执行。

一、确定集成研究问题

吴岱明在《科学研究方法学》一书中引用了美国资源委员会对"科学研究"的一项定义：科学领域中的探索和应用，包括对已经产生的知识的整理、统计以及数据的收集、编辑和分析研究工作[12]。从科学研究的定义中可以看出集成研究是一项严谨的科学研究。随着学科的发展呈现出高度分化与高度交叉融合的趋势，一些跨领域、跨学科的综合研究问题越来越受到关注。科学大师爱因斯坦曾说，"提出一个问题，往往比解决一个问题更为重要"，科学研究始于问题，问题的复杂性和综合性使问题边界的确定尤为必要，文献综合集成研究首先需要明确集成研究的问题，为下一步文献集成的实施确定方向。随着经济社会的发展，决策问题变得越来越复杂，问题的决策越来越依赖于以往知识的积累，循证实践的发展也使得决策者更希望获取尽可能多的相关实证结论以辅助合理决策。科学研究问题的综合性与实际决策的复杂性，使得文献综合集成实施之前，集成问题的确定成为必然。综合集成研讨厅体系、头脑风暴法与调查研究法的有效运用可以辅助集成人员界定集成主题，为后续文献综合集成的实施奠定基调。

（一）综合集成研讨厅体系

1. 综合集成研讨厅体系简介

综合集成研讨厅是"从定性到定量综合集成方法"的实践组织形式，也是一个能够将个人经验知识上升为群体智慧的人机综合集成环境[13]。"从定性到定量综合集成方法"是 20 世纪 90 年代初钱学森等提出"定性与定量相结合的综合集成法"之后，结合信息技术的发展，又进一步提出的人机结合的方法论[14]。综合集成研讨厅方法常用来处理跨领域、跨学科的开放复杂巨系统问题。综合集成研讨厅主要由专家体系、计算机体系以及信息与知识体系组成。专家体系由具有大量专业知识理论、实践经验的相关领域专家组成，计算机体系由服务于专家的各种信息技术设备包括专家所使用的计算机软硬件和服务器等组成，信息与知识体系由与问题相关的各类数据、信息、知识、模型库等信息组成。

2. 综合集成研讨厅思想在集成研究中的具体应用

在文献综合集成中首先需要确定集成研究问题，集成研究问题边界的确定应综合相关领域多人智慧而成，而非一人之见。综合集成研讨厅虽然是面向复杂巨系统而提出的方法论，但其出发点是面向问题的，明确研讨问题和任务是综合集成研讨厅研讨过程的第一步。文献综合集成研究中问题的确定可以借鉴综合集成研讨厅体系的思想，首先，组织相关领域学者针对需要集成的相关领域资料内容发表意见，通过个人专业知识、自身实践需求以及外部相关资源吸收积累，形成个人观点；其次，专家群体对个人提出的集成问题进行集中研讨以达成一致意见，最终由决策者确定综合集成研讨问题和任务。综合集成研讨厅方法中问题的确定通常不是由一个专家完成的，需要不同学科、不同领域专家构成的专家体系深入研究、反复探讨、逐步形成共识。集成研讨厅通过为专家提供规范化的研讨方式吸收专家体系中每个专家的意见观点、科学理论、经验知识和讨论结果，从不同层次、不同方面研究复杂系统或复杂巨系统的同一问题，通过专家群体智慧碰撞与相互启发确定集成研究问题的边界。综合集成研讨厅体系思想适用于研究主题宽泛（如大科学问题或交叉科学问题）的文献集成研究。

（二）头脑风暴法

1. 头脑风暴法简介

头脑风暴法是由美国创造学家 A. F. 奥斯本（A. F. Osborn）于 1939 年首次提出、

1953 年正式发表的一种激发创造性思维的方法，又称自由思考法、集体思考法、智力激励法、脑力激荡法，通过小型会议的形式引导与会者自由发表观点并汇集集体智慧，产生新观点或寻找问题解决方案[15]。头脑风暴法的核心是充分激发参与者的想象力和创造力，其目的是激发观点创新，最先产生于创造学、应用广告创意设计商业领域，后来很快在技术革新、风险管理、项目管理以及课堂教学等领域得到广泛应用。头脑风暴法实施的原则是保障小组成员畅所欲言、激励创新、延迟批判、以量求质、会后整理。头脑风暴法的基本操作流程是：①准备阶段——研究议题，设定目标，选择参会人员，完成会议准备工作；②会议前期阶段——主持人召开会议，营造宽松自由的氛围，引导会议议题；③明确问题阶段——主持人简单介绍待解决问题；④会议讨论阶段——合理制定规则，保障与会人员自由畅谈会议主题，激励观点创新，促进大量新想法的产生；⑤会后整理阶段——整理会议观点，形成优势组合方案。

2. 头脑风暴法在集成研究中的具体应用

如果文献综合集成研究所属主题比较明确，集成研究问题的界定也可以利用头脑风暴法。首先，准备相关领域资料、确定集成目标、完成会议召开准备工作。其次，创造自由宽松的会议氛围，引导小组成员围绕集成研究问题自由表达观点，激发思维创新，在畅谈阶段通过延迟评判保护创新性想法与问题的提出。通过多轮意见的发表确保大量多元化观点的提出。最后，收集关于集成研究问题确定的讨论与观点，通过观点与想法的整合，提出集成研究问题。运用头脑风暴法确定集成研究问题可以确保所提出集成研究问题的创新性、全面性与综合性。

（三）调查研究方法

1. 调查研究方法简介

调查研究是在社会科学的实证主义影响下发展而来的研究方式。早期的社会调查针对某个特定地区进行详细的经验研究，基于定量与定性资料，进行探索性与描述性分析[16]。从 20 世纪 20 年代到第二次世界大战，量表与指数的发明以及调查应用领域的拓展将社会调查重塑成现代的定量研究。从 20 世纪 70 年代开始，调查研究得到了快速发展，大众传媒、教育、经济、政治、社会学等领域开始广泛应用调查研究方法。调查研究的步骤大致是：①设计调查问卷，调查研究人员将变量加以概念化与操作化，使之成为题目，并不断优化。同时决定调查类型（邮寄、面访、电话访问、网络调查等）和被访者类型。②问卷有效性测试，通过预调研判断设计的题目含义是否明确清晰。③界定目标总体，决定样本规模，抽取样本。④实施调研。⑤调研结果回收，调研数据核查，并完成调研数据的统计分析。⑥调研结果撰写、发布与共享。

2. 调查研究方法在集成研究中的具体应用

在实施文献集成之前，研究人员可以通过调查研究的方法确定集成的必要性与集成主题的范围。首先设计调研问卷，将是否需要开展文献综合集成工作，集成主题范围等问题转化为调研题目，通过合理的问卷设计、有针对性的预调研以及严谨的调研实施，得到关于文献集成必要性与集成主题范围的调查数据，通过对相关数据的统计分析，确定文献集成应纳入原始研究的主题范围，方便下一步集成文献的收集与筛选。

二、集成研究文献采集

文献采集是获取文献综合集成研究所需数据的基础步骤，后续分析的数据均来源于此。因此，文献采集的目标是全面获取与研究主题相关的所有文献，与此目标对应，应采取广泛/穷尽的文献检索策略。广泛的检索策略包括但不限于以下几种方法。

（1）文献数据库检索。文献数据库提供题名、作者、摘要等多种字段的检索，并且能查看近期文献的摘要内容，是最方便快捷的文献检索平台，适用于文献预检索和初始文献集的获取。同时要注意多种文献数据库结合使用，任何一个数据库收录的文献都是有限的，如果将文献来源仅局限于一个或者少数几个数据库，会导致相关文献的漏检，要将国家数据库与地区数据库、特定主题或特定领域的数据库、引文数据库、学位论文数据库、灰色文献数据库结合使用。

（2）期刊和其他非文献数据库来源。如果仅在少数几个文献数据库中检索，则抽样偏倚问题更容易出现，因为统计结果不显著的研究难以通过同行评议，而且文献数据库不能收录所有的文献资源，或者即使收录了，也可能因为检索词没有包含在文献的检索范围中导致漏检，因此需要对文献数据库的检索结果进行补充。补充来源包括手工搜索（例如从期刊或会议录中逐页寻找是否存在相关研究）、电子期刊全文检索、订阅期刊目录、参考文献和相关文献、网络搜索等。

（3）未发表以及正在进行的研究数据。通过预印本数据库、实验注册网站、基金项目、联系领域专家和文献作者等方式获取未发表以及正在进行研究的资料。

在检索定性研究时可以考虑使用方法学过滤器[17]。方法学过滤器可以通过限制研究设计自动筛选出符合标准的文献，尤其当定量研究远远多于定性研究时，过滤器可以大大提高检索效率。此外，数据库中提供的前向和后向引文检索、相关文章推荐等对于获取相关定性研究也很有帮助。

三、集成研究文献筛选

在集成研究的整个环节中，对初次采集到的文献进行筛选、剔除以及质量控制是极为重要的一个环节。这一环节的工作是否做到科学、合理、细致，会在很大程度上影响最后的集成结果。在文献筛选中，可能会从两方面产生选择偏倚：第一是在筛选之前，由纳入与排除标准定义不明确或不合理造成的纳入标准偏倚（inclusion criteria bias）；第二是在执行筛选过程中，由理解错误或掺入个人喜好造成的筛选者偏倚（selector bias）。因此，控制选择偏倚也需要从以上两方面着手。第一，在筛选前制定明确的文献选择标准，筛选的角度包括研究对象、研究时间、研究方法、语种以及随机对照试验中的干预措施、结果指标、样本量等，对每条筛选标准进行确切说明。筛选标准不同可能会导致有差异的集成研究结果。第二，在筛选文献时，应由两人以上采用盲选法独立进行，即隐去那些对文献筛选者可能产生影响的信息，如期刊名、作者、作者单位、基金资助情况等，对筛选结果不一致的文献应进行复核并请专家评议[3]。

在进行文献筛选的过程中，通常会借助一些工具进行质量控制。集成研究中的文献质量控制分为过程质量控制和原始研究质量控制两个方面。在过程质量评估方面，可以利用元分析法的质量评价工具，如 OQAQ、SQAC、QUOROM 以及 AMSTAR，这些质量评价工具可以从文献检索、文献选择、数据抽取、数据合并分析等几个容易引起偏倚的方面进行评价。在原始研究质量评估方面，可以采用"偏倚风险评估"工具、Jadad 量表、QUADAS 等标准来评价原始研究的质量，有助于发现潜在偏倚和研究间异质性来源[18]。

此外，由于文献筛选工作的反复性，与其他步骤的关联性较强，这就涉及一些可能的调整。第一，根据筛选得到的文献数量和质量进一步对第一阶段所提出的问题进行修正，当有效文献过少时，需要放宽所提问题的限定，当有效文献过多时，可根据需要进一步缩小问题的范围。第二，在进行数据集成分析时，可以进行敏感性分析，即检验不同的选择标准是否会对集成结果产生显著影响，如果不同纳入标准下的集成结果反差明显，则说明可能出现了方法特征的偏倚问题，需要重新反思文献选择标准。

四、知识和数据抽取

（一）文本挖掘

1. 文本挖掘简介

文本挖掘是一个对具有丰富语义的文本进行分析从而理解其所包含的内容和意义的过程，已经成为数据挖掘中一个日益流行且重要的研究领域[19]。目前普遍认可的文本挖掘的定义为：文本挖掘是指从大量文本数据库中抽取事先未知的、可理解的、最终可用的知识的过程，同时运用这些知识更好地组织信息以便将来参考。文本挖掘通常采用的过程为：第一，文本预处理，即选取任务相关的文本并将其转化为文本挖掘工具可以处理的中间形式，这一过程通常包括特征抽取和特征选择两个步骤；第二，文本挖掘，在完成文本预处理后，可以利用机器学习、数据挖掘以及模式识别等方法提取面向特定应用目标的知识或模式；第三，模式评估与表示，利用已经定义好的评估指标对获取的知识或模式进行评价，如果评估结果符合要求，就存储该模式以备用户使用，否则返回到前面的某个环节重新调整和改进，然后再进行新一轮的发现[20]。文本挖掘涵盖多种技术，包括信息抽取、信息检索、自然语言处理和数据挖掘技术。它的主要用途是从原本未经使用的文本中提取出未知的知识[21]。

2. 文本挖掘在集成研究中的具体应用

在文献综合集成中，抽取的信息包括文献外部特征信息、内容特征信息（主题描述项目、研究设计项目、叙述性结论）、研究结果信息（定性结果、定量结果）。各类文献信息的存储方式和结构化程度不同，抽取方式也不同：外部特征信息，如文献来源、出版时间、作者、机构、国别等，结构化程度高，自动抽取相对容易，可以直接从数据库中导出这类信息；而内容特征信息和研究结果信息则分散在非结构化的正文当中，在文中出现的位置不确定，各类内容信息的表述方式相当灵活，而且因研究主题、学科领域的不同，需要抽取的信息也千差万别，导致自动抽取成本高且效果不够理想，需要以人工抽取方式为主，可将机器的自动识别作为轻量辅助。

这种自动辅助功能可以通过调用应用程序接口（Application Programming Interface，API）来实现，主要应用命名实体识别辅助实体抽取。命名实体识别是从文本中识别出多种实体标识符，包括人名、地名、机构名、生物种类、时间或其他特有标志[22]，辅助人工在大量文本中快速定位可能需要抽取的信息，提高效率。

（二）外部特征信息抽取

一般集成研究所需的文献多数从书目数据库或集成检索平台上检索，文献题录信息可以直接导出；通过期刊目录、文献传递等其他方式获取的全文文献，则需要人工对外部特征信息进行抽取。虽然学术界已有关于科技文献元数据的抽取方法的研究和试验，并且已经有一些开源工具提供使用[23-27]，但是抽取效果并不十分理想（如处理时间长、抽取结构中存在作者和机构混淆的问题），目前阶段辅助作用还较为有限。

（三）内容特征信息抽取

文献综合集成所需的主题、内容、结论等文献内容信息，由人工通过精读全文，结合专业知识来抽取，抽取来源文献是经几轮筛选后最终纳入集成研究的文献集。叙述性综述是对所抽取的内容信息的结构化整合，需要由标准统一化的人工抽取结果来提供准确的信息来源。

在科技文献信息自动抽取方面，目前学术界有大量利用文本挖掘技术来进行抽取的研究，抽取的内容包括主题词、关键词、突变术语、创新点、研究目的、研究方法、研究结果、结论以及其他特定领域知识抽取等，大多以某一学科或研究领域的标题、摘要为抽取源。这些技术可用于对大量文献的组织、推荐、挖掘，有助于从宏观上把握研究态势，但由于精准度不高，目前还不能达到文献综合集成对信息抽取的要求。未来当内容特征信息的结构化程度提高和自动抽取效果得到进一步改善时，KSS 平台将会逐步增加科技文献信息的自动抽取功能，降低人工比重。

下面以地学领域的地理范围解析方法为例，说明未来在可能情况下，文本挖掘技术应用于文献综合集成系统的实现方式。

地理范围解析（geographic scope resolution，GSR）方法用于文献研究区域信息的抽取和解析。文档地理范围（geographic scope of documents）是与文档内容相关的一系列地点或区域[28]，文档地理范围解析是识别与文档内容相关的地名并进行消歧，然后利用消歧结果来构建文档的整体地理范围的过程。

地理范围解析过程一般包括地名识别/抽取、地名消歧与编码、地理定位（或地理主题判定）三步[29]。地名识别是将非结构化文本中的地名标志符抽取出来。地名消歧是将文本中表示的地名唯一映射为其所指代的地理位置，地理编码则是对消歧后的地名赋予实际的地理语义，一般为地理坐标或几何形状。文档中出现的所有地名不一定都与文章主题相关。地理主题判定则是根据从文档中识别出的所有地理区域确定该文档的地理主题，即研究区域。在关于地名识别、地名消歧与编码、地理主题判定三个过程的研究中，已开发出一些相应的实现工具，其部分如表 3.1 所示。

表 3.1　地理范围解析过程的相关实现工具

系统/软件包	功能			简介
	地名识别	地名消歧	地理主题判定	
Ling Pipe	√			从新闻中抽取人名、地名、机构名
Stanford NER	√			Java 实现的命名实体识别系统
DBpediaSpotlinght	√	√		本网络服务系统基于关联数据，自动对文本文档进行 DBpedia URIs 标注，目的是在文档网络与数据网络之间建立互联
Edinburgh Parser	√	√		由 geotagger 和 geocoder 两个子系统构成，基于规则和词表进行实体识别和分类，基于启发式搜索算法进行地名消歧

续表

系统/软件包	功能			简介
	地名识别	地名消歧	地理主题判定	
OpenCalais	√	√		
CLAVIN	√	√		以 GeoNames 为数据基础构建地名知识库，以 Apache OpenNLPNameFinder 为地名抽取器，应用模糊搜索算法和基于上下文进行地名消歧
Topocluster	√	√		利用 Stanford NER 来抽取地名，通过模拟单词在地球表面的地理分布来实现地名消歧和编码
PlaceSpotter	√	√	√	
PlaceMaker	√	√	√	
TagMe	√	√	√	基于 Wikipedia 数据集的网页短文本实体标注系统

在文献综合集成系统中，地理范围解析功能可以不同程度地调用已有工具来实现。中文文献的地理解析可借助已有的中文地名识别原型系统，并设计地名消歧和地理主题判定方法，或设计全新的中文文献地理解析算法实现。英文文献的地理解析功能可通过以下方式实现：①直接应用现有的地名抽取、地名消歧与编码、地理主题判定一体化的地理解析系统，如 PlaceSpotter、PlaceMaker、TagMe，图 3.5（a）；②应用现有的地名抽取、地名消歧与编码一体化系统，如 Edinburgh Parser、CLAVIN 等，然后基于可获取的信息制定地理主题判定规则，图 3.5（b）；③应用现有的地名抽取或命名实体识别系统，如 Stanford NER、OpenCalais 等，然后基于可获取的信息制定地名消歧和地理主题判定方法，图 3.5（c）；④根据科研文献元数据中研究区域出现的特点，重新制定本系统的文本地理解析算法，图 3.5（d）。尽管实现地理范围解析功能的方法和工具越来越多，但均不能实现完全准确，尤其是对自然地理实体的识别和解析，其准确率还需进一步提高。因此，若使用现有的地理范围解析工具或方法自动抽取地名或解析地理坐标，需要对照原文，将自动解析结果进行补充和修正。

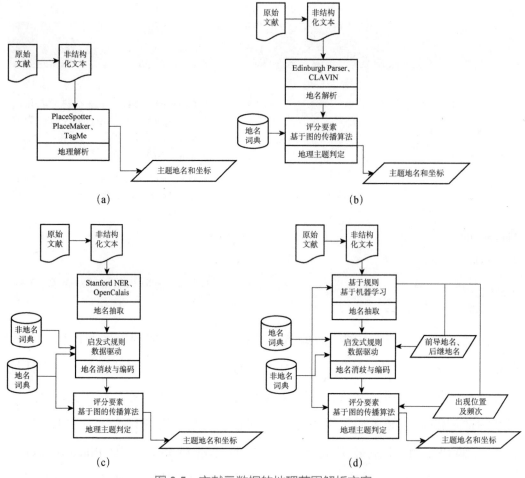

图 3.5 文献元数据的地理范围解析方案

（四）研究结果信息抽取

研究数据是定量的原始研究结果信息，通常是包含具体数值的事实信息，需要以结构化形式存储在数据表中，每条结果对应数据表中的一条记录，而实际上研究数据同样以不确定的方式存在于文章正文之中。鉴于此，宜采用异构信息格式化抽取策略，即将所需的异构信息以规范的方式抽取出来，并格式化存储，一般包括格式化抽取和二次规范化处理两步[30]。

在数据抽取之前，研究者根据研究需求创建若干数据抽取表格。表格创建时要定义好表格名称及相应字段，字段设计包括的内容有字段名称、数据类型、说明，其中数据类型可以分为文本型、日期型、数值型和分类型，文本型用以抽取文本信息，日期型抽取时间数据，数值型抽取定量数据，分类型数据以列表框表示，可用于存放数值的计量单位。文献编号为每个表格的必需字段，创建表格时系统自动为每个表格置入该字段。

在数据抽取过程中，研究者对照原文，根据制定的数据抽取表格从全文中逐条抽取研究结果。研究结果数据、文献外部特征、内容特征三类文献信息之间互相关联。

数据抽取完成之后，视需要进行二次规范化处理，实现语义统一，以便于统计分析。二次规范化处理包括统一计量单位、数值上下限拆分存储、计算统一指标等。二次规范也可以说是二次调整，在这个过程中将每一条记录做细化调整，把抽取结果进一步统一化、规范化，为研究数据集成分析提供基础。

五、外部特征信息集成分析

研究问题综合评述是对整个研究的系统综述，主要采用文献计量学方法，从文献的人员分布、时空分布、文献来源、基金资助情况、研究主题、引用情况等方面对相关研究进行综合述评，从文献计量学的角度提供关于研究主题的综合认识。

（一）单一信息元计量分析

文献计量学方法是对某一领域的发展现状、研究热点等研究态势进行综合评价的一种重要方法，是对科技文献的各种外部特征进行定量分析的文献分析方法，能从"量"的角度解读文献规律，综合反映科技研究的时空分布、学科结构、演化规律等文献学特征。这种方法有成熟的一些规范，在文献综合集成研究范畴内，将文献计量分析作为文献数据集成分析的第一步，在文献层面的集成主要是对文献外部特征进行揭示，如文献来源、出版时间、作者、机构、国别等，完成对某一主题研究态势的综合评述。使用文献计量学方法对这些外部特征信息进行描述分析与展示，有助于获得对研究主题的全面认识。以 WoS 核心合集数据源部分导出字段为例（表3.2），我们将从文献计量学的角度呈现文献综合述评过程。通过统计单一信息元（这里指不同字段）的出现频次，从不同角度展示某一领域的发展现状，如统计文献集合中不同作者的出现频次，可以了解到该领域的主要研究人员；统计不同出版物名称的出现频次，可以了解到该领域的重点期刊等。

表 3.2　WoS 核心合集数据源部分字段用于文献计量学的角度

字段	字段标识	计量角度	字段	字段标识	计量角度
PT	出版物类型（J=期刊；B=书籍；S=丛书；P=专利）	出版物类型文献计量	SO	出版物名称	发表期刊文献计量
AU，AF	作者	研究人员文献计量	LA	语种	发表语种文献计量
BA，BF	书籍作者		FU	基金资助机构和授权号	基金资助文献计量
CA，GP	团体作者		FX	基金资助正文	
BE	编者		CR	引用的参考文献	影响力计量
TI	文献标题	期刊、会议、书籍标题文献计量	NR	引用的参考文献数	
SE，BS	丛书标题		TC	WoS 核心合集的被引频次计数	
CT，CY，CL	会议		Z9	被引频次合计	
SP，HO	会议赞助方，会议主办方	会议主办方文献计量	U1，U2	使用次数（最近 180 天）	
PU，PI，PA	出版商	出版文献计量	WC	WoS 类别	学科文献计量
OA	公开访问指示符	是否公开访问文献计量	SC	研究方向	
DT	文献类型	文献类型文献计量	HP	ESI 热门论文	研究热点文献计量
PD	出版日期	发表时间文献计量	HC	ESI 高被引论文	
PY	出版年		UT	入藏号	辅助文献计量
DE	作者关键词	研究主题文献计量	DI	数字对象标识符（DOI）	
ID	Keywords Plus		D2	书籍的数字对象标识符	
AB	摘要		SN，EI	ISSN，EISSN	
C1	作者地址	机构、地域合作文献计量	BN	国际标准书号（ISBN）	
RP	通讯作者地址		VL	卷	
RI	Researcher ID 号		IS	期	
OI	ORCID 标识符		PG	页数	

（二）多信息元计量分析

上一节已经介绍过，通过对文献的不同字段的元数据进行文献计量分析，可以从多角度描述文献的基本特征，这也是文献综合集成分析的第一层次。在这一层次，借助于知识网络、知识地图或知识图谱等信息可视化展示方式，可以从多角度展示分析的结果。我们对这一步骤进一步细化，研究问题综合评述就是利用原始文献集的题录信息，对集成的文献信息进行描述性统计，包括出版时间、来源期刊、学科领域、文献类型、国别、作者、机构等角度，同时可通过绘制科学知识图谱来形象地展示各信息元之间的关系。这里涉及不同信息元之间的相关关系的展示，基于 H. D. 怀特（H. D. White）提出的分类标准[31]，不同信息元之间的关系主要分为两种，一种是直接关联分析（inter-），一种是共现关联分析（co-），"共现"顾名思义就是不同信息元共同出现，如共词分析、共被引分析等。参照已有研究，在对信息元进行计量分析时，具体可分析的角度如表 3.3 所示。

表 3.3　信息元计量分析方法分类

计量方法		分析对象	分析类别
直接引用网页链接		网页链接	直接引用网页链接分析
共词		文献关键词/主题词	共词分析
引文耦合	作者	作者全部文章	作者引文耦合分析
	文献	文章的全部参考文献	文献引文耦合分析
	期刊	期刊的全部文章	期刊引文耦合分析
共作者	作者	作者姓名	作者合作分析
	国家	所属国家与地区	国家（地区）合作分析
	机构	所属机构	机构合作分析
共被引	作者	参考文献作者	作者共被引分析
	文献	参考文献	文献共被引分析
	期刊	期刊参考文献	期刊共被引分析

信息元数量不同，其包含的知识也不同，共现信息元所展现的要素及蕴含的知识如表 3.4 所示。

表 3.4　共现信息元蕴含的知识

信息元数量	实例	展现要素	蕴含知识
1	时间	研究时期分布	文献时期分布
	关键词/主题词	高频关键词/主题词	研究热点关键词/主题词
2	时间-关键词/主题词	关键词/主题词随时间改变	研究热点的发展演化
	关键词/主题词-关键词/主题词	关键词/主题词共现情况	研究主题揭示
≥3	时间-关键词/主题词-期刊	关键词/主题词与期刊随时间改变	期刊上的研究领域主题发展演化
	时间-关键词/主题词-关键词/主题词	关键词/主题词共现随时间改变	研究主题发展演化

明确了需要分析的角度后，只需要抽取对应字段，即可得到不同角度下研究主题的综合认识。多信息元计量根据是否加入引文，又可分为内容分析（词频分析[32]、共词分析[33]等）和引证文献关系分析（引文分析[34]、共被引分析[35]、引文耦合[36]等）。以共词分析为例，在 KSS 平台中，通过对某一主题下的文献的关键词或主题词同时出现的情况进行阐释，就可在一定程度上探析具体领域的研究态势及发展趋势。进行文献共被引分析的基本流程是首先针对某一研究问题确定待分析的信息元，选定词汇后计算共词矩阵，并对矩阵进行解释。在本书所介绍的 KSS 平台中嵌入了三种常用的共被引分析：一是作者共被引分析，通过分析不同作者共同被引用的情况，了解研究人员的关联关系及族谱关系，从而进一步探测领域之间的演化趋势；二是期刊共被引，对不同期刊被引用的情况进行分析，了解期刊的研究方向倾向及重要刊物；三是学科共被引分析，目的是了解研究领域的交叉学科，获得对研究领域的整体认识。

KSS 平台借鉴文献共被引分析的工作流程，期望通过构建被引矩阵，并将被引矩阵转化为相似系数矩阵，最后基于相似系数矩阵进行多元统计分析。此外，引文耦合与共被引关系相反，通常认为两篇文献越是相似，其引文耦合程度越高。由于 KSS 平台未嵌入这种方法，因此具体计算方式这里不再赘述。

六、 叙述性综述

叙述性综述是对研究问题的观点、核心成果、结论、图表等知识的系统性抽取、整合展示，获得对该研究的主流认知的客观表述。它是按照一定的结构将每篇文献的核心内容进行抽取和整合，得到其核心内容的叙述性概括。本环节的主要工作包括：第一，抽取内容特征信息，包括主题描述项目、研究设计项目、叙述性结论；第二，产生叙述性文献综述，即基于每一篇文献的外部特征信息和内容特征信息，按照确定的结构生成核心内容叙述性概括，形成的一般形式如"作者：[作者]，出版时间：[出版时间]，题名：[题名]，研究问题：[问题描述]，研究时间：[研究时间]，研究背景及研究对象：[与研究问题相关的背景、研究对象及其特点]，研究方法：[研究方法]，研究结论：[观点/核心成果/结论]"，最后得到文献集的叙述性综述。

七、文献研究结果集成分析

（一）定性集成分析

1. 定性集成方法简介

定性集成是基于定性文献、定性与定量相结合的文献，以生成解释性或描述性结论为目标的一种综合集成方式。定性集成起源于循证实践活动，能够采用定性方法对各种证据进行综合与集成，作为定量集成的一种有益补充，共同为实践提供"最好的研究证据"，并指导实践活动的实施。定性集成中包括各种集成方法，分别是元民族志、扎根理论、元研究、框架集成、生态句集成、主题集成以及关键解释性集成、理论驱动集成、元叙述、现实主义集成等集成方法。不同方法在知识产生机制、质量评估标准、解释差异性方法以及集成产品方面的差异见表3.5。

表 3.5 定性集成方法的比较研究

方法	知识产生机制	质量评估标准	解释差异性方法	集成产品
元民族志	自上而下的演绎机制与自下而上的归纳机制	CASP质量评估标准	"驳斥集成"	决策者不可直接采纳
扎根理论	自下而上的归纳机制	CASP质量评估标准	类属及属性	决策者不可直接采纳
元研究	自上而下的演绎机制与自下而上的归纳机制	质量评估标准不严格，仅排除非定性研究	社会–经济环境	决策者不可直接采纳
框架集成	自上而下的演绎机制	十条质量评估标准	结构化框架与主题结构	决策者可直接采纳
生态句集成	自下而上的归纳机制	DIAD3.0质量评估标准	通过生态句的不同来解释差异性	决策者可直接采纳
主题集成	自上而下的演绎机制	十二条质量评估标准	调查对象类型与调查情境	决策者可直接采纳

2. 定性集成在集成研究中的具体应用

定性集成在集成中的应用主要体现在结果展示部分。数据综合分析的任务是将之前所获取的原始研究信息进行汇总，按照计划中的方法计算和分析，并展示综合分析结果。分析结果主要以图表的形式展示，同时辅以适当的文字解释和说明，包括重要结果及其解释、证据质量评估、综合结果的应用问题、主要结论等。数据展示方法由所用的分析方法和数据特征决定，如森林图（forest plot）是元分析法结果的直观展示方法，专题地图是空间信息的有效展示方法。

（二）定量集成分析

定量集成分析针对时间、空间、特征、结论等数据信息，包括矢量数据进行自动或结合人工抽取以及可视化或再计算，按照规则规范进行展示与计算，获取集成认识或者新知识。

1. 统计分析

在集成研究中，涉及各种各样的数据的搜集、分析与处理，如科技文献、作者、题名、期刊、参考文献、图表、效应量、样本等，即集成研究总是和数据打交道，这使得它与统计分析方法结下不解之缘。统计分析方法成为集成研究中不可或缺的科学方法，它的作用贯穿集成研究的全过程。

1）统计分析方法简介

统计学是收集、处理、分析、解释数据并从数据中得出结论的科学，即统计学是一套处理和分析数据的方法与技术。统计分析数据所用的方法大致可分为描述统计和推断统计两大类。描述统计（descriptive statistics）是研究数据收集、处理和描述的统计学方法。描述统计的内容包括如何取得研究所需要的数据，如何用图表形式对数据进行处理和展示，如何通过对数据的综合、概括与分析，得出所关心的数据的特征。推断统计（inferential statistics）是研究如何利用样本来推断总体特征的统计学方法。推断统计的内容包括参数估计和假设检验两大类。参数估计是利用样本信息推断所关心的总体特征，假设检验是利用样本信息判断对总体的某个假设是否成立[37]。

目前统计方法已被应用到自然科学和社会科学的众多领域，统计学也已发展成为由若干分支学科组成的学科体系。可以说，几乎所有的研究领域都要用到统计方法。统计是适用于几乎所有学科领域的通用数据分析方法，只要有数据的地方就会用到统计方法。

2）统计分析方法在集成研究中的具体应用

统计分析方法在集成研究中的具体应用主要表现在以下两个方面。

一方面是描述统计。定量资料的描述统计主要包括：第一，数据的图表展示。为了了解定量资料的分布特征，当观察值很多时，直接从原始数据很难得出概括的印象。此时，通过频数分布表和频数分布图可以展示数据分布的范围、数据最集中的区间和分布的形态。第二，集中趋势的度量。平均数是描述一组定量数据集中趋势的统计指标，常用以说明该组数据的平均水平。根据应用条件，平均数可选择算术平均数、几何平均数和中位数等。第三，离散程度的度量。数据的分散程度是数据分布的另一个重要特征，它所反映的是各变量值远离其中心值的程度。数据的离散程度越大，集中趋势的测度值对该组数据的代表性就越差，离散程度越小，其代表性就越好。描述数据离散程度采用的测度值，主要有极差、四分位差、平均差、方差、标准差以及测度相对离散程度的离散系数等。

在集成研究中，描述统计主要体现在以下两方面：第一，待集成的原始文献集的描述统计。主要利用原始文献集的题录信息，对待集成的文献信息进行描述，包括发表年份、来源期刊、学科领域、文献类型、国家、作者、机构等字段的可视化展示与分析；第二，文献信息提取内容的描述统计。文献信息提取内容是指从每篇论文中人工提取的用于集成的相关信息，包括研究方法、研究对象、样本量、研究区域、研究时间、经纬度、图表等字段的描述统计。第三，集成结果的描述统计。是指将经过严格集成过程产生的分析结果进行展示，如以不同曲线展示青海湖地区1950年以来的年均气温变化（图3.6）。

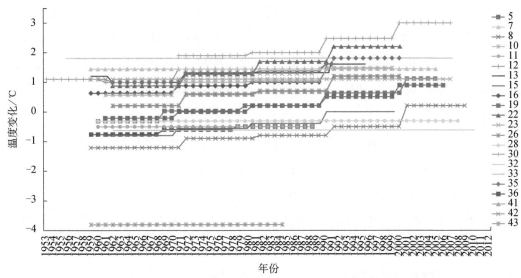

图 3.6　青海湖地区 1950 年以来年均气温变化文献集成分析图[6]

另一方面是元分析法中的统计分析[38]。元分析法是集成分析过程中应用的一种主要分析方法。作为一类统计方法，元分析法用来比较和综合多个同类独立研究的结果。比较和综合的结论是否有意义取决于这些研究是否满足特定的条件。元分析法的主要目的是增加统计学检验功效、定量估计研究效应的平均水平、评价研究结果的不一致性，通过分析得到新的结论和探索新的假说和研究思路。

统计学方法具体体现在以下几个方面。

第一，描述性元分析法。根据描述性分析的特征，通过运用频数表和适宜的图形对各研究的结果进行展示，把握整个研究的概况。通过这些图表还可以较容易地发现各研究结果之间的异质性。

第二，效应尺度（effect magnitude）的选择。把独立研究的结果用统计学方法合并是元分析法的重要特征。用元分析法回答具体的集成问题时，如激素是否预防新生儿呼吸窘迫综合征，降低死亡率，效应有多大，首先要定义效应尺度。效应尺度是指反映各个研究的处理和效应之间关联程度的无量纲统计量。效应尺度为 0，表示处理有效；大于 0 表示有正效应；小于 0 表示有负效应。由于效应尺度消除了不同研究结果计量单位的影响，各研究的效应尺度可以进行对比或合并。

第三，效应尺度的合并。元分析法需要将多个同类研究的结果合并（或汇总）成某个单一的效应尺度，即用某个合并统计量反映多个同类研究的综合效应。分析的指标是二分类变量，可选择比值比、危险比或危险差为合并统计量，用于描述多个研究的合并结果。如果需要分析的指标是数值变量，可选择加权均数差（weighted mean difference，WMD）或标准化均数差（standardised mean difference，SMD）为合并统计量。

第四，齐性检验（异质性检验）。元分析法常用的方法有固定效应模型（fixed-effects model）和随机效应模型（random-effects model）。如元分析要回答下列问题：何时适合采用激素预防新生儿呼吸窘迫综合征？需要对不同研究的结果作齐性检验。如果齐同，则不需要考虑各研究人群方面的差异，选用固定效应模型。如果不齐，说明各研究间存在异质性，需要进一步分析各研究的设计、研究对象和处理措施，找出影响研究结果的因素，根据具体的情况对这些因素作校正，例如，按研究人群特征进行分层元分析法，或采用随机效应模型对不同研究使用不同的权数作加权合并。

第五，合并统计量的检验。无论是采用固定效应模型还是随机效应模型得到的合并统计量都需要用假设检验的方法检验多个同类研究的合并统计量是否具有统计学意义，常用 u 检验，根据 $2t$ 值得到该统计量的概念（P）值。若 $P \leqslant 0.05$，则多个研究的合并统计量有统计学意义；若 $P > 0.05$，则多个研究的合并统计量没有统计学意义。

2. 元分析法

1）效应量计算

元分析法是一种对某一主题下一系列定量研究的结果进行集成研究时经常采用的分析方法。根据原始文献报道数据的方式不同，常见的效应量计算方法有以下三种：皮尔逊相关系数（Pearson correlation coefficient）、标准化均数差和发生比（odds ratio），见表 3.6。

（1）皮尔逊相关系数：表示两个连续变量之间的关系，常用 r 表示。在研究间进行效应量合并或比较前，通常需要把 r 换算成 Zr。因为 r 的分布是有偏的，换算成 Zr 之后的正态分布更有利于后续的数据处理。如果原文中报道了 r 值则可以直接作为效应量；如果原文中只对 F 值、t 值和卡方值进行了报道，则可以将这些统计量转化为相关系数作为效应值。

（2）标准化均数差：根据组间标准误得出的两组之间平均数的差异大小。三种常见的标准化均数差为 Cohen's d、Hedges's g 和 Glass'sΔ。如果原文是以实验组和对照组的平均值、样本方差大小和标准差来报道的，那么效应值便是标准化的均数差。

（3）发生比：表示两个二分变量之间偶然性的效应度指标。$odds = p / (1 - p)$（p 表示样本中具有某一特征的比例）

从原始研究中计算效应量 r、g 和 o 的方法见表 3.6。

表 3.6　效应量的计算及相关说明

皮尔逊相关系数	已知 t 值	$r = \sqrt{\dfrac{t^2}{t^2 + df}}$	t：检验的值； df：自由度（$df = N - 2 = n_1 + n_2 - 2$）
	已知 F 值	$r = \sqrt{\dfrac{F_{(1, df)}}{F_{(1, df)} + df}}$	$F_{(1, df)}$：分子自由度为 1 的 F 值； df：分母自由度
	已知 χ^2 值	$r = \sqrt{\dfrac{\chi^2_{(1)}}{N}}$	$\chi^2_{(1)}$：自由度为 1 的卡方值； N：样本量

续表

标准化均数差		$g=\dfrac{M_1-M_2}{s_{pooled}}$	M_1 和 M_2：组 1 和组 2 的平均值；s_{pooled}：总体标准差的合并估计值；sd_{pooled}：合并的样本标准差；s_1：组 1（控制组）的总体标准差的估计值
		$d=\dfrac{M_1-M_2}{sd_{pooled}}$	
		$g\mathrm{Glass}=\dfrac{M_1-M_2}{s_1}$	
发生比		$o=\dfrac{n_{00}n_{11}}{n_{01}n_{10}}$	n_{00}：对变量 X 和 Y 均呈负效应的参与者的数量；n_{01}：对 X 呈负效应且对 Y 呈正效应的参与者的数量；n_{10}：对 X 呈正效应且对 Y 呈负效应的参与者的数量；n_{11}：对 X 和 Y 均呈正效应的参与者的数量

如果所纳入的原始文献包含的效应量不统一，还可以根据如下公式进行换算（表 3.7）。

表 3.7　不同效应量之间的换算公式

g 和 r 之间转换	$r=\sqrt{\dfrac{g^2 n_1 n_2}{g^2 n_1 n_2+(n_1+n_2)df}}$	$g=\left(\dfrac{r}{\sqrt{1-r^2}}\right)\sqrt{\dfrac{df(n_1+n_2)}{n_1 n_2}}$
g 和 o 之间转换	$g=\dfrac{\sqrt{3}}{\pi}\ln(o)$	$o=e^{\frac{g\pi}{\sqrt{3}}}$

为了得到更为理想的统计特征（如得到正态分布的效应量）或减轻偏倚度，往往还需要对效应量进行一定的修正。经过修正的效应量可以得到更为精确的估计并且可能会减轻研究间的异质性。具体修正方法如表 3.8 所示。

表 3.8　三种常见的效应量修正

修正类别	公式	说明
关于非正态分布的修正	$Z_r=\dfrac{1}{2}\ln\left(\dfrac{1+r}{1-r}\right)$	将相关系数的分布转换成渐进正态分布[49]，有利于简化后续计算，如置信区间的正态估计（可以不考虑样本量 N 的大小）
关于信度的修正	$ES_{adjusted}=\dfrac{ES_{observed}}{\sqrt{r_{xx}r_{yy}}}$	r_{xx} 和 r_{yy} 分别是相应的自变量和因变量的信度。这一步骤是为了修正量表的信度缺陷所导致的相关系数的衰减偏差[50]
关于效度的修正	$ES_{adjusted}=\dfrac{ES_{observed}}{r_{tx}}$	r_{tx} 是效度系数

为了对单个研究的效应量的分布情况有一个较为直观的了解，首先需要对各个效应量的集中趋势进行度量，计算出它们的众数、中位数和算数平均数。

假设不存在异质性，则可以对计算出的每项单个效应量进行合并，计算出总体效应量。

由于每篇文章的质量有所不同，根据需要可对每项研究结果赋予不同的权重。通常是根据效应量的精确度进行加权，这个精确度用效应量的标准误来度量。较小的样本量给出的是关于效应量的点估计，但是实际效应量可能比估计值出现较大幅度的偏差，而大样本的偏差会小很多。效应量的标准误与样本量反向相关，可以反映某个研究的效应量的不精确程度，如图 3.7 所示。

第 i 项研究的权重：

$$w_i = \frac{1}{SE_i^2}$$（SE_i 表示第 i 项研究效应量的标准误）

加权平均效应量：

$$\overline{ES} = \frac{\sum (w_i ES_i)}{\sum w_i}$$（w_i 是第 i 项研究的权重，ES_i 是第 i 项研究的效应量）

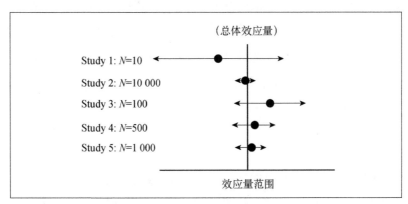

图 3.7　样本量与估计准确性的关系[39]

2）异质性检验及处理

异质性检验是指对元分析法中不同研究间的各种变异的检验。异质性检验是元分析法中对各研究结果合并的基础，只有当各研究结果具有一致性时，合并分析的结果才能被认为是真实可靠的。

在目前的元分析法应用中，主要是以 Q 检验为主。由于 Q 检验服从自由度为 $k-1$ 的卡方分布，可以通过查表获知特定自由度的 Q 值，如果实际值超出查表得到的值，则证明存在异质性。尽管 Q 检验在判断是否存在异质性时非常有效，但是它无法表明效应量的异质程度。I^2 统计量能够反映异质性部分在效应量总的变异中所占的比重。当 I^2=0（如果 I^2 为负值，我们设它为 0）时，表明没有观察到异质性。I^2 统计量越大异质性越大；异质性的低、中、高程度分别用 I^2 统计量 25%、50%、75% 表示。若 I^2>50%，则说明存在比较明显的异质性。

如果经过上述异质性检验表明各研究结果具有一致性，则可以将多个统计量进行加权合并；如果不具有一致性，则需要进一步的处理，包括：改变结果变量的指标、选用随机效应模型合并效应量、探讨异质性的来源、按亚组分析、进行元回归及混合效应模型等处理。当存在显著异质性时可选择剔除，如果仍要进行合并分析，则必须说明进行结果合并的理由，或者配合其他分析加以旁证。

3）敏感性分析

敏感性分析实际上是比较两种不同方法对相同试验进行的系统综述是否会得出不同结果的过程，其目的是了解系统综述的结果是否稳定可靠。常见的敏感性分析方法有以下几种：①改变纳入标准（特别是纳入或排除尚有争议的研究），重新估计合并效应量，并与之前的元分析法结果进行比较。②对同一组研究资料采用不同统计方法按不同方式进行处理分析，将元分析法结果与原结果进行比较。如果某因素变化后会导致合并结论发生较大的变化，就说明该因素对结论敏感度高，结论的稳定性较差。③计算失效安全系数，得出需要多少个阴性试验的结果才能使结论逆转。

3. 可视化

从专业定义上来说，可视化广义上是指应用信息可视化的方法对已经提取的数据进行分析处理，以了解各种数据之间的关系，实现数据图像化的直观展现，揭示出各类数据中蕴含的丰富的知识。陈悦等专注于探究可视化方法，认为可视化主要包括多元统计分析[40]、自组织映射图[41]、寻径网络图[42]等数据简化方法以及社会网络分析[43]、时间序列分析[44]和地理空间分析等信息展现与解读方法等[45]，关于每种方法的具体内涵，可参考我们标注的参考文献。

在 KSS 平台中，可视化的对象既可以是数据、信息，也可以是知识。广义上来讲，该平台涉及的可视化方法体现在研究问题综合可视化、研究内容系统可视化和综合集成知识可视化等三个方面。表 3.9 展示出 KSS 平台的不同类型信息元的计算方式，针对研究问题综合可视化，即基本特征指标，主要是指对文献外部特征及共现特征进行可视化展示，基于统计学方法计算对应指标的出现频次，多采用柱状图、折线图、气泡图等进行展示。针对研究内容系统可视化，是指针对内容特征的基本定性指标进行统计展示，如针对观察性研究还是试验性研究的不同研究方法进行统计分析可视化展示，针对研究时间范围进行可视化等。

表 3.9 KSS 平台信息元类型及计算方式

指标类型	基本特征指标	基本定性指标	影响因素特征指标		研究主体特征指标	
细分指标	题名	学科分类	时间段	年份	时间段	年份
	作者	研究区域		季节		季节
	关键词	研究时间		细分因素 1	主体指标值	
	发表时间	研究方法	主因素 1	细分因素 2		细分指标值 1
	期刊名称	研究对象		……		细分指标值 2
	单位	仪器设备		细分因素 4	主体指标辅助值	细分指标值 3
	摘要	实验器材	主因素 2	细分因素 5		细分指标值 4
	基金资助情况	数据来源		……		……
	出版物类型	……	……		……	
	……					
说明	用于文献计量学统计，系统自动生成	学科分类在元数据表中选取并统计频次。研究区域、时间、方法等由用户规范化提取后计算频次	关系型的主体与客体由用户自行确定，可自定义影响因素、影响主体等，对指标主要进行统计学计算		通过多个字段全面获得指标的数值及范围，主体指标辅助值用来辅助计算，如多指标计算得到所需主体指标值，主要采用统计分析及元分析法计算	

这里重点阐释综合集成知识可视化，针对非结构化的文献结果，我们将其分为关系型数据与数值型数据，即表 3.9 中影响因素特征指标列及研究主体特征指标列。

（1）影响因素特征指标是指所研究对象的影响因素，有些研究会对不同时间段的研究主体进行分析，从而得出不同结论，因而对不同时间段的研究结果分别提取。

（2）研究主体特征指标是指如研究对象的长宽高等基本特征，一系列标准的选择等；由于元分析法的效应指标有的可以直接从文献中获取，有的需要经过对文献中的数据进行计算后获得，故设定研究主体指标辅助值，由用户自定义辅助值计算方式。在具体操作过程中，涉及一些具体问题，需要结合实际主题的数据特征进行具体分析。

在获得各个指标值并采用统计分析和元分析法等方式得到综合集成结论后，通过表格、图形等方式展示集成结果，在 KSS 平台中，采用可视化方法，可以实现针对具体学科领域综合集成结果的时空信息可视化，主要体现在两个方面，一是展现全部文献研究的区域及其变化情况；二是对研究内容、结果的数值进行可视化，生成集成的研究变化曲线图或者一个研究结论。通过嵌入 webGIS、Arcview 等工具，进行文献知识点与地理信息的空间关联，即调用用于关联的基础图层，通过结合国家地区名称字段实现矢量数据与统计结果的空间关联。在涉及空间数据时，KSS 平台主要采用基于百分比的方式进行知识提取。同样地，在空间可视化时，也可通过这一方式与地图进行关联，进一步在地图上以图表的形状、大小、颜色等表征综合集成结论。

八、综合集成研究结论与成果汇总报告

文献综合集成研究的质量取决于原始研究的质量和文献采集、集成研究报告的明晰程度，报告的质量直接影响读者对集成研究的认知和质量评估。因此，在成果汇总报告时，需要向读者明确、全面地展示研究的过程和结果。

医学领域系统综述与元分析法优先报告条目的 PRISMA 声明中包含了 27 个条目，分为 7 类，分别是标题、摘要、前言、方法、结果、讨论和资金支持[46]。这些条目的设置都是为了全面描述综合集成的研究过程和结果，包括研究问题、研究方法、研究过程、研究结果以及原始数据。按照第三章第三节提出的文献综合集成流程，将文献综合集成研究报告总结如表 3.10 所示。

报告内容包括 5 个方面共 16 个条目（表 3.10），5 个方面分别是报告标题、集成研究信息、任务描述、报告主体、参考文献和附录，报告主体中包括研究方法设计、文献获取流程、各类分析与综述结果、结论与讨论。报告中把研究设计、执行过程、研究结果及原始抽取的数据都完整展示出来，供读者对研究进行全面把握和评估。

表 3.10　文献综合集成研究的报告条目

项目	一级标题	二级标题	内容
报告标题	无	无	任务名称
集成研究信息	无	无	学科分类/关键词/任务时间/团队
任务描述	无	无	任务描述/研究问题
报告主体	1　综合集成策略	1.1　文献采集方法	电子检索方法/文献补充方法
		1.2　文献筛选标准	筛选标准（或者纳入/排除标准）
		1.3　质量评估标准	从哪些方面进行评估/评估方法
		1.4　数据抽取表格	设计的数据抽取表格
		1.5　综合分析方法	计划使用的数据分析方法（或分析思路）

续表

项目	一级标题	二级标题	内容
报告主体	2　文献获取流程	无	文献获取流程，包括初始检索的文献数量/每次删除的文献数量及删除原因/每次删除后剩余的文献量/最终纳入综合集成的文献量
	3　文献外部特征信息集成	无	纳入文献的出版时间/作者/机构/关键词/学科……
	4　叙述性文献综述	无	核心研究内容概述
	5　文献研究结果集成	用户撰写	集成分析结果/图表/图表描述
	6　结论与讨论	6.1　结论	总结研究结果
		6.2　讨论	结果的可信程度/实用意义/整体研究的局限性/与现有的其他综述在质量和结果方面的异同
参考文献和附录	参考文献	无	纳入的原始研究/其他参考文献
	附录	无	从文献中抽取的原始数据表格

九、其他支撑技术

KSS 平台在未来还可能涉及一些其他的支撑技术，如时间序列分析、多元统计分析、Web 服务技术、语义网（semantic web）与本体技术、可扩展标记语言（extendible markup language，XML）技术与资源描述框架（resource description framework，RDF）技术等。前两种方法相对容易理解，我们简单进行陈述，后三种属于较为专业的支撑技术，我们力求以通俗易懂的语言将晦涩难懂的技术部分阐释清楚。

时间序列也可称为动态数据，最初的定义是指在一系列时刻对某一个（或一组）变量进行测量所得到的离散数据集合，从这个角度来看，时间序列是有时间意义的数据序列。实际应用中，常见的时间序列包括趋势性、季节、周期和随机等 4 种类型变量的组合形式，这里的组合形式可以是加法、乘法或者二者的混合。在文献综合集成系统中，时间序列分析方法主要有以下几种可能的应用：一是获取到被观测系统的时间序列；二是利用系统嵌入的绘图工具绘制时序图，直观观察或基于趋势拟合判断时间序列的趋势性（如季节性等）特性；三是对拟合曲线进行拟合优度的评估或结果预测。并不是所有研究主题都适用于时间序列分析，在实际应用中这种方法要按需采用。

与时间序列分析不同，多元统计分析在本平台应用较为广泛，这种方法是指对多个变量的数据值进行分析，进一步研究这些变量之间的关系，它的一个显著特点是通过降维实现数据的简化处理。其中，降维的方法又包括聚类分析和多维尺度分析等技术，具体的降维技术这里不再赘述。

（一）基于面向服务架构的 Web 服务技术

到目前为止，互联网的发展已经完成了由 Web 1.0 的文档内容模式、Web 2.0 的社交网络模式到 Web 3.0 的语义智能模式[47]的转变，帕帕佐格鲁（Papazoglou）等指出在整合不同技术规范的异构平台的不同应用数据时，面向服务架构的 Web 服务技术提供了一种开放性和标准化的方法[48]，这也为 KSS 平台的设计与实现提供了有力的技术支撑。基于 Web 接口的集成技术和元数据技术已经广泛应用于各类系统中，它们都是作为一个整体提供给用户的，不对外提供接口，这给系统集成带来很大困难。但是，这些应用系统一般都有 Web 方式的接口，可以接触到其内部应用。Web 上的信息是公开的，可以利用 Web 技术，尽管 KSS 平台的数据资源来源于不同的数据平台，但以搜索引擎为基础，获得相关 Web 应用上的表单和数据，将其具体的服务抽取出来，在完全不影响原系统运行的基础上进行系统集成，这是一种全新的尝试。

Web 服务技术是一种广受瞩目的面向服务的计算技术，该技术使用 Internet 作为通信媒介并采用了一系列开放标准，如用于传输数据的简单对象存取协议、用于定义服务的 Web 服务描述语言以及用于服务协同的 Web 服务的业务流程执行语言等。作为一种构建分布式应用的具有十分广阔前景的技术，Web 服务支持 KSS 平台终端之间的互操作，具有松耦合性、标准开放性、平台与语言的独立性等特性，因而有助于实现分布式计算、资源共享和应用互操作和业务的协作等[49]，这对于 KSS 平台的功能实现具有十分重要的意义。

（二）语义网与本体技术

语义网由蒂姆·伯纳斯-李（T. Berners-Lee）等于 2001 年提出[50]，用以描述从基于文档的网络向包含供计算机处理的数据和信息的新范式的演进，这个定义过于专业，简单理解语义网就是使机器理解并处理语义，实现自动化的信息访问，进一步支持信息检索。语义网通过本体对资源所蕴含的知识进行形式化处理，实现资源要素的自动关联，并可通过查询或者选择语义知识来获取信息，提升检索效能，实现信息处理智能化[51]。这里涉及一个十分重要的概念——本体，简单地说本体为某一领域提供了公共词汇表，支持必要的语义对字符串进行描述[51]，并以不同层次的形式定义了术语的含义以及术语之间的关系，为元数据提供共享的语义奠定了知识表示的基础[52]。进一步可依据概括的层次，对本体进行分类，包括领域本体、元数据本体、通用或常识本体、代表性本体和方法与任务本体等。不同类别的本体蕴含的知识不同，领域本体获取对特定类型领域如医学、电子、计算机等具体领域有效的知识；通用或常识本体获取有关世界的一般知识，提供事物（如时间、空间、状态、事件等）的基本概念，因而其在多个领域均具有有效性，其他类型的本体这里不再赘述，如果读者感兴趣可以进一步阅读相关材料。

由于本体提供了一种描述数据语义的清晰的概念，为人与异构、分布的应用系统之间进行交流提供了一种共享的和公共的理解。因此，可以说本体是语义网的里程碑技术，广泛用于促进知识共享和复用，是知识工程、自然语言处理、协作信息系统、智能信息集成、人工智能以及知识管理等领域的热门研究方向。

（三）XML 技术与 RDF 技术

前文提到的本体技术为 KSS 平台的搭建提供了基础，但是支撑元数据与本体描述的技术实现离不开 XML 和 RDF，Internet 技术及 World Wide Web 是非线性信息交换的主要技术基础设施，为数据结构和语义的注解与标记的标准提供了规范。从技术层面上看，XML 的出现可有效解决网络数据挖掘问题，XML 是一种通用的网络标记语言，它的扩展性和灵活性使其能描述不同种类应用软件中的数据，从而描述网页中的数据记录，尽管用 XML 标引的网络数据是一种半结构化的数据模型，但其文档描述可与关系数据库中的属性一一对应起来，从而能实施精确的查询与模型抽取，完成异构网络数据的整合工作。XML 提供了数据交换的一系列标准结构形式，因此基于本体的数据与信息交换可从这些方面进行抽取，可基于标签定义数据的语义，提供任意的树形图定义数据结构，从而实现特定数据结构的定制化数据交换。与 XML 类似，RDF 提供了用于描述机器可处理数据语义的一种标准，可直接用于展现本体，即作为对本体进行说明的一种结构形式。二者的关系体现在 RDF 是 XML 的一种为向 Web 文档中增加元信息而定制的应用，其结构形式在 XML 中定义，实现了 XML 中元数据的规范化表示，是一种采用元数据对网络资源进行注释的标准。

第五节　本章小结

本章主要从研究目标、研究对象、工作流程、方法技术四个方面介绍了文献综合集成的研究范式，突出展示了文献综合集成方法低偏倚、高效率、可循证的特征，为实现高质量的文献综合集成提供了操作参考。在实际操作中，整个研究过程往往不是简单的线性流程，而是在各个步骤之间多次反复，比如，随着阅读和理解的深入，对提出的问题进行调整，在提取数据和评估质量时删除不合格文献，在敏感性分析时改变纳入或排除标准等。这种反复性意味着研究者将在多个文件夹、多个应用软件之间来回切换，因此文献综合集成研究若单纯靠人工完成将十分烦琐。若依托专业的 KSS 平台，提供一整套的流程支持和过程记录，将能在更大程度上保证研究质量，提高研究效率。

本章参考文献

[1] Xu Y. Methodological issues and challenges in data collection and analysis of qualitative meta-synthesis[J]. Asian Nursing Research，2008，2（3）：173-183.

[2] Sheble L. Macro-level diffusion of a methodological knowledge innovation：research synthesis methods，1972-2011[J]. Journal of the Association for Information Science and Technology，2017，68（12）：2693-2708.

[3] 周旭毓，方积乾. Meta 分析的常见偏倚[J]. 循证医学，2002，2（4）：216-220.

[4] 张丽华. 定性综合集成模式研究[D]. 北京：中国科学院大学，2011.

[5] Daudt H M L，van Mossel C，Scott S J. Enhancing the scoping study methodology：a large，inter-professional team's experience with Arksey and O'Malley's framework[J]. BMC Medical Research Methodology，2013，13：48.

[6] 张世佳. 基于元分析法的文献定量集成方案研究与实证[D]. 北京：中国科学院大学，2014.

[7] Gough D，Thomas J，Oliver S. Clarifying differences between review designs and methods[J]. Systematic Reviews，2012，1：28.

[8] Murray A D，Daines L，Archibald D，et al. The relationships between golf and health：a scoping review[J]. British Journal of Sports Medicine，2017，51（1）：12-19.

[9] 戴悦，张宝泉，李映兰，等. 中国老年人睡眠质量与抑郁、焦虑相关性的 Meta 分析[J]. 中华护理杂志，2016，51（4）：488-493.

[10] 周佩，黄春燕. 信息偶遇研究元人种志分析[J]. 图书情报工作，2014，58（14）：115-120.

[11] 朱亮，孟宪学. 文献计量法与内容分析法比较研究[J]. 图书馆工作与研究，2013，（6）：64-66.

[12] 吴岱明. 科学研究方法学[M]. 长沙：湖南人民出版社，1987.

[13] 刘勇，蒋卫东，潘斌. 基于知识管理与综合集成研讨厅融合的孵化器综合信息服务系统研究[J]. 科技管理研究，2012，32（4）：132-134，143.

[14] 于景元. 钱学森系统科学思想和系统科学体系[J]. 科学决策，2014，（12）：2-22.

[15] Osborn A F. 创造性想象[M]. 王明利，盖莲香，汪亚秋译. 广州：广东人民出版社，1987：199.

[16] Neuman W. 社会研究方法——定性和定量的取向[M]. 7 版. 郝大海，等译. 北京：中国人民大学出版社，2021.

[17] 黄崇斐，拜争刚，吴淑婷，等. 定性系统评价的撰写方法介绍[J]. 中国循证医学杂志，2015，15（9）：1106-1111.

[18] Guilera G，Barrios M，Gómez-Benito J. Meta-analysis in psychology：a bibliometric study[J]. Scientometrics，2013，94（3）：943-954.

[19] 袁军鹏，朱东华，李毅，等. 文本挖掘技术研究进展[J]. 计算机应用研究，2006，23（2）：1-4.

[20] 陈晓云. 文本挖掘若干关键技术研究[D]. 上海：复旦大学，2005.

[21] 梅馨，邢桂芬. 文本挖掘技术综述[J]. 江苏大学学报（自然科学版），2003，24（5）：72-76.

[22] Nadeau D，Sekine S. A survey of named entity recognition and classification[J]. Lingvisticae Investigationes，2007，30（1）：3-26.

[23] 薛欢欢. 基于条件随机场的中文期刊论文信息识别与抽取[D]. 北京：中国农业科学院，2019.

[24] 胡志刚，田文灿，孙太安，等. 科技论文中学术信息的提取方法综述[J]. 数字图书馆论坛，2017，（10）：39-47.

[25] Giles C L，Bollacker K D，Lawrence S. CiteSeer：an automatic citation indexing system[C]// Proceedings of the third ACM conference on Digital libraries. June 23-26，1998，Pittsburgh，Pennsylvania，USA. New York：ACM，1998：89-98.

[26] Giuffrida G，Shek E C，Yang J. Knowledge-based metadata extraction from PostScript files[C]//Proceedings of the fifth ACM conference on Digital libraries. June 2-7，2000，San Antonio，Texas，USA. New York：ACM，2000：77-84.

[27] Henning V，Reichelt J. Mendeley-A last.fm for research? [C]//2008 IEEE Fourth International

Conference on eScience. Indianapolis，IN，USA. IEEE，2008：327-328.

[28] Andogah G，Bouma G，Nerbonne J. Every document has a geographical scope[J]. Data & Knowledge Engineering，2012，81/82：1-20.

[29] Monteiro B R，Davis C A，Fonseca F. A survey on the geographic scope of textual documents[J]. Computers & Geosciences，2016，96：23-34.

[30] 曲建升，刘红煦. 知识发现中异构信息标准化处理研究：以资源环境领域文献为例[J]. 图书情报工作，2016，60（6）：84-90.

[31] White H D，McCain K W. Visualizing a discipline：an author co-citation analysis of information science，1972—1995[J]. Journal of the American Society for Information Science，1998，49（4）：327-355.

[32] 邓珞华. 词频分析：一种新的情报分析研究方法[J]. 大学图书馆通讯，1988，6（2）：18-25.

[33] 钟伟金，李佳. 共词分析法研究（一）：共词分析的过程与方式[J]. 情报杂志，2008，27（5）：70-72.

[34] Garfield E. Citation analysis as a tool in journal evaluation[J]. Science，1972，178（4060）：471-479.

[35] 赵党志. 共引分析：研究学科及其文献结构和特点的一种有效方法[J]. 情报杂志，1993，12（2）：36-42，79.

[36] Kessler M M. Bibliographic coupling between scientific papers[J]. American Documentation，1963，14（1）：10-25.

[37] 贾俊平. 统计学基础[M]. 4版. 北京：中国人民大学出版社，2016.

[38] 刘桂芬. 卫生统计学[M]. 北京：中国协和医科大学出版社，2003.

[39] Card N A. Applied Meta-Analysis for Social Science Research[M]. New York：Guilford Publications，2011.

[40] Johnson R，Wichern D. Applied Multivariate Statistical Analysis[M]. Harlow：Pearson Education Limited，2014.

[41] Kohonen T. The self-organizing map[J]. Proceedings of the IEEE，1990，78（9）：1464-1480.

[42] Small H. Paradigms，citations，and maps of science：a personal history[J]. Journal of the American Society for Information Science and Technology，2003，54（5）：394-399.

[43] Borgatti S P，Mehra A，Brass D J，et al. Network analysis in the social sciences[J]. Science，2009，323（5916）：892-895.

[44] 王燕. 应用时间序列分析[M]. 北京：中国人民大学出版社，2005：1-3.

[45] 陈悦，刘则渊，陈劲，等. 科学知识图谱的发展历程[J]. 科学学研究，2008，26（3）：449-460.

[46] Moher D，Liberati A，Tetzlaff J，et al. Preferred reporting items for systematic reviews and meta-analyses：the PRISMA statement[J]. International Journal of Surgery，2010，8（5）：336-341.

[47] Lassila O，Hendler J. Embracing "web 3.0"[J]. IEEE Internet Computing，2007，11（3）：90-

93.

[48] Papazoglou M P，Traverso P，Dustdar S，et al. Service-oriented computing：state of the art and research challenges[J]. Computer，2007，40（11）：38-45.

[49] Viceconti M，Zannoni C，Testi D，et al. The multimod application framework：a rapid application development tool for computer aided medicine[J]. Computer Methods and Programs in Biomedicine，2007，85（2）：138-151.

[50] Berners-Lee T，Hendler J，Lassila O. The semantic web：a new form of web content that is meaningful to computers will unleash a revolution of new possibilities[J]. Scientific American，2001，284（5）：1-5.

[51] Studer R，Benjamins V R，Fensel D. Knowledge engineering：principles and methods[J]. Data & Knowledge Engineering，1998，25（1/2）：161-197.

[52] Sicilia M A. Metadata，semantics，and ontology：providing meaning to information resources[J]. International Journal of Metadata，Semantics and Ontologies，2006，1（1）：83-86.

第四章

文献综合集成分析系统

4

文献综合集成分析，需要从海量文献中搜集、遴选、获取、阅读与研究主题相关的文献，同时需要从文献的内容中抽取数据和知识，并通过综合集成分析形成最终的研究结论。这一烦琐的过程无疑包含了巨大的工作量。随着大数据时代的来临以及基于机器学习特别是深度学习的自然语言处理技术的快速发展和成熟，通过机器为综合集成过程中对文献的搜集、遴选、挖掘、集成、分析等步骤提供辅助支持并提高效率成为可能，通过对这些技术的合理使用，可在一定程度上降低文献综合集成研究的时间和人工成本。

目前在国际上有一些可以对综合集成研究提供部分自动化支持的工具或平台，如由科克伦协作网开发的 Review Manager（RevMan）、支持系统性的评估功能和元分析法等功能。通过使用 RevMan 可以根据系统的引导很容易地创建一幅森林图；Mapping MEDLINE 可按给定检索词在 PubMed 上搜索并按国家（来自标题或摘要）在地理地图上显示搜索结果；Science of Science（Sci2）Tool 可支持文献计量领域的文本分析和分析结果的可视化。这些工具和平台分别可对综合集成分析的某一步骤提供良好的支持，但是从整个综合集成分析的规范流程角度，提供全流程在线支持的应用和平台并不多见。

本章主要介绍 KSS 平台，该平台致力于提供综合集成研究的一站式解决方案，是一个基于循证实践理念和综合集成研究范式，可面向公众开放应用的平台。KSS可实现文献综合集成研究的一体化操作和全程记录，提供基于学术文献的搜集遴选、知识挖掘和知识集成等特色服务，包含了文献采集、文献筛选、数据和知识抽取、综合集成和可视化分析、产出报告等文献综合集成研究全生命周期中的各个步骤，并最终从文献计量、研究综述、结果集成三方面多维展示文献综合集成的结果。

第一节　　系统概述

KSS 平台已于 2019 年 8 月 27 日正式发布，该平台是以循证实践、元分析法和集成研究理念为基础，提供文献知识挖掘、知识计算和科学主题综合集成研究的一体化工作平台，涵盖任务管理、文献管理、信息抽取、统计管理、结果可视化、报告管理和知识管理等功能，可针对研究主题开展高效可重复验证的科学评述与集成研究工作。目前，KSS 的在线服务已提供开放服务，如图 4.1 所示，相关研究人员可通过登录 http://KSS.llas.ac.cn 免费注册使用。

图 4.1　KSS 平台界面

平台采用 B/S 架构，根据综合集成研究的应用场景和需求，设计开发了文献搜集遴选、知识辅助抽取、可视化分析模型订制、自动综合集成分析与报告初稿自动生成等特色功能。目前平台的主要用户对象为气候变化情报研究人员以及从事气候变化研究的科研人员，同时，也可满足其他科学各领域科研用户集成研究的需求。

第二节　　系统功能

根据前期理论研究成果及对需求的调研结果，文献综合集成分析流程包含任务计划提出、计划执行、可视化集成分析与自动报告三个主要步骤。

其中任务计划提出包括任务管理、团队管理等功能。计划执行包括：文献搜集、人工搜集、文献初选、补充文献、全文筛选五个采集相关功能，以及内容抽取和数据抽取两个知识/证据元素提取功能。可视化集成分析与自动报告包括可视化集成分析及自动报告与报告版本管理功能。具体平台设计框架如图 4.2 所示。以下分别介绍平台的各项功能。

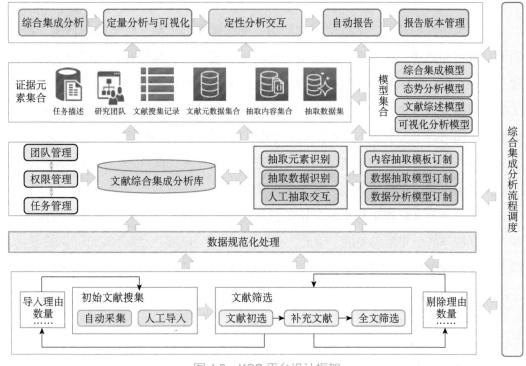

图 4.2　KSS 平台设计框架

一、任务管理

任务是基于平台进行综合集成研究的主线，创建一个任务也相当于确定了一个研究主题，同时任务支持按树形结构进行管理，具体管理内容包括任务创建、子任务创建、任务编辑和任务删除。用户可根据最终报告的格式或研究主题的分类来创建任务和子任务。每个任务除了基本描述信息外，更重要的是与相应的团队、权限、文献资源和分析过程绑定。任务删除在平台中为平台管理员权限，一般用户包括任务管理员都不具有删除任务的权限。删除任务将同时删除任务的团队（保留用户），以及与任务绑定的文献资源和所有的分析过程记录及结果记录。

从团队的角度，每个子任务的团队成员从父级任务的团队成员中选出，保证任务划分得有序，从任务可以看出团队中每个成员的具体任务或研究主题。此外，任务管理员可以对不同级别任务的团队或成员根据任务的实际情况，赋予不同的权限，包括对任务/子任务信息的访问权限，对任务中文献资源（元数据、全文）的访问权限等。

从文献资源的角度，文献资源的搜集、筛选操作都将基于任务进行订制，搜集到的文献资源都进入文献综合集成资源中心进行统一组织和保存，但同时也与任务建立关联。统一组织和保存主要是为了避免文献资源的重复搜集，如果不同任务的文献资源搜集操作命中同一文献，则只需要在文献资源中心和任务之间建立不同的映射关系即可。同时对每一条文献资源的处理和操作结果也基于这个映射关系进行，不会造成不同任务同一文献资源的重复处理或处理冲突，此外不同任务对同一资源的操作结果也可以在权限范围内互相参考和借鉴。

此外，所有文献搜集和集成分析的过程记录和综合集成分析结果也是与任务关联，而不是与某个文献集关联。因此，在平台中，任务是整个综合集成研究的主线，综合集成研究的全生命周期是围绕对任务的执行而推进的，所有研究的结果也是基于任务进行整合的。

二、 团队管理

团队和研究任务及任务的执行流程是绑定的，每个任务都需要相应的团队执行，同时为保证任务的有序执行，团队的每个成员也都需要根据任务的具体情况被授予不同的权限。所有团队的成员都是平台的用户。成为平台用户有两种途径，一是用户通过系统注册，由系统管理员审核成为系统任务管理员。这种方式适合准备使用平台进行综合集成研究任务的人员，通过这种注册方式加入平台的用户拥有任务管理员的权限，可以创建任务。

为了便于任务管理员维护团队的操作，平台同时提供一种更为便捷的用户添加方式。任务管理员只需要填写一个由平台提供的用户模板，模板中的必填内容只有用户邮箱和用户姓名，然后通过批量添加的方式即可批量添加团队成员。采用此种方式添加的人员既可成为平台的用户，默认邮箱即为平台的登录账户，同时也可以自动加入到任务团队中成为这个任务的团队成员。但是，此类平台用户为一般用户，并不具备创建新任务的权限。如果要成为任务管理员级别的用户，需要向系统管理员提出申请，系统管理员审核通过后则具有创建和管理任务的权限。平台同时也支持任务管理员在任务执行过程中的各个阶段添加或剔除成员。剔除的团队成员仍然是平台的用户。

平台支持团队内有不同的角色划分，每个任务团队都有一名管理员，一般为创建任务的用户，团队管理员拥有对任务管理的最高权限，负责创建任务和子任务，组建任务团队，为各子任务分配团队成员并构成子任务团队，根据项目及团队的背景为子任务团队或团队成员授予适当的权限。查看各子任务的执行进度以及对每个文献资源的处理情况。一般团队成员主要根据团队管理员分配的权限和工作推进任务进度。由于团队的每个成员都是系统用户，所以团队成员也具有维护个人信息的功能。

同时，平台支持根据用户的基本信息和过往参加过研究任务的记录查询，向任务管理员推荐团队成员的功能。任务管理员可能并不认识推荐的成员，其可以根据系统推荐，向符合任务执行要求的用户发出加入任务团队的邀请，如果该用户同意则成为团队的一般成员。这样做是为了促进不同研究群组之间的互相交流融合，从而提高团队基于任务最大限度优化配置人力资源的能力。

团队成员权限的分配主体包括团队和团队成员，可分配的权限包括对任务管理的权限、审核任务中文献资源的权限、向任务添加文献资源的权限、任务文献资源全文下载的权限、对全文浏览的权限、对任务文献资源元数据浏览的权限。

三、文献采集

平台的文献搜集功能主要是面向任务执行为任务或子任务的团队成员提供一个文献资源检索和下载的图形化界面。文献搜集共有三种途径：一是基于第三方文献数据库的检索接口搜集文献并导入任务的方式，二是自助向任务批量导入线下文献资源的方式，三是自动下载并导入开放获取文献资源全文的方式。

基于第三方文献数据库的检索接口搜集文献并导入任务的方式，是文献搜集操作最主要的途径。平台目前提供 ISI WoS 的检索接口和 CSCD 的检索接口（需用户单位具备接口使用权限），其中 ISI WoS 是全球最大、覆盖学科最多的综合性学术信息资源库。收录了自然科学、工程技术、生物医学等各个研究领域最具影响力的超过 8700 种核心学术期刊。利用 WoS 检索接口可以方便快速地找到有价值的科研信息资源。CSCD 创建于 1989 年，收录我国数学、物理、化学、天文学、地学、生物学、农林科学、医药卫生、工程技术和环境科学等领域出版的中英文科技核心期刊和优秀期刊千余种。目前已积累从 1989 年到现在的论文记录 4 818 977 条，引文记录 60 854 096 条，CSCD 内容丰富、结构科学、数据准确。

ISI WoS 检索接口和 CSCD 检索接口基本覆盖绝大多数对国际和国内期刊文献资源的检索需求。平台在此基础上还会根据资源建设的情况继续添加第三方文献数据库的检索接口以满足用户对文献搜集的更广泛的需求。但是，由于受到知识产权的限制，用户必须拥有 ISI WoS 和 CSCD 的使用权限（集团用户或注册用户）才能使用此文献搜集功能。基于这两个接口搜集到的文献资源信息将自动与平台资源中心和当前任务建立关联映射关系，如果是从子任务检索到的文献资源则除与子任务建立关联映射外，还将自动与父级任务建立关联映射关系。此外，如果发现检索结果中的某个文献资源已与平台资源中心建立过关联映射关系，则基于平台资源中心自动增加与当前任务的映射。

自助向任务批量导入线下文献资源的方式是对基于第三方文献数据库的检索接口搜集文献并导入任务方式的一种补充。尽管如上文介绍 ISI WoS 检索接口和 CSCD 检索接口已经可以满足绝大多数综合集成研究的文献资源检索需求且平台仍在努力扩展更多的可检索资源，但是仍然不排除会有部分文献是没有办法通过第三方文献数据库检索接口搜集到的，同时还会有用户可能本身并不具备使用这些接口的权限的问题。因此平台提供自助向任务批量导入线下文献资源的方式。用户只需要按格式要求填写平台提供的文献资源批量导入模板，就可以利用这种方式向任务导入自己拥有的线下文献。同时，这种方式也支持同步导入全文的功能，用户只需要按要求格式填写模板中的全文列，并将模板和所有全文同时导入平台，平台将自动建立文献资源描述信息与全文的关联，并建立资源与任务间的关联映射关系。

随着开放获取行动的不断推进，近些年开放获取的文献资源越来越多，其蕴含着丰富的综合集成研究价值，因此，平台还提供对开放获取文献资源全文的一键式自动下载和导入的功能。

此外，在文献搜集操作过程中，所有文献检索式、检索来源信息、检索结果信息、批量导入理由以及批量导入结果信息等都将进行记录并建立与任务的关联关系。一方面支持研究可循证的目的，另一方面所有的搜集过程信息也将整合入系统的自动报告初稿中。

四、文献筛选和补充

文献筛选是在文献搜集的基础上，进一步确定用于最终综合集成研究的文献资源集。平台支持基于元数据的筛选即文献初选和基于全文的筛选两类文献筛选操作；同时，随着综合集成研究的深入和推进，可能需要对文献资源集进行补充，平台也提供补充文献的功能。在研究人员对文献资源集进行筛选和补充的过程中平台提供文献详细信息浏览的功能，在文献详细信息页面研究人员可以了解到当前文献的所有元数据和全文，辅助研究人员的筛选决定。

基于元数据的筛选主要用于对文献搜集结果进行初选期间，此时文献资源集合中很可能充斥大量无法作为综合集成研究素材的文献资源。平台会以列表的形式很直观地为研究人员罗列文献的基本描述元数据，主要包括题名、作者、关键词、摘要，研究人员可以通过浏览文献的基本元数据信息判断文献是否应纳入最终用于综合集成研究的文献资源集合中。平台支持批量和单条两种文献资源筛选方式，研究人员可以根据自身习惯选择使用，效果是相同的。其中，批量筛选时研究人员可以纵览文献资源列表的描述元数据，并在需要剔除的文献资源前的勾选框中打钩，平台在每个列表页的底部会放置一个"剔除选中信息"的按钮，点击按钮将弹出剔除原因选择按钮，研究人员只需根据实际情况点击相应的剔除原因按钮就可将勾选的文献资源剔除出任务。

基于全文的筛选更多用于文献综合集成研究的过程中。如果研究人员在初选过程中通过文献资源的元数据描述无法判断文献资源是否适合放入最终用于综合集成研究的文献资源集合中，则可以通过查看全文得到更详细的文献信息，并以此判断是否需要将当前文献资源从用于综合集成研究的文献资源集合中剔除。剔除文献只需根据实际情况点击相应的剔除原因按钮即可。此外，在这种筛选方式中，平台支持对开放获取文献资源的自动下载功能。平台会自动判断平台中是否已经有当前文献资源的全文信息，如果没有则判断当前文献资源是否为开放获取文献。如果平台中保存有当前文献资源的全文则提供查看全文；如果平台中没有保存当前文献资源的全文，但是当前文献为开放获取资源，则提供自动下载并导入全文的功能；如果当前文献资源的全文信息既没有在平台中保存，又不是开放获取资源，则提供自助导入功能，用户可在线下或使用其他方式获取全文后导入到平台中，用于综合集成分析使用。

平台提供三类默认的文献剔除原因：主题不符、不符合当前任务规范和其他原因。同时，两个筛选功能的过程信息，即剔除了多少文献、剔除了哪些文献、每篇文献资源的剔除原因都将被记录并建立与任务的关联关系。同样在支持研究可循证目的的基础上，便于将所有的文献筛选过程信息自动整合入系统的报告初稿中。

五、内容抽取

内容抽取用于支持从文献摘要或全文中识别出构成研究综述的语义信息，并支持最终组合形成规范格式的研究综述信息。内容抽取分内容抽取格式订制和内容抽取两个子功能模块，其中内容抽取格式订制主要用于订制抽取内容的名称、类型等；内容抽取主要功能是提供一个以人工判断为主，机器参考信息为辅的交互界面。参考辅助信息包括文献的全文（如果导入了全文）和题名、作者、关键词、摘要等外部特征信息，以及人员、机构、地理位置、研究主题、仪器、产品等内部特征信息。最终在自动报告阶段，平台将整合所有内容抽取的结果，整合生成报告的原始研究综述部分。

此外，平台在提供内容抽取功能的同时，也提供基于文献内容的文献筛选功能，如果研究人员在进行内容抽取的过程中，发现当前文献的实际内容并不符合当前任务主题或研究规范等，可以在判读完内容后将当前文献剔除出任务，同时记录剔除原因，在最终报告的文献筛选部分整合。

六、数据抽取

数据抽取功能主要用于支持用户的专业定量分析的目标，提供数据信息规范化抽取工作流，包含三个步骤，分别是数据表格式及计算模型订制、可视化图谱订制及数据抽取。数据抽取功能的目的是基于用户订制的格式和模型，建立平台与研究人员之间的抽取交互界面，并在研究人员完成数据抽取任务后，根据研究人员订制的图表类型自动生成研究人员需要的数据规范表格和可视化图谱，不需要用户再进行模型计算和绘制图谱。

在数据表格式订制步骤中，需要用户根据研究主题及即将开展的定量分析目标设计对哪些数据进行抽取，以及抽取后的数据组织结构。研究人员可以根据设计好的数据组织结构在平台中订制表格结构。一个表格订制的参数包括表格编号（系统自动生成）、表格名。表格由不同的字段构成，定义一个字段的订制参数包括：字段编号（系统自动生成）、字段名、数据类型、计量单位和对字段的说明。其中最主要的是数据类型参数，目前平台支持的数据类型包括四种：①文本型，如地域名称、研究对象或主题等；②日期型，如果研究对象的数据与时间有相关关系或研究对象在时间维度上存在数值变化则需要用到日期型；③数值型，即研究对象的具体数值；④计算型。计算型是所有数据类型中比较特殊的一个类型，该类型字段也属于一个数值型字段，与第③种数据类型"数值型"不同的是主要用于实现研究人员的定量计算目标，研究人员可以根据研究的需要在该类型字段中订制算法模型，此处订制算法模型的前提是算法模型中的计算项必须已经被定义为表格中的一个数值型的字段，平台将自动根据算法模型从每行数据中提取出在算法模型中订制的计算项对应的字段中的数值信息进行自动运算，将结果反馈给用户，并将计算结果自动填充到该字段中。数值型字段和计算型字段默认支持基于对每篇任务文献标引结果的自动实时平均值计算。

在可视化图谱订制步骤中，需要用户根据研究结果展示的需要，订制结果图的展示类型。一个数据图的订制参数包括：数据图编号（系统自动生成）、数据图名、图谱类型、依托数据表、坐标轴依托字段以及数据值字段六项。目前平台支持部分二维和三维图谱的订制和自动生成，其中二维图谱包括柱状图/线图、饼图和雷达图。

三维图谱包括地图和坐标散点图。目前平台仅支持基于已订制的单表中的数据订制图谱，暂不支持多表关联的图谱订制。如果订制的是二维图谱，在设定依托表格的基础上，研究人员需要基于依托表格中订制的字段设置来支持图谱生成的研究对象的研究属性的依托字段和数据值字段。平台会基于研究对象的研究属性依托字段构建图谱的横坐标系，同时基于研究对象的研究属性数据值字段构建纵坐标系，并基于此生成订制的二维图谱。由于二维图谱中横坐标可以是枚举类型，因此支持依托表格中的任意字段作为研究对象研究属性依托字段，但是研究对象研究属性数据值依托字段则必须是一个数值型字段或计算型字段。如果订制的是三维图谱，在设定依托表格的基础上，研究人员需要基于依托表格中订制的字段设置研究对象的研究属性值的横坐标依托字段和纵坐标依托字段，如果是地图类型则横纵坐标系依托字段默认为经度和纬度。如果订制的是散点图，则研究人员必须设置纵坐标系依托字段，且字段必须是数值型或计算型，同时研究对象研究属性值依托字段，也必须是一个数值型字段或计算型字段。

在数据抽取步骤中，平台会根据用户订制的表格结构，自动在任务每篇文献的数据抽取界面中自动生成数据抽取表单。同时还提供全文以及文献的外部特征信息（包括题名、作者、关键词、摘要等）和文献中所有的数值型信息作为参考辅助信息。研究人员只需判读每篇文献中的有关部分，并将目标数据填充进数据抽取表单即可。表单的填充支持普通的录入方式，同时平台也支持划词录入方式。平台目前支持加、减、乘、除和优先级等运算符和运算关系。

此外，平台在提供数据抽取功能的同时，也提供基于文献内容的文献筛选功能，如果研究人员在进行数据抽取的过程中，发现当前文献的实际内容并不符合当前任务主题或研究规范等，可以在判读完内容后将当前文献剔除出任务，同时记录剔除原因，在最终报告的文献筛选部分进行整合。

七、可视化集成分析

可视化集成分析主要是对综合集成研究中的定量分析结果进行可视化图谱的展示，由于构成定量分析的结果包括基于文献计量的宏观态势分析和围绕综合集成研究目标的专业定量分析两部分，因此，平台的可视化集成分析也分为这两部分。

基于文献计量的宏观态势分析主要应用科学计量的方法，对任务文献描述元数据进行综合分析，得到当前任务研究主题的发展状况、学术研究热点分布以及人员、机构、主题等重要实体信息的分布及关联情况。并由此围绕任务研究主题得知该主题范围内的宏观研究情况及态势。具体到平台中的基于文献计量的宏观态势分析，包括任务内文献的发表时间分布图谱、发表期刊的分布图谱、收录类型的分布图谱、关键词云、关键词共现网络图谱、作者分布图谱、作者合作网络图谱、发文机构分布图谱和发文机构合作网络图谱。所有图谱基于任务文献筛选的结果自动实时生成，不需要人工参与，研究人员只需查看结果即可。基本覆盖可常用的文献计量学方法。所有图谱为便于查看研究，均支持缩放和还原。同时，所有图谱还支持将图形导出为 PNG 格式图像以及嵌入图像的 Word 和 PowerPoint 文档的功能，还支持将图像还原为数据表并以 Excel 格式导出，方便用户在其他场景中使用或对数据进行再加工。所有的分布图类型的图谱，默认以柱状图的形式展示，同时，支持转换为饼图、条形图的功能，研究人员可根据实际展示的需求，自行订制和转换；所有的共现关系网络，以高频节点结合相关节点的思路创建，高频节点和相关节点以不同的颜色区分。节点直径的大小表示节点代表实体的数值大小，连线粗细代表两个共现实体间的共现关联强度，同时共现关联强度越大的节点在图谱的布局上越紧密。此外，为方便查看，图谱也支持节点的拖拽。

围绕综合集成研究目标的专业定量分析，主要围绕综合集成研究目标的需要，根据研究人员订制的数据表、数据图及对每篇文献的数据标引结果自动创建用于展示结果的图谱。所有图谱为便于查看研究，均支持缩放和还原。同时，所有图谱还支持将图形导出为 PNG 格式图像以及嵌入图像的 Word 和 PowerPoint 文档的功能，还支持将图像还原为数据表并以 Excel 格式导出，方便用户在其他场景中使用或对数据进行再加工。其中订制的二维图，默认按订制的图类型进行展示，同时支持在柱状图、饼图、线图之间任意切换。在地图类图谱和散点图中标注的节点大小表示坐标表示的研究对象属性值的大小。地图类图谱基于百度地图 API 创建。

八、 自动报告与报告版本管理

平台支持将所有基于平台完成的综合集成分析过程及分析结果信息，按照规范模板进行自动集成，集成的内容包括报告标题、综合集成策略、文献获取流程、文献计量分析、原始研究综述、综合集成分析、结论与讨论、参考文献和附录（具体的集成模板将在第四章第四节中做详细介绍）。在集成和组织所有信息的基础上，平台将以 Word 格式自动生成和导出研究报告的规范初稿同时支持研究报告的在线编辑与版本管理，支持研究团队在初稿基础上进行多人多次校对和扩展完善。

自动报告功能基于一些 AI 技术及自动化处理流程实现，该功能将进一步提高整个文献综合集成研究过程操作及结果展示的规范化程度和效率，报告中的题目、综合集成研究信息、综合集成研究任务描述基于对任务的描述信息自动组织整合；综合集成策略描述和文献获取流程部分基于对文献搜集的过程信息和结果信息进行组织整合；文献计量分析结果基于对搜集到的任务文献集合，通过自动化及可视化分析和解读得到；原始研究综述基于对内容提取和标引的结果进行整合得到；综合集成分析基于对数据抽取和标引的结果进行整合得到；结论与讨论为定性分析，由平台提供定性分析界面，用户可基于平台提供的表单自动填写编辑；参考文献和附录则由平台根据任务文献搜集的情况、内容提取中标引的任务文献以及数据抽取中标引的任务文献情况自动整合得到。

第三节　　　　　　　　系统工作流程

文献综合集成的核心是研究集成，通过分析原始研究中的数据和结论，产生新的知识或解释。本平台主要基于系统综述模式的特点及流程组织业务工作流和数据流进行分析，系统综述是一种严谨的综合集成模式，能在较大程度上实现集成过程的无偏性和可重复性，被视为循证实践的顶层证据。系统综述与传统文献综述的区别主要体现在正式地计划和系统地执行。计划是对系统综述整个过程方法的正式预定义，系统执行体现于严格按照计划执行，以达到研究过程的无偏性和可追溯性。科克伦协作网认为系统综述的特点集中体现于：具备一套明确规定的目标和预先确定的研究选择标准；综合集成过程采用明确和可重复的方法；提供系统性搜索功能，以获取所有可能符合标准的研究；可以评估纳入的原始研究结果的有效性；支持对纳入的原始研究的特点和结果进行系统性展示、综合。

系统综述模式由于其过程的可靠性、严谨性和可追溯性而广受学者青睐，在循证研究中尤为如此。自其提出以来，多个研究者和机构结合各自的学科或研究领域，相继研究并出版了系统综述的研究指南，如医疗保健领域、软件工程领域、社会科学领域、环保领域等。本平台在前期对上述系统综述指南进行深入调查和研究的基础上，以这些指南为依据对综合集成研究过程进行归纳和分析。总体将综合集成研究的业务工作流程划分为任务计划提出、任务计划执行和可视化集成分析与自动报告三个阶段。

一、任务计划提出

在开始一个系统综述研究之前，首先应该确定研究的需求。KSS 平台支持多团队协同推进一个综合集成研究任务，基于这一特点，就需要首先为各团队明确综述问题（review question）和制定综述协议（review protocol，即研究计划）。各团队可在任务执行的开始和过程中，明确具体问题并依照协议推进任务。

在本平台中计划提出的任务包括提出研究目标（任务描述）和研究问题，以及制定综述协议，综述协议包括任务/子任务的研究主题（任务名称）、所属学科分类[本平台已预先设置了学位授予和人才培养学科目录、SCI 学科分类、EI 学科分类、《学科分类与代码》（GB/T 13745—2009）以及以资源环境科学学科分类为应用场景的多个分类体系，其中资源环境科学学科分类主要是为满足研究团队的集成研究工作需要，自主设计、归纳的一套专用于资源环境领域的学科分类体系]、关键词、任务时间、团队及任务/子任务的检索策略，具体如图 4.3 所示。这些信息均在任务创建或任务管理的业务流程中执行，如果在研究过程中发现问题需要修改，可由任务管理员通过任务编辑功能及界面进行调整。

研究单元/专题管理

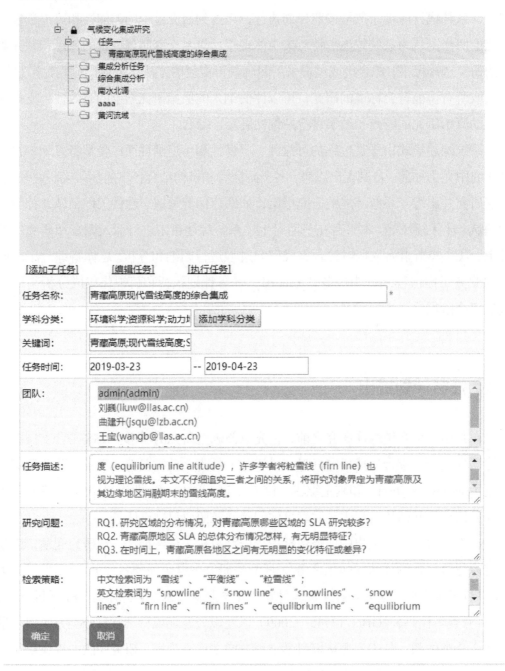

图 4.3　任务管理界面及计划提出表单

（一）任务创建

在 KSS 平台中，只有任务管理员具备创建任务/子任务的权限，任务管理员首先需要登录平台，平台判断如果当前用户具有任务管理员权限，则在当前用户个人工作间的任务管理列表中为用户提供创建任务工作项，如图4.4所示。

图 4.4 任务管理员任务管理列表

点击创建任务工作项，系统将提供一个任务创建表单，如图4.3所示，任务管理员可根据实际情况填写任务的研究主题（任务名称）、任务负责人、所属学科分类、关键词、任务时间等信息，其中任务名称为必填项，任务负责人为创建任务的用户，该项不能修改，其他信息如果暂时还不明确，可在任务执行过程中随时补充、调整和优化。所有关于任务的综述问题信息和综述协议信息均将整合进最终的报告中。完整填写任务创建表单将会使最终自动生成的报告相应部分的内容更加完整、充实。填写完任务创建信息后点击提交按钮，系统将进入团队创建阶段。

团队创建的要求和逻辑如第四章第二节"团队管理"部分的相关描述，为便于任务管理员操作，KSS平台将提供一个标准的团队导入模板，模板的信息包括团队成员的邮箱、姓名、单位、部门、职称、研究领域和可被推荐，其中只有邮箱一项是必填项，如图4.5所示，如果用户信息需要完善，后期可通过编辑个人信息的方式由团队成员本人自行完善。团队成员的邮箱同时也是其登录KSS平台执行任务的账户；研究领域最好依照平台预置提供的某个学科分类体系填写，可以填写任意层级的某个分类名，涉及多个分类体系可使用英文分号进行分割；关于可被推荐，是填写Y，否填写F，默认模板中可被推荐均为F，即不会自动被推荐，团队成员的单位、部门、职称、研究领域信息共同构成团队成员画像的基础以及向其他任务推荐成员的判断依据，当其他的任务需要平台推荐团队成员时，平台将依据预置的一套推荐算法判断哪些用户适合被推荐为任务成员。

	A	B	C	D	E	F	G
1	email	姓名	单位	部门	职称	研究领域	可被推荐
2	liuw@llas.a	刘巍	兰州文献情	资源系统组	副研究馆员	知识管理系	F
3	zhangs@lla	张三					F
4	lis@llas.ac.cn						F

图 4.5 模板信息

模板填写后可在团队创建界面中批量导入团队用户并完成团队创建。团队创建的流程为，将填写好的团队模板文件上传到 KSS 平台并点击确认提交按钮，KSS 平台根据团队模板的格式化内容，提取相应的信息，并将团队成员信息注册进平台并构建团队用户组，同时将注册的用户放入团队用户组中。如果发现某团队成员的邮箱已经注册过，则跳过注册流程，直接将对应的用户放入团队用户组中。导入完成后，KSS 平台会向任务管理员反馈导入结果报告，报告内容包括：模板文件的信息，成功导入用户的具体信息（用户姓名及使用邮箱），导入失败用户的信息及导入失败的可能原因，最后提供导入成功和导入失败的具体数量，如图 4.6 所示。

| 批量添加成员 | 手动添加成员 |

上传团队文件：　选择文件　没有选择文件

确认提交

序	EMAIL	姓名	单位	部门
1	admin	admin		
2	zhangs@llas.ac.cn	张三		
3	lls@llas.ac.cn	lls		
4	wangw@llas.ac.cn	王五		

团队创建结果

导入概要：

本地上传文件名称：cgrTeam - 副本 (2).xls
导入文件名称：D:\cgr\upload\cgrTeam - 副本 (2).xls
导入文件大小：27136

导入成功：[张三]Email地址：zhangs@llas.ac.cn
导入成功：[李四]Email地址：lls@llas.ac.cn
导入成功：[王五]Email地址：wangw@llas.ac.cn

导入成功：3

图 4.6　团队创建

至此，完成任务创建工作。此时，打开任务管理界面，将看到刚创建的任务已经列入任务管理列表中，作为属性目录的一级目录显示。

（二）任务管理

在任务管理界面，任务和子任务按树形列表的形式展示，如图 4.7 中所示。KSS 平台为任务管理员提供为任务添加子任务的权限，以及编辑任务详细信息的权限和执行/查看任务的权限；一般团队成员不具备管理一级任务的任何权限，但是可以为自己所属的子任务继续添加子任务，同时也可以编辑自己所属的子任务及自己添加的子任务的详细信息，以及执行自己所属的子任务的权限。

添加子任务，首先选中任务列表中要添加子任务的任务，然后点击任务列表下方的添加子任务按钮，界面将自动生成子任务添加表单，结构如图 4.3 的下半部分，用户根据实际情况填写即可，子任务信息同样可以随着任务的执行和推进随时进行完善、调整和优化。子任务添加表单中的团队一项，默认列出了上一级任务的团队成员，子任务创建人可以根据需要，在上一级任务团队成员中选择执行当前任务的人员。需要注意的是，为了保证执行任务时不出现权限混乱，目前 KSS 平台不支持将非父级任务团队的成员纳入子任务团队的操作。

任务/子任务编辑同样需要首先选中任务列表中要进行编辑的任务，然后点击任务编辑按钮，任务列表的下方将自动生成如图 4.3 下半部分所示的表单，表单中默认填充目前已填写的任务信息。任务管理员或对子任务有编辑权限的团队成员，可根据实际情况完善、调整和优化任务或子任务信息。

（三）团队管理

在 KSS 平台中，只有任务/子任务创建人具备对相应任务/子任务团队的管理权限，点击团队管理工作项，KSS 平台主界面将展示当前用户具有团队管理权限的任务团队列表，如图 4.7 所示。

项目/子项目名称		操作
任务一		✎
任务一_青藏高原现代雪线高度的综合集成		✎
集成分析任务		✎
综合集成分析		✎
南水北调		✎
黄河流域		✎
aaaa		✎
test		✎
test1		✎
Administrator		✎

图 4.7　任务/子任务团队管理界面

点击要编辑的任务/子任务团队后的笔形按钮，KSS 主平台显示当前团队的详细信息，包括所属任务名称即项目名称、项目成员列表以及相关的操作按钮，如图 4.8

所示。团队成员列表支持查询和排序,如果需要添加团队成员,点击选择用户按钮,平台将弹出当前任务的父级任务团队成员列表,当前团队创建人只需要在需要添加的团队成员前进行勾选操作并点击列表底部的确定按钮即可将选中的团队成员加入到当前团队列表中,再点击当前任务团队列表下的更新用户组按钮,完成团队成员的添加,如图 4.9 所示。如果需要删除当前团队的某位成员,只需要选中当前团队列表中的成员,点击删除选定用户按钮,即可将选定的团队成员从当前任务团队列表中移除,再点击当前任务团队列表下的更新用户组按钮,完成指定团队成员的删除。需要明确的是,删除团队成员不会删除该团队成员已经执行的任务记录。

图 4.8　团队详细信息

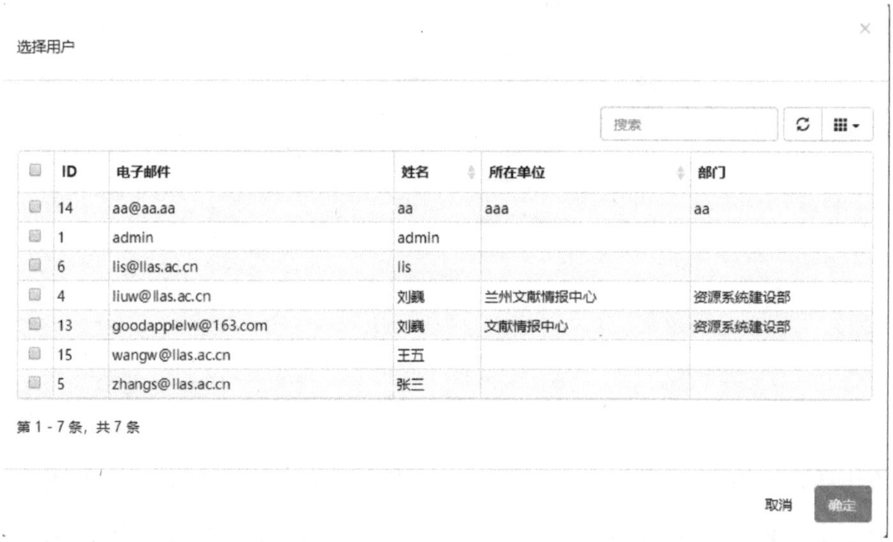

图 4.9　选择添加团队成员

二、任务计划执行

任务创建完成之后，即进入系统综合集成研究的执行阶段。在该执行过程中要严格遵守综述协议，必要时可对协议进行调整，这些调整及调整的原因、对结果的影响将在最后的报告中说明。执行阶段的任务包括文献采集、知识提取两个步骤。其中文献采集包括文献搜集、人工搜集、文献初选、补充文献和全文筛选五个流程；知识提取步骤包括内容格式订制、内容提取、数据格式订制和数据提取四个流程。KSS 平台均提供针对各阶段任务的执行选项，如图 4.10 所示。

图 4.10　计划执行操作项

（一）文献搜集

文献搜集主要是帮助研究人员尽可能全面地搜集与研究问题相关的原始研究，在制定检索策略时可咨询图书馆员和领域专家。检索词可从确定的研究问题中获取，试验多种字符串的组合检索。执行该操作的团队成员可在如图 4.11 所示的检索表单中录入与研究相关的参数和检索式。

文献搜集的参数包括希望纳入研究的发表时间范围，目前支持精确到年；以及希望从哪些来源执行检索，目前 KSS 平台支持 ISI WoS 检索接口和 CSCD 两个检索来源；检索式的构造与 ISI WoS 高级检索式构造方式完全一致，包括字段标识、布尔运算符、括号等，其中支持的字段包括 TS=主题、TI=标题、AU=作者、AI=作者识别号、GP=团体作者、ED=编者、SO=出版物名称、DO=DOI、AD=地址、SU=研究方向、IS=ISSN/ISBN；支持的布尔运算符包括 AND、OR、NOT、SAME、NEAR；一个检索式构造的示例如 TS=（nanotub* AND carbon）NOT AU=Smalley RE。更具体的检索式构造方法请参考 ISI WoS 高级检索提供的检索式构造方法。所有检索式

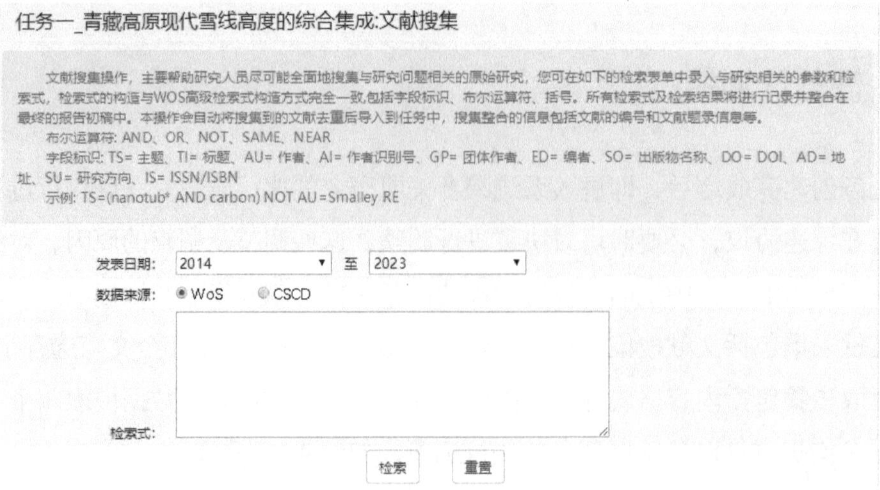

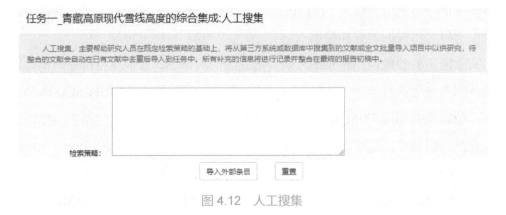

图 4.11　文献搜集界面

及检索结果将自动进行记录并整合在最终的报告初稿中。同时，本操作会自动将搜集到的文献去重后导入到任务中进行整合，搜集整合的信息包括文献的编号和文献题录信息等。

（二）人工搜集

人工搜集主要用于当研究人员所在环境无法调用 ISI WoS 检索接口和 CSCD 两个检索接口时，只能通过其他途径获取原始研究文献并将搜集到的原始研究文献导入任务的情况。为保证文献搜集过程的可循证、可检验，补充文献首先需要录入导入理由，如图 4.12 所示。

图 4.12　人工搜集

填写导入理由后，点击导入外部条目按钮，进入批量导入外部原始研究文献的工作流程，如图 4.13 所示。批量导入外部原始研究文献的工作流程共分三步，包括上传模板及全文、数据格式检查和执行导入。

图 4.13　批量导入外部原始研究文献

　　批量导入外部原始研究文献目前只支持 Excel 模板，但是支持研究人员自定义该 Excel 模板，这样做的好处是如果第三方数据库支持将搜集到的文献结果导出为 Excel 文件，则可直接在本平台中使用，省去人工处理 Excel 格式的问题。具体操作步骤为，如果有与导入模板中所列文献相关的全文需要导入，则首先在准备好的模板中增加全文列，并将全文的完整文件名包括后缀名，填入模板中。点击如图 4.13 所示界面中的上传按钮，然后选择准备好的批量导入原始研究文献模板以及全文，多个文件可借助 Ctrl 键多选确定。完成后可以看到所有文件的文件名进入如图 4.14 所示界面的文件列表框中，下一步则是进入数据格式检查步骤。

　　在数据格式检查界面中，KSS 平台会在系统中还原批量导入的模板，并在模板信息的上方根据模板的格式和结构提供一个对照行，对照行的每一列都会给出一个系统中预定义的文献的所有描述元数据的下拉列表，同时系统会自动与模板第一行的每列信息进行相似度匹配，可以匹配到的系统将会自动将下拉列表中选中的字段设置为匹配的字段，没有匹配到的字段，系统将下拉列表选中字段设置为请选择状态，如图 4.14 所示。

图 4.14　数据格式检查

　　研究人员只需要处理标记为请选择的字段即可，如果暂时找不到对应的描述字段可以先将匹配字段设置为跳过状态，如果该描述元数据对于分析比较重要可联系系统管理员添加。完成字段匹配后，在批量导入文献模板下方填写检查元数据格式的参数，即起始行号，然后点击检查元数据格式，系统将自动从设置的起始行号开始对模板中的所有元数据格式进行检查，并将向研究人员反馈如图 4.15 所示的元数据格式检查结果。对于模板中不同的错误类型，系统将在出错的元数据格中用相应的色块进行标注，以方便研究人员快速定位有错误格式的元数据信息，并了解错误的原因，辅助研究人员快速完善模板内容的填充。如果模板中的信息格式均正确则将在检查结果部分显示通过字样。当看到检查结果为通过时，则可以点击下一步按钮，进入执行导入步骤。

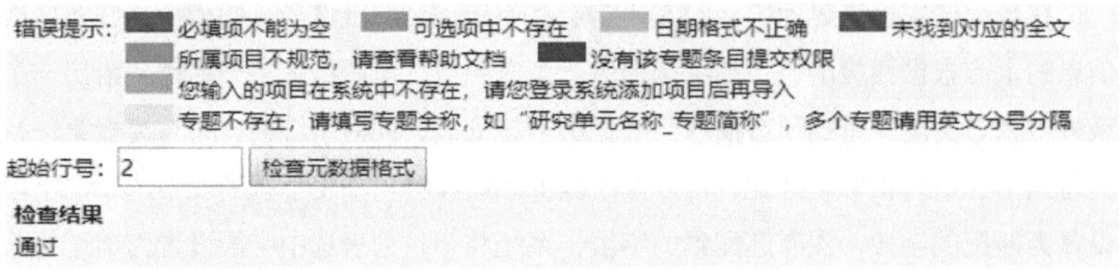

错误提示：■ 必填项不能为空　■ 可选项中不存在　■ 日期格式不正确　■ 未找到对应的全文
　　　　　■ 所属项目不规范，请查看帮助文档　■ 没有该专题条目提交权限
　　　　　■ 您输入的项目在系统中不存在，请您登录系统添加项目后再导入
　　　　　　专题不存在，请填写专题全称，如"研究单元名称_专题简称"，多个专题请用英文分号分隔

起始行号：2　　　检查元数据格式

检查结果
通过

图 4.15　元数据格式检查结果

在执行导入步骤中，KSS 平台会提供一个查重表单，如图 4.16 所示。查重表单中的内容包括是否要对文献查重，如果选择"否"则直接点击导入按钮，系统将自动完成模板中所列原始研究文献的导入和标引。如果选择"是"，则进一步选择查重方案，平台支持基于任意描述元数据字段及组合执行查重，默认按照题名进行查重，研究人员可以根据实际情况自行勾选完成查重方案的订制。完成查重方案订制后，需要选择重复信息的处理方案。KSS 提供的处理方案包括：跳过即如果重复则不做任何操作；增量更新即对比当前模板中的元数据信息和已保存的元数据信息，如果模板中存在系统中未保存的元数据信息则只将模板中的该元数据信息加入系统中该文献的描述元数据中；整体覆盖即一旦发现系统中保存有与模板中相同的文献信息，则直接将模板中的元数据信息覆盖系统中该文献的描述元数据。如果导入的模板中存在全文则需要选择，当遇到重复信息时是否需要覆盖原有的全文映射关系。订制完查重表单后，点击导入按钮，系统将自动完成模板中所列原始研究文献的导入和标引，同时，也将按照执行导入人员订制的查重方案处理重复的信息。导入过程 KSS 平台会提供一个进度条，当进度条达到 100% 后表示导入流程结束，同时将向执行导入人员提供导入结果报告，包括成功导入条数、重复条数以及失败条数和失败的原因。

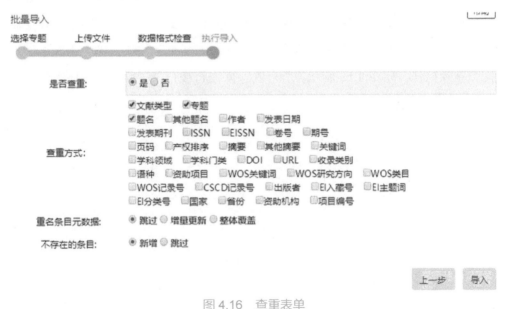

图 4.16　查重表单

（三）文献初选

文献初选，主要在文献搜集结果的基础上，帮助研究人员通过题名、作者、关键词、摘要等描述元数据信息初步剔除与研究主题相关度较弱的原始研究文献。在这一步中 KSS 平台会提供一个原始研究文献列表，如图 4.17 所示。列表中包含每条原始研究文献的题名、作者、关键词和摘要信息，研究人员可以通过这些信息判断目标文献是否需要被剔除。

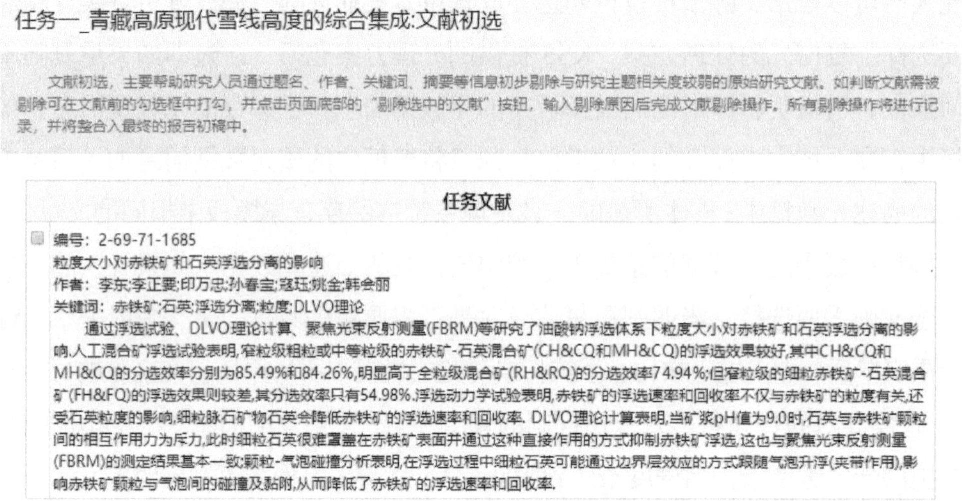

图 4.17　文献初选原始研究文献列表

如果研究人员能够根据文献描述元数据判断目标文献需要被剔除则可在文献前的勾选框中打钩，并点击页面底部的"剔除选中的文献"按钮，输入剔除原因后完成文献剔除操作，如图 4.18 所示。所有剔除操作将被记录，所有剔除原因将被合并且整合进最终的报告初稿中。

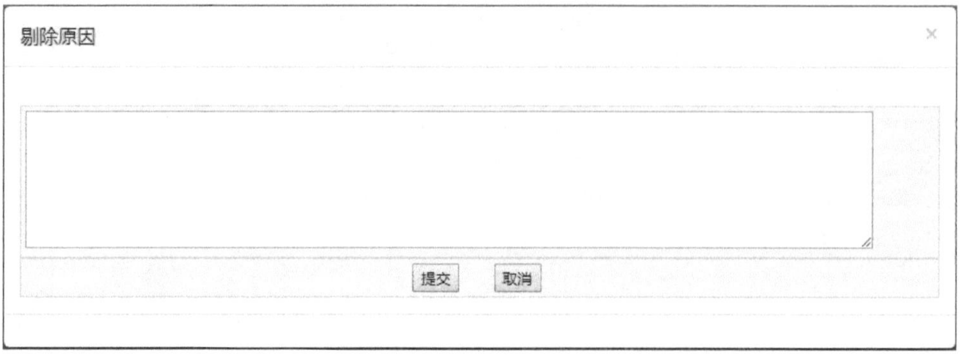

图 4.18　文献初选剔除文献

（四）补充文献

补充文献主要用于当研究人员在研究过程中，需要调整文献集或根据研究需求需要向文献集中补充文献时，将需要补充的文献导入原始研究文献集合中。为保证文献搜集过程的可循证、可检验，补充文献首先需要录入补充理由，具体操作过程与人工搜集操作过程相同。

（五）全文筛选

根据综合集成研究的标准流程，原始文献全文筛选阶段一般分为两步：第一步是根据研究的题目和摘要，去除与主题不相关的研究，对应 KSS 平台的文献初选；第二步是下载初步筛选之后的文献全文，通过全文阅读进一步去除不符合纳入标准（或符合若干排除标准）的研究文献。在 KSS 平台中，全文筛选与文献初选类似，首先向研究人员提供一个如图 4.19 所示的全文筛选文献列表。如果该列表中已经包含全文的信息平台会提供查看全文按钮；未包含全文，但平台探测到文献是开放获取的，则提供全文下载按钮；未包含全文，且非开放获取的文献，平台提供上传文献按钮。通过这些按钮可以帮助研究人员根据文献的不同情况，采取全文补全的方式和方法，并通过浏览全文信息剔除与研究主题相关度较弱的文献。与文献初选列表不同，全文筛选会在每篇原始研究文献下提供一个剔除文献原因的按钮组，包括因主题不符删除、因不符合本次任务规范删除、因其他原因删除。研究人员可根据实际情况点击相应的原因按钮，一键完成文献剔除操作。所有剔除操作将被记录与合并，并被整合入最终的报告初稿中。

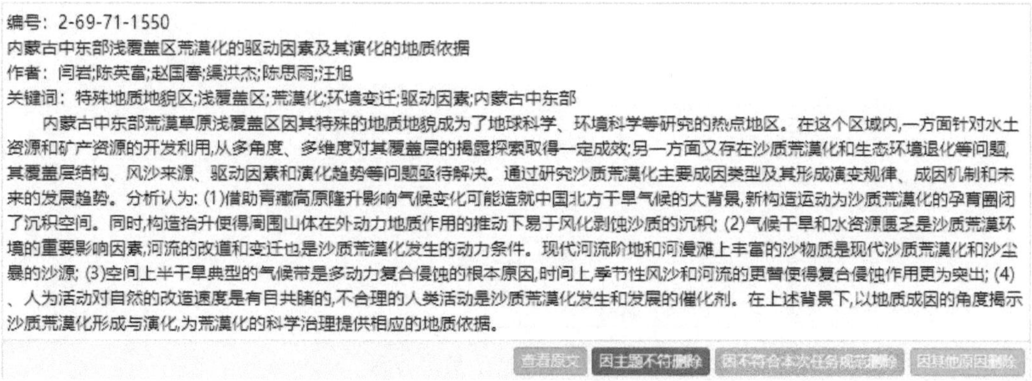

图 4.19　全文筛选文献列表

以上操作流程，严格按照综合集成研究的标准文献搜集流程提供操作接口和功能。以下为知识提取步骤。

（六）内容格式订制

内容格式订制主要用于设计详细的数据抽取表格，包括抽取的数据名称（即字段名）、数据类型以及相关的说明。点击如图 4.20 所示界面中的加号按钮，平台将弹出一个创建字段表单。

	字段名	数据类型	计量单位	前置引导词	✛
1	研究区域	TEXT		面向	⊗
2	经度	TEXT			⊗
3	纬度	TEXT			⊗
4	研究时间	TEXT		在	⊗
5	对象信息	TEXTAREA		研究	⊗
6	研究方法	TEXTAREA		使用	⊗
7	方法评价	TEXTAREA		该方法	⊗
8	研究结论	TEXTAREA		因此	⊗
9	不确定性描述	TEXTAREA		该方法	⊗

图 4.20　数据抽取表格

如图 4.21 所示，创建字段表单包括字段编号（系统自动生成，不支持修改）、字段名、信息类型、计量单位和前置引导词等属性。前置引导词主要用于自动报告阶段，在生成原始研究综述时，串联各内容抽取字段的信息时使用。

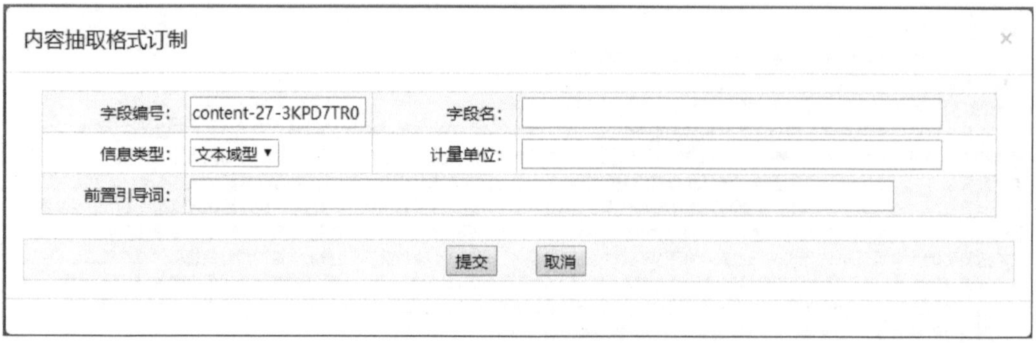

图 4.21　创建字段表单

（七）内容提取

内容提取主要用于整合构成原始研究综述，在 KSS 平台中，内容提取功能可以辅助研究人员基于全文或文章摘要等完成对原始研究文献中综述元素的结构化提取。在 **KSS** 平台中内容提取的工作流程为，首先平台向研究人员提供一个与图 4.19 相似的文献列表，该文献列表罗列的是经过文献搜集、人工搜集、文献初选、补充文献和全文筛选后的任务原始研究文献集合。与图 4.19 所示文献列表不同的是，在该文献列表中不再提供全文补全的按钮组和功能，取而代之的是内容提取按钮。由于综合集成研究流程要求对文献的筛选是一个多次反复和优化的过程，所以，在内容提取文献列表中同样提供文献剔除按钮组，剔除原因的设置与全文筛选文献列表一致。

点击目标文献下的内容提取按钮，平台将打开内容提取操作界面。如图 4.22 所示，内容提取操作界面由三部分组成，界面的右侧为原始研究文献集列表，添加蓝色背景的为已完成提取的文献，白色背景的为还未进行提取的文献。界面的左上半部分为全文和辅助提取信息界面，全文和辅助提取信息可用不同的标签页切换。界面的左下部分为内容提取表单，依据内容格式订制的结果自动生成。

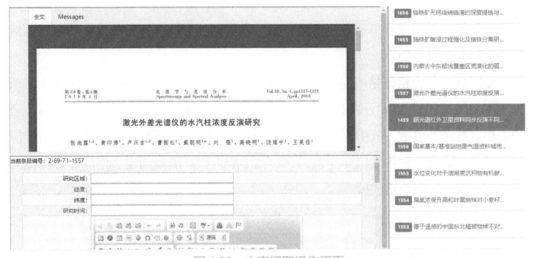

图 4.22　内容提取操作界面

在全文和辅助抽取信息界面中，全文标签页可看到原始研究文献的 PDF 全文，如没有全文则显示文献的描述元数据信息，如题名、作者、关键词、摘要等；辅助提取信息显示从文献的全文或摘要中自动识别的人名、地域、机构、仪器、产品等重要实体信息及原始研究文献中的图表信息，并分类添加底色显示，研究人员可通过划词的方式快速添加进表单，如图 4.23 所示。

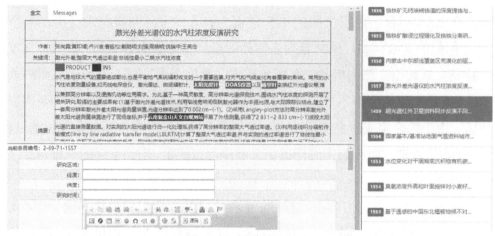

图 4.23　辅助抽取信息

所有提取到的表单中的信息，将被整合为一段关于原始研究综述的文字，并自动整合进最终的报告中。

（八）数据格式订制

数据格式订制主要用于专业定量分析，为数据抽取做准备。数据格式订制包括表格订制和图谱订制。

KSS 平台的表格订制流程包括创建表格及表格设计两部分，点击如图 4.24 所示界面中表格订制前的加号按钮，平台将弹出一个创建表格表单，表单包括表格编号和表格名称两个参数，其中表格编号由系统自动生成，不能修改。表格名称由表格设计者填写，且在创建表格操作中，该参数不能为空。填写创建表格后，点击提交按钮将生成一个空表格模板。

	字段名	数据类型	计量单位	说明	
1	文献编号	TEXT		文献标识	✕
2	研究区域	TEXT		SLA 研究区域	✕
3	纬度（N）	NUMBER		十进制表示法	✕
4	经度（E）	NUMBER		十进制表示法	✕
5	SLA 下限	NUMBER	m	研究区域某个时间段内的雪线最低值	✕
6	SLA 上限	NUMBER	m	研究区域某个时间段内的雪线最高值	✕
7	SLA 均值	NUMBER	m	研究区域的某年 SLA 确定值或某个时间段的 SLA 平均值	✕
8	起始时间	DATE		某 SLA 值（或高度范围）对应的起始年份	✕
9	截止时间	DATE		某 SLA 值（或高度范围）对应的截止年份	✕
10	计算结果	COUNT		(SLA 下限+SLA 上限)*SLA 均值	✕

图 4.24　表格订制

创建表格第二步是设置表格字段，一个表格字段由字段编号、字段名、数据类型、计量单位、说明等信息组成。点击表格中加号按钮，平台将弹出字段订制表单，如图 4.25 所示。从字段订制表单中可以看出，字段编号为系统生成，不支持修改；字段名、数据类型均为必填项。在 KSS 平台中字段的数据类型支持文本型、日期型、数值型和计算型 4 种类型。如果设置字段类型为数值型或计算型，则为了保证分析数据的计量单位统一，推荐尽可能根据实际情况完善字段计量单位信息。完整填写字段订制表单后，点击提交按钮，平台将为当前表格自动生成一个字段。

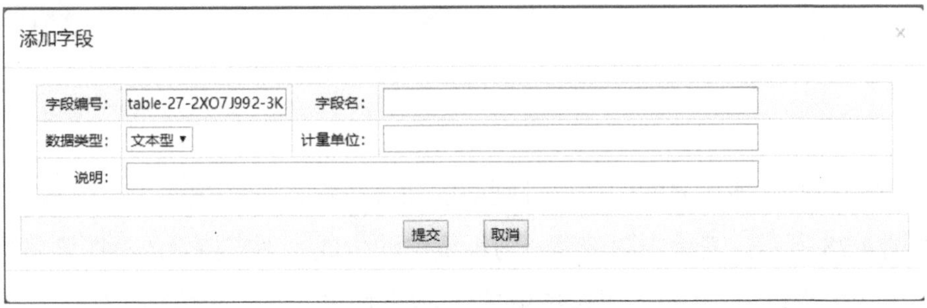

图 4.25　字段订制表单

计算型字段相较于其他三种类型比较特殊，该类型字段主要用于支持研究人员订制计算模型，平台将根据计算模型自动提供计算结果。如图 4.26 所示，目前 KSS 支持加减乘除运算符及优先级运算符。当选择当前编辑的字段类型为计算型时，字段订制表单将自动增加支持模型订制的计算项、运算符和公式参数，其中计算项必须是所有已添加进当前表格的数值型字段，表格设计者可根据实际需要，在公式参数中点击计算项和运算符按钮构建计算模型。完整填写添加字段表单后，点击"提交"按钮，平台将为当前表格自动生成一个计算型字段。

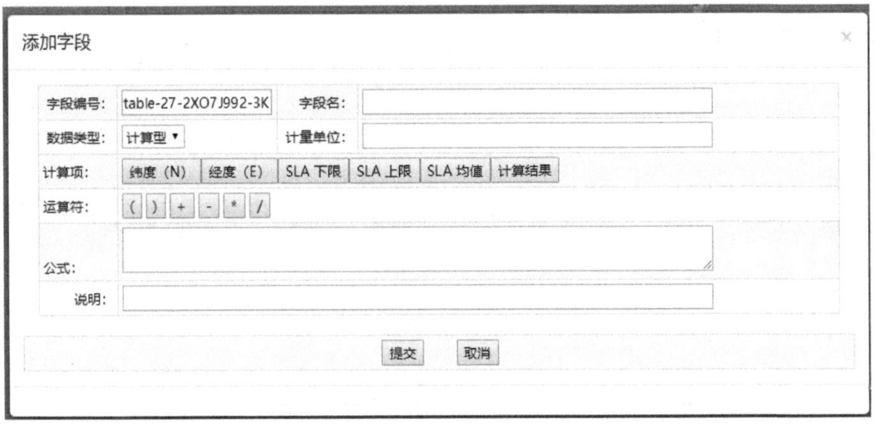

图 4.26　计算型字段订制

KSS 平台支持表格及表字段的删除，但是前提是目标表格中还没有填入数据，如果已利用目标表格进行了数据抽取，需要先将已抽取的数据清空，再执行删除字段或删除表格的操作。

图谱订制功能，支持创建和删除图谱。一个图谱由图谱编号、图谱名称、类型、依托表格、图谱参数（即所依托字段信息）等构成，如图 4.27 所示。

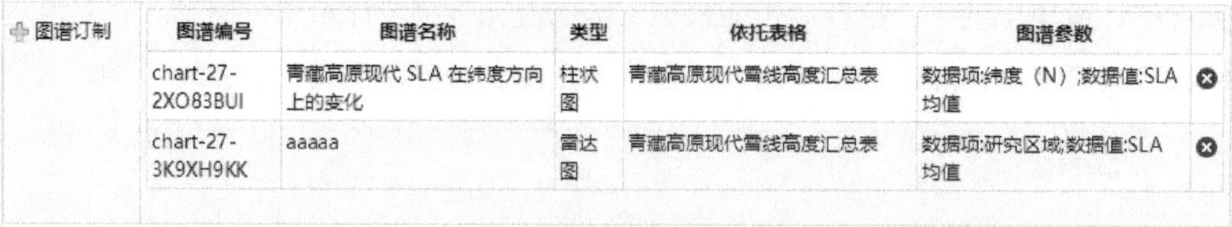

➕图谱订制	图谱编号	图谱名称	类型	依托表格	图谱参数	
	chart-27-2XO83BUI	青藏高原现代 SLA 在纬度方向上的变化	柱状图	青藏高原现代雪线高度汇总表	数据项:纬度（N）;数据值:SLA均值	✕
	chart-27-3K9XH9KK	aaaaa	雷达图	青藏高原现代雪线高度汇总表	数据项:研究区域;数据值:SLA均值	✕

图 4.27　图谱订制

点击如图 4.27 所示界面中图谱订制前的加号按钮，平台将弹出一个图谱订制表单，如图 4.28 所示。表单中图谱编号为系统自动生成，不支持修改；图谱名称为必填项；依托表格也为必填项。图谱中的所有数据均来自某一个表格，KSS 平台目前不支持多表联合构图操作。目前 KSS 平台支持的图谱类型包括柱状图/线图、饼图、雷达图、地图以及坐标系散点图，其中柱状图/线图、饼图、雷达图为二维图，选择这三类图谱时，表单需要选择数据项字段作为结果图的横轴数据来源，依托表格中的所有字段都是数据项字段的可选值。同时，还需要选出数据值字段，数据值字段描述数据项字段的定量分析数值。地图类型图谱的参数设置，包括选择要研究的数据项的依托字段、分别表示经纬度的字段以及数据值字段。坐标系散点图的参数设置，包括横轴依托字段、纵轴依托字段以及数据值字段。图谱设置人员可以根据实际需要完成图谱创建表单中所有参数的填充，并点击提交按钮，系统将自动根据参数生成一个分析图模型。

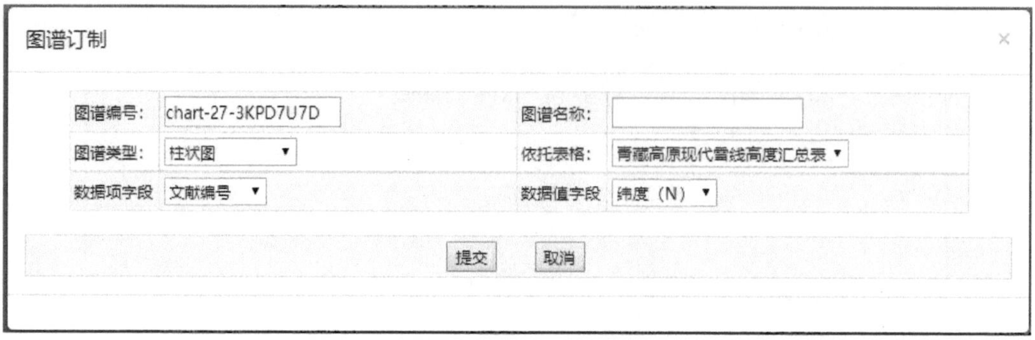

图谱订制　　　　　　　　　　　　　　　　　　　　　　×

图谱编号:	chart-27-3KPD7U7D	图谱名称:	
图谱类型:	柱状图 ▼	依托表格:	青藏高原现代雪线高度汇总表 ▼
数据项字段:	文献编号 ▼	数据值字段:	纬度（N）▼

提交　　取消

图 4.28　图谱订制表单

（九）数据抽取

数据抽取步骤的任务是按照协议中设计和订制的数据提取表格（参照数据格式订制操作），从原始研究文献中，提取所有可用于分析的数据。当原始研究中没有提供所需数据时，应联系作者获取，无法获取时以缺失值处理。

在 KSS 平台中数据抽取的工作流程与内容提取类似，首先平台向研究人员提供一个与图 4.19 相似的文献列表，该文献列表罗列的是经过文献搜集、人工搜集、文献初选、补充文献和全文筛选后的任务原始研究文献集合。与图 4.19 所示文献列表不同的是，在该文献列表中不再提供全文补全的按钮组和功能，取而代之的是数据抽取按钮。由于综合集成研究流程要求对文献的筛选是一个多次反复和优化的过程，所以，在数据抽取文献列表中同样提供文献剔除按钮组，剔除原因的设置与全文筛选文献列表一致。

点击目标文献下的数据抽取按钮，平台将打开数据抽取操作界面。如图 4.29 所示，与内容提取界面构成相似，数据抽取操作界面也由三部分组成，界面的右侧为原始研究文献集列表，添加蓝色背景的为已完成提取的文献，白色背景的为还未进行提取的文献。界面的左上半部分为全文和辅助提取信息界面，全文和辅助提取信息可用不同的标签页切换。界面的左下部分为数据提取表单，依据数据格式订制的结果自动生成。

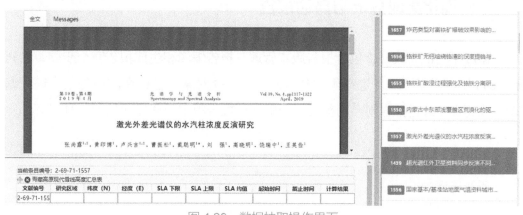

图 4.29　数据抽取操作界面

在全文和辅助提取信息界面中，全文标签页可看到原始研究文献的 PDF 全文，如没有全文则显示文献的描述元数据信息，如题名、作者、关键词、摘要等；辅助提取信息显示从文献的全文或摘要中自动识别的数值型信息及单位信息，如图 4.30

所示。

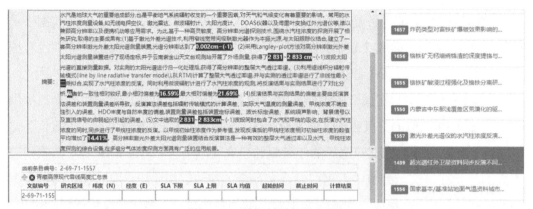

图 4.30　数据辅助提取界面

执行数据抽取操作时，点击相应表格名前的加号按钮，系统将自动在表单中增加一个数据抽取行，KSS 平台在数据抽取时，支持划词填充的操作。同时，数据表中的计算型字段支持基于已填写的计算项依托字段自动计算和填充。

数据抽取的结果用于支持自动生成定量专业分析图表，分析的结果也将整合进最终的报告，构成专业分析重要的循证研究依据。

三、可视化集成分析与自动报告

KSS 平台的集成分析包含报告版本管理、报告编辑和生成报告三个步骤，当利用 KSS 平台对某一任务进行集成分析时，先选择对某个已存在的报告版本进行编辑，如还未生成过报告则自动新建一个版本。报告版本管理界面如图 4.31 所示。

任务文献		
doc-2-69-71-0	Edition0	继续编辑
doc-2-69-71-1	Edition1	继续编辑
doc-2-69-71-2	Edition2	继续编辑

图 4.31　报告版本管理界面

当选择某一个报告版本后，进入报告编辑界面。报告编辑界面依据自动报告模板自动生成，并自动集成在前述流程中已经存在的综合集成研究信息，具体包括以下几方面。

（一）任务基本信息

任务基本信息包括任务（报告）名称、学科分类、关键词、任务时间、团队、任务描述、研究问题等，如图 4.32 所示。

任务一_青藏高原现代雪线高度的综合集成—集成分析

青藏高原现代雪线高度的综合集成

学科分类：环境科学;资源科学;动力地质学;地层学（历史地质学）0

关键词：青藏高原;现代雪线高度;SLA

任务时间：2019-03-23　-　2019-04-23

团队：admin; 刘巍

任务描述：本文所研究的雪线类型为理论雪线（或气候雪线）。在冰川学中，理论雪线是指冬季积雪到冰川消融期末存在的下限高度，可近似为平衡线高度（equilibrium line altitude），许多学者将粒雪线（firnline）也视为理论雪线。本

研究问题：RQ1.研究区域的分布情况，对青藏高原哪些区域的 SLA 研究较多？
RQ2.青藏高原地区 SLA 的总体分布情况怎样，有无明显特征？
RQ3.在时间上，青藏高原各地区之间有无明显的变化特征或差异？

图 4.32　任务基本信息

该部分信息集成自任务创建时填写的信息，研究人员可在此界面对文字描述进行最后的补充和完善。

（二）综合集成策略

综合集成策略（图 4.33）包含以下几方面：①文献搜集方法、文献筛选标准、质量评估标准，这些信息来自创建任务时填写的信息，研究人员可在此界面对文字描述进行最后的补充和完善；②数据抽取表格来源于研究人员在内容和数据抽取时订制的内容和数据抽取表格信息，此界面无法修改该信息；③综合分析方法，此为定性描述，研究人员可在此界面编辑完善。

（三）文献获取流程

文献获取流程（图 4.34）主要通过综合集成研究过程，多次进行文献搜集、人工搜集、文献初选、补充文献、全文筛选操作，将操作过程中记录的信息，通过分

1 综合集成策略

1.1 文献搜集方法

中文检索词为"雪线"、"平衡线"、"粒雪线";
英文检索词为"snowline"、"snow line"、"snowlines"、"snow lines"、"firn line"、"firn lines"、"equilibrium line"、"equilibrium

电子检索方法/文献补充方法

1.2 文献筛选标准

按照文献搜集方法中制订的检索策略分别从WOS、CSCD等综合或专业文献数据库中获取相关研究文献。并根据作者、题名和出版时间等自动去重,并在人工检索和数据抽取阶段根据需要补充文献或依据是否与主题相符、是否与本次研究目标相符

筛选标准(或者纳入/排除标准)

1.3 质量评估标准

1

从哪些方面进行评估/评估方法

1.4 数据抽取表格

青藏高原现代雪线高度汇总表

	字段名	数据类型	计量单位	说明
1	文献编号	TEXT		文献标识
2	研究区域	TEXT		SLA 研究区域
3	纬度(N)	NUMBER		十进制表示法
4	经度(E)	NUMBER		十进制表示法
5	SLA 下限	NUMBER	m	研究区域某个时间段内的雪线最低值
6	SLA 上限	NUMBER	m	研究区域某个时间段内的雪线最高值
7	SLA 均值	NUMBER	m	研究区域的某年SLA确定值或某个时间段的 SLA 平均值
8	起始时间	DATE		某 SLA 值(或高度范围)对应的起始年份
9	截止时间	DATE		某 SLA 值(或高度范围)对应的截止年份
10	计算结果	COUNT		(SLA 下限+SLA 上限)*SLA 均值

1.5 综合分析方法

1

计划使用的数据分析方法(或分析思路)

图 4.33　综合集成策略

类整合自动生成一段关于当前任务研究过程中文献获取的详细记录的描述文字,研究人员可在此界面对自动生成的描述再进行加工和完善。

图 4.34　文献获取流程

（四）文献计量分析

文献计量分析（图 4.35）是平台根据经过文献搜集、人工搜集、文献初选、补充文献和全文筛选后的任务原始研究文献集合的所有描述元数据信息自动分析计算得到结果，并进行可视化的表示。态势分析的模型包括文献的时间分布图谱、发表期刊分布、论文收录类型分布、关键词云、关键词共现图谱、作者分布图、作者合作网络图谱、发文机构分布和机构合作网络图谱。KSS 平台的可视化分析都是实时生成的。同时系统会根据选用的图谱自动生成引入图谱的描述以及对图谱的解释性描述信息。研究人员可在此界面根据自动生成的描述进行再加工和完善。

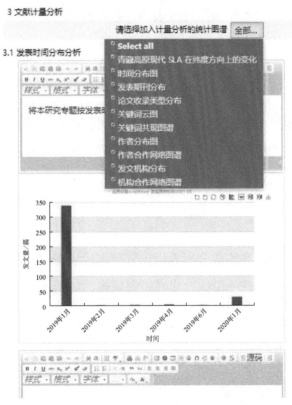

图 4.35　文献计量分析

（五）原始研究综述

原始研究综述（图 4.36）主要来源于内容提取过程中从原始研究文献中提取出的综述元素，系统将这些元素进行整合并自动生成一段关于原始研究综述的描述信息。研究人员也可在此界面对自动生成的描述进行再加工和完善。

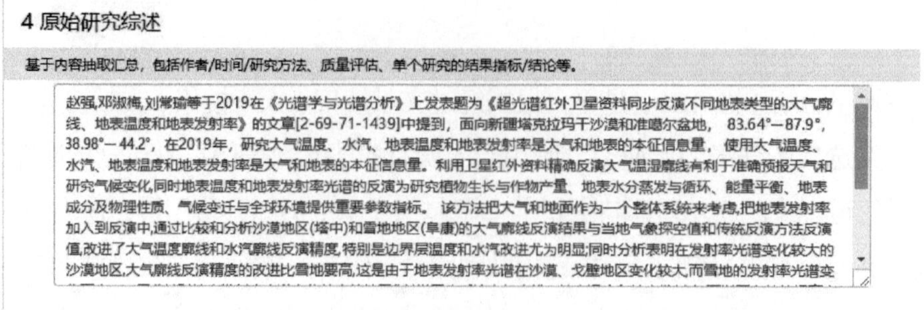

4 原始研究综述

基于内容抽取汇总，包括作者/时间/研究方法、质量评估、单个研究的结果指标/结论等。

赵骥,邓淑梅,刘常瑜等于2019在《光谱学与光谱分析》上发表题为《超光谱红外卫星资料同步反演不同地表类型的大气廓线、地表温度和地表发射率》的文章[2-69-71-1439]中提到，面向新疆塔克拉玛干沙漠和准噶尔盆地，83.64°～87.9°，38.98°～44.2°，在2019年，研究大气温度、水汽、地表温度和地表发射率是大气和地表的本征信息量，使用大气温度、水汽、地表温度和地表发射率是大气和地表的本征信息量。利用卫星红外资料精确反演大气温湿廓线有利于准确预报天气和研究气候变化,同时地表温度和地表发射率光谱的反演为研究植物生长与作物产量、地表水分蒸发与循环、能量平衡、地表成分及物理性质、气候变迁与全球环境提供重要参数指标。该方法把大气和地面作为一个整体系统来考虑,把地表发射率加入到反演中,通过比较和分析沙漠地区(塔中)和雪地地区(阜康)的大气廓线反演结果与当地气象探空值和传统反演方法反演值,改进了大气温度廓线和水汽廓线反演精度,特别是边界层温度和水汽改进尤为明显;同时分析表明在发射率光谱变化较大的沙漠地区,大气廓线反演精度的改进比雪地要高,这是由于地表发射率光谱在沙漠、戈壁地区变化较大,而雪地的发射率光谱变

图 4.36 原始研究综述

（六）综合集成分析

综合集成分析是平台基于数据抽取表格、数据抽取结果以及图谱订制结果，自动分析并生成的图表信息。

（七）结论与讨论

结论与讨论主要是总结研究结果并对结果的可信程度、实用意义、整体研究的局限性、与现有的其他综述在质量和结果方面的异同等方面进行讨论，该部分全部为定性描述，研究人员可在界面中编辑。

（八）导出报告

通过以上工作流程，在集成分析界面设置版本后点击"保存并导出"按钮后，系统将为研究人员自动生成一份综合集成研究报告，如图 4.37 所示。

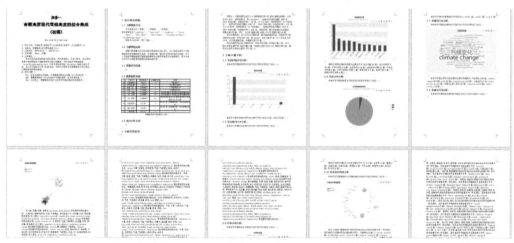

图 4.37 自动生成综合集成研究报告样例

第四节　文献综合集成研究报告的形式

平台支持将所有基于平台完成的综合集成分析过程及分析结果信息，按照规范模板进行集成，规范模板如表 4.1 所示，在集成和组织所有信息的基础上，平台将以 Word 格式自动生成和导出研究报告的规范初稿。

表 4.1　自动报告模板

项目	一级标题	二级标题	内容
报告标题	无	无	任务名称
综合集成信息	无	无	学科分类/关键词/任务时间/团队
任务描述	无	无	任务描述/研究问题
报告主体	1　综合集成策略	1.1　文献搜集方法	电子检索方法/文献补充方法
		1.2　文献筛选标准	筛选标准（或者纳入/排除标准）
		1.3　质量评估标准	从哪些方面进行评估/评估方法
		1.4　数据抽取表格	设计的数据抽取表格
		1.5　综合分析方法	计划使用的数据分析方法（或分析思路）
	2　文献获取流程	无	文献获取流程,包括初始检索的文献数量/每次删除的文献数量及删除原因/每次删除后剩余的文献量/最终纳入综合集成的文献量
	3　文献计量分析	3.1 3.2	纳入文献的出版时间/作者/机构/关键词……
	4　原始研究综述	无	内容抽取汇总,包括作者/时间/研究方法、质量评估、单个研究的结果指标/结论等
报告主体	5　综合集成分析	用户自己编辑	数据的综合分析结果/图表/图表描述（用户自己添加）
	6　结论与讨论	6.1　结论	总结研究结果
		6.2　讨论	结果的可信程度/实用意义/整体研究的局限性/与现有的其他综述在质量和结果方面的异同
参考文献和附录	参考文献	无	纳入的原始研究
	附录	无	从文献中抽取的原始数据表格

报告中的报告标题、综合集成信息、任务描述基于对任务的描述信息自动组织生成；综合集成策略描述和文献获取流程过程部分基于对文献搜集的过程信息和结果信息进行组织生成；文献计量分析基于对搜集到的任务文献集合，通过自动化及可视化分析和解读得到；原始研究综述基于对内容提取和标引的结果进行整合得到；综合集成分析基于对数据抽取和标引的结果进行整合得到；结论与讨论为定性分析，由平台提供定性分析界面，用户可基于平台提供的表单自动填写编辑；参考文献和附录则由平台根据任务文献搜集的情况、内容提取中标引的任务文献以及数据抽取中标引的任务文献情况自动整合得到。自动报告功能基于自然语言处理技术及自动化处理流程实现，该功能进一步提高了整个文献综合集成研究过程操作及结果展示的规范化程度和效率。

本章基于第三章中提出的文献综合集成研究范式，遵循文献综合集成流程，利用"文献综合集成分析系统"的理念与平台功能，选取"温度和湿度对 COVID-19 传播的影响"与"青藏高原现代雪线高度研究态势"两大主题进行实证研究，系统性地梳理并总结了两大科学问题的研究进展与现存问题，以推动对该科学问题的再认知与再突破，并进一步验证了本书所提出的文献综合集成研究范式的可行性、科学性与有效性。

第一节　温度和湿度对 COVID-19 传播的影响研究

一、选题介绍

新型冠状病毒肺炎（Corona Virus Disease 2019, COVID-19）于 2020 年 2 月 11 日由世界卫生组织命名，其涉及人、环境、病毒等因素，给社会快速应对重大公共卫生事件的能力带来了极大挑战，迫切需要公共卫生学、生物医学、资源环境科学、公共管理学等多学科交叉探索新冠疫情的传播机制，以实现对 COVID-19 的精准防控、准确预测、动态监测与有效应对。

持续的实验室和流行病学数据表明，包括温度、湿度、风速、降雨等多个气象因素可能与已知的冠状病毒疾病传播有关，如严重急性呼吸综合征（severe acute respiratory syndrome，SARS）[1]和中东呼吸综合征（Middle East respiratory syndrome，MERS）[2]。K. H. 陈（K. H. Chan）等发现 SARS 冠状病毒在较高温度和湿度下（38℃以上，相对湿度大于 95%）迅速丧失生存能力[3]。COVID-19 的体外稳定性实验表明，该病毒在 4℃时高度稳定，但对热敏感，并且 COVID-19 在正常核心体温 37℃下会失去传染性[4]。目前，COVID-19 传播与气象因素之间的关系受到了诸多研究者的关注，但不同文献中所得出的两者间关系的重要性还各有论断，甚或相互矛盾。这种不一致性的根源可能是研究背景、实验设计、数据源以及各项研究所使用的分析方法不同。为了调查清楚气象因素（尤其是温度和湿度）对 COVID-19 传播的真实影响，本案例通过基于已发表文献的系统性综合集成，全面梳理和挖掘相关研究的文献知识，从而总结出具有普遍性和一定可信度的结论，为该主题的未来研究以及防疫措施的政策制定等方面提供参考。

对于 COVID-19 的文献综合集成研究，本案例从最初的文献搜集到最终的集成分析主要是在 KSS 上完成的，包括两部分的研究内容，第一部分是综合，即把独立的研究放置、汇总在一起；第二部分是集成，即由已有的研究的分析、处理形成新的研究结论。首先，基于文献元数据进行的文献计量分析，包括发表时间分布分析、学科与期刊分布以及主要研究国家和机构分布等。其次，为了获取文中与研究内容相关的摘要信息，需对纳入文献进行内容提取，具体内容抽取格式如图 5.1 所示，包括作者、出版时间、期刊、研究时间、研究方法、研究区域、自变量、因变量、单个研究的结果指标/研究结论等字段。同时，根据图 5.2 订制的数据抽取格式从全文中提取与研究相关的数据信息，包括文献编号、出版时间、研究开始和结束时间、温度和湿度的数值、研究结论等，共抽取到 102 条数据。最后，将所有数据信息进行整合并生成图表，用以研究结果的集成分析。

文献综合集成研究平台

任务：COVID-19——内容抽取格式订制

内容抽取格式订制

	字段名	数据类型	计量单位	前置引导词	✛
1	研究时间	TEXT		数据收集的时间是	✕
2	研究方法	TEXT		使用了	✕
3	研究区域	TEXT		对	✕
4	自变量	TEXT		其中自变量为	✕
5	因变量	TEXT		因变量为	✕
6	研究结论_温度	TEXT		发现温度与COVID-19传播的关系是	✕
7	研究结论_湿度	TEXT		湿度与COVID-19传播的关系是	✕

图 5.1　内容抽取格式订制

文献综合集成研究平台

任务：COVID-19——图表订制

⊹ 表格订制

气象学因素对COVID-19的影响 ⊗

	字段名	数据类型	计量单位	说明	⊹
1	文献编号	TEXT		文献标识	⊗
2	出版时间	TEXT			⊗
3	研究开始时间	TEXT		各种变量的开始记录时间	⊗
4	研究结束时间	TEXT		各种变量的结束记录时间	⊗
5	研究天数	TEXT			⊗
6	研究区域的行政区划类型	TEXT			⊗
7	温度（平均或范围）	TEXT			⊗
8	湿度（平均或范围）	TEXT		可能是绝对湿度，也可能是相对湿度	⊗
9	温度下界	NUMBER		用来记录文中提高的温度范围下界	⊗
10	温度上界	NUMBER		用来记录文中提高的温度范围上界	⊗
11	湿度下界	NUMBER		用来记录文中提高的湿度范围下界	⊗
12	湿度上界	NUMBER		用来记录文中提高的湿度范围上界	⊗
13	研究结论_温度	NUMBER		1:正相关，2:负相关，3:不相关，4:相关性取决于数值，5:相关性不明确，6:未分析	⊗
14	研究结论_湿度	NUMBER		1:正相关，2:负相关，3:不相关，4:相关性取决于数值，5:相关性不明确，6:未分析	⊗
15	Type	TEXT			⊗
16	Temperature	NUMBER			⊗
17	Humidity	NUMBER			⊗

图 5.2　数据抽取格式订制

二、文献收集和筛选

文献综合集成的根本目标是：通过收集和分析特定研究主题下的科学研究文献，并开展综合集成研究，获得对研究问题的集成认识或新知识。那么开展研究的第一个要求是确保有足够的文献可供分析。本书基于 ISI Web of Knowledge 平台，在 WoS 核心合集中，构造检索式 TS=（"coronavirus disease 2019" OR "Novel Coronaviru*" OR "2019-nCoV" OR "Novel Corona Viru*" OR "COVID-19" OR "Severe Acute Respiratory Syndrome coronavirus-2" OR "SARS-CoV-2" OR "SARS nCoV" OR "new coronaviru*" OR "Wuhan coronaviru*"）AND（ TI=（ temperature OR humidity OR climate OR weather ） OR AK=（ temperature OR humidity OR climate OR weather ） OR KP=（ temperature OR humidity OR climate OR weather ） OR TS=（ "meteorological factor*" OR "meteorological parameter*" OR "meteorological variable*" OR meteorological OR meteorology）），将文献类型限定为"Article、Proceedings Paper、Review"，截止时间为 2020 年 11 月 10 日，最后检索得到文献 351 篇。

在进行文献综合集成时，数据质量是前提，因此本案例进行了两轮的文献筛选：第一轮，阅读文献的标题、关键词、摘要，剔除与本主题无关的文献，如涉及评估 MERS、SARS 和流感等的研究；第二轮，阅读全文，选择描述了温度或湿度等气候条件的实证研究类文献。经文献筛选和参考文献扩展检索，补充了 7 篇相关文献，最后通过文献获取流程共获取 102 篇文献，这些文献将纳入下一阶段的数据抽取流程，具体过程如图 5.3 所示。

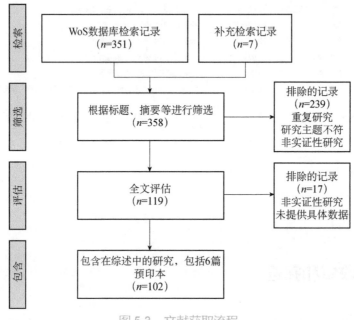

图 5.3   文献获取流程

三、 知识抽取：内容抽取和数据抽取

确定纳入集成的文献集并抽取所需数据之后，就开始集成分析的过程。可以说，集成分析是文献综合集成的核心，所有的结果和结论都将产生于此。全面认识和反映一个研究问题，一般来说，需要有一个由泛到精、由浅入深的过程，核心是对研究结果的整合。具体来说包括三方面分析：外部特征信息的文献计量、内容特征信息的叙述性综述以及研究结果信息的集成分析。

（一）文献计量分析

文献计量是对科技文献的各种外部特征进行定量分析的文献分析方法，能从"量"的角度解读文献规律，综合反映科技研究的时空分布、学科结构、演化规律等文献学特征。因此，一般将文献计量分析作为文献数据集成分析的第一步，从发文的时空分布、研究主题、文献来源、引用关系等方面对相关研究进行综合述评，从文献学角度提供关于研究主题的综合认识。

1. 发文时间分析

发文数量的时间变化是衡量一个领域一段时期内发展态势的重要指标，对评价该领域所处的阶段以及预测未来趋势和发展动态具有重要的意义。本案例拟从月份的角度来探析发文的时间性。图 5.4 展示了 2020 年气象因素对 COVID-19 传播影响研究的发文量月度变化情况。一个显著特征是论文数量从 3 月的 4 篇迅速提升至 4 月的 23 篇，增长了近 5 倍。这可能有两方面的原因：一是为了反映气象因素的变化对 COVID-19 的影响，需要获取一段时间内的相关数据；二是基于学术界对 COVID-19 流行病学研究的需求，期刊可能加快了同行评议的过程。4 月之后发文量有较小幅度的回跌，到 9 月为止基本都保持在 10 篇以上的发文量，保持着比较平稳的趋势。与 COVID-19 病毒关注热点同步，图中 2020 年的月研究产出的热度也很快减弱。因此，我们基于 8 个月的研究产出分析了 COVID-19 与温度和湿度气象因素的研究过程，这与研究主题的特殊性有关，但也对同类科学研究的评价有很好的参考价值。

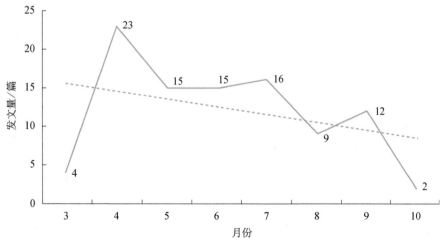

图 5.4　2020 年气象因素对 COVID-19 传播影响研究的发文量月度变化

2. 学科与期刊分析

WoS 数据库使用了 252 个学科分类体系，并且对其收录的论文都给出了相应的 WoS 类别（WC 字段）和研究方向（SC 字段）。根据 WoS 期刊分类统计，该领域论文涵盖 26 个研究类别，前 5 个高产类别的出版物约占总数的 87.5%，如表 5.1 所示。其中，排名前 3 的类别分别是环境科学（61.458%）、公共卫生与职业健康（18.750%）和传染病（9.375%）。"气象因素对 COVID-19 传播的影响"研究是一个跨学科的研究主题，涉及环境、气候变化、绿色发展、传染病、健康以及自然科学等，能够提供对 COVID-19 流行病学的全面了解。

另外，该主题共发表在 37 本国际期刊上，其中收录文章数量排名前 10 的期刊占总数的 66.7%，其中《全面环境科学》（*Science of the Total Environment*）（32 篇，32.292%）在所有期刊中排名第一，其次是《国际环境研究与公共卫生杂志》（*International Journal of Environmental Research and Public Health*）（8 篇，8.333%）、《欧洲医学药理学评论》（*European Review for Medical and Pharmacological Sciences*）（6 篇，6.250%）、《环境发展与可持续发展》（*Environment Development and Sustainability*）（5 篇，5.208%）和《环境科学与污染研究》（*Environment Science and Pollution Research*）（4 篇，4.167%）。

表 5.1　研究学科分布情况

排名	学科领域	发文量/篇	占比/%
1	环境科学	59	61.458
2	公共卫生与职业健康	18	18.750
3	传染病	9	9.375
4	多学科科学	6	6.250
5	药理学与药学	6	6.250

注：各学科领域有重叠或交叉，因此占比加和不为 100%

3. 主要研究国家和机构分析

发文数量的空间分布在很大程度上反映了研究力量的空间分布情况。在纳入的文献集中，参与研究的国家/地区共有 37 个，排名前 10 的国家/地区发文总量占总数的 82.29%。这些国家包括中国（27 篇，25.125%）、美国（16 篇，16.667%）、巴西（10 篇，10.417%）、印度（10 篇，10.417%）、意大利（8 篇，8.333%）、巴基斯坦（6 篇，6.250%）、沙特阿拉伯（6 篇，6.250%）、日本（5 篇，5.208%）、澳大利亚（4 篇，4.167%）和法国（4 篇，4.167%）。

通过分析每个国家/地区发文的出版时间，我们发现各个国家关注气象因素与 COVID-19 关系的研究与受疫情影响程度、气候条件和科技实力有较为直接的联系，如：研究数量排名前四的国家/地区都是受疫情影响较重的人口大国；巴西和印度处于热带地区且在不同时间段都经历了非常严峻的疫情。另外，通过对该领域产出的研究机构进行统计，发现所有文献共涉及 242 个研究机构，但 94% 的机构只参与了 1.2 篇文献的研究，并且表现出较为明显的多学科参与特征。

尽管全世界针对 COVID-19 问题已经建立了强有力的合作[5]，但对于"气象因素对 COVID-19 传播的影响"研究，国家或机构的合作网络稀疏、节点间关联度低，绝大多数研究都是在国家或机构内部进行的，双边和多边研究合作的总体比例仍处于萌芽状态，没有形成有影响力的合作网络，其中机构合作网络如图 5.5 所示。

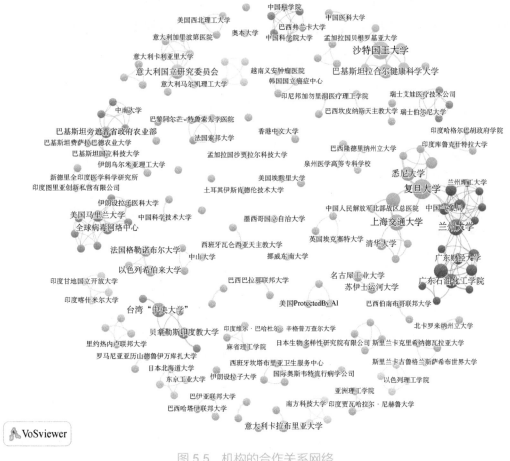

图 5.5　机构的合作关系网络

（二）数据抽取内容分析

1. 研究时间分析

气象条件是一种动态变化的环境因素，会随时间和地理位置的变化而改变。图 5.6 展示了文献中使用数据的时间分布情况，纵坐标表示 KSS 平台中的论文编号（已剔除 1 篇只介绍具体时间点的论文）。从图 5.6 看，当前研究的开始时间主要是在 2019 年 12 月到 2020 年 3 月间，集中于春冬季节，这与 COVID-19 全球流行的时间还比较短，流行病学的相关数据在这段时间里相对详细和完整有关。从时间跨度看，45 篇文献研究了不到 60 天的变化情况，60 到 120 天的研究有 41 篇，120 天以上的研究仅有 15 篇，平均天数为 72 天。其中，Y. 洼田（Y. Kubota）等[6]的研究时间跨度最长，从 2019 年 12 月到 2020 年 6 月。与已有呼吸道病毒感染研究相比，COVID-19 的季节性变化特点还需要在更长的时间尺度上进行观察。更长的研究时间能够检验和校正已有数据，减免因新冠检测能力不足和无症状患者等问题造成的数据不充分。

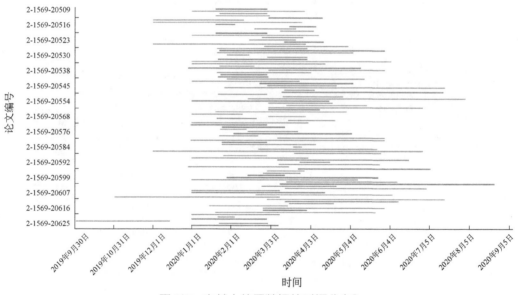

图 5.6　文献中使用数据的时间分布①

2. 研究区域分析

由于气候条件、人口流动特征、人口密度、防控政策等不同，气象因素对 COVID-

---

① 文献中涉及的数据包含气象数据和新冠病例数据，其时间分布指结束时间减去起始时间的研究天数，主要以气象数据为主，若无气象数据，则记录病例数据。

19 传播的影响的研究主要在社区、地方和国家尺度上展开[7]。本书对 102 篇论文中所涉及的研究区域进行了统计，并根据所属国家进行汇总分析。有关"气象因素对COVID-19 传播的影响"研究的地理范围主要集中在 30°N 附近，如亚洲的中国、印度、日本和韩国，欧洲的意大利、英国和西班牙，东地中海地区的伊朗和巴勒斯坦以及北美洲的美国，而来自巴西、澳大利亚、厄瓜多尔等南半球国家仅包括在 12 项研究中，约占总数的 1/9。

中国、美国和意大利是最受研究者关注的三个国家，跨纬度广，气候类型多样且相似，能为气象因素研究提供广泛的时空数据和丰富的研究假设。基于季节性气候模式，N. 斯卡费塔（N. Scafetta）[8]对 COVID-19 的流行分布进行了分析与月度预测，发现中国武汉与意大利北部的米兰、布雷西亚和贝加莫的冬季气候极为相似，美国的天气状况与 3 月的西欧和 2 月的武汉较为相似。M. M. 萨哈迪（M. M. Sajadi）等[9]将 8 个 COVID-19 广泛传播的城市（中国武汉、日本东京、韩国大邱、伊朗库姆、意大利米兰、法国巴黎、美国西雅图和西班牙马德里）与 42 个没有受到影响或没有广泛传播的城市进行了比较，发现这 8 个城市大致位于 30°N—50°N 的狭窄范围内，并且它们的天气模式很相似。

另外，R. 托塞普（R. Tosepu）等[10]最先独立研究了热带印度尼西亚雅加达天气与 COVID-19 大流行的关系。巴西是一个幅员辽阔的热带国家，其大部分领土位于南北回归线之间，D. N. 普拉塔（D. N. Prata）等[11]首先探究了巴西所有州首府城市的温度与 COVID-19 感染的关系。印度位于 8°24′N—37°36′N，全境炎热，大部分属于热带季风气候，G. 梅拉吉（G. Meraj）等[12]为了建立 COVID-19 与温度之间的关系，考虑了印度三个具有显著差异的不同生态地理区域。非洲仍是新冠疫情较轻的地区之一，确诊和死亡病例的比例不到全球总数的 4%，但非洲医疗卫生条件差，检测能力不足，实际感染人数或远超公开数字。自 2019 年 12 月以来，非洲人口最多的几个国家相继迎来了新冠病例的持续增长。除关于全球范围的研究外，只有两篇文献涉及非洲，且出版时间晚。2020 年 8 月 M. G. 卡尔塔（M. G. Carta）等[13]比较了靠近赤道的国家和其他国家病毒的致死率，2020 年 9 月 S. A. 梅奥（S. A. Meo）等[14]对非洲 16 个人口稠密的国家进行了调查。COVID-19 传播是一个复杂系统，不同地域有不同的气候条件、社会政治因素、经济环境等，其他区域的研究结果可能无法复用。为了能在不同区域针对 COVID-19 传播做出合理有效的监视和遏制，非洲和南美洲国家还有待进一步研究。

3. 研究模型方法分析

当前科学文献中关于气象因素与 COVID-19 传播之间关系的多样化发现除了与不同的时间窗口和地理区域相关外，作者考虑的多种统计和建模方法也是一个重要因素，本案例对它们的优势和劣势进行了概括总结。

接近一半文献（102 篇中有 47 篇）的结果全部或部分基于一个或多个气候因素与累积或每日 COVID-19 病例数之间的相关关系，如皮尔逊相关系数、斯皮尔曼等级相关系数（Spearman's correlations）和肯德尔等级相关系数（Kendall's concordance coefficient），这些相关系数的计算方法会有导致虚假关联的风险。实际上，计算两个时间序列之间的相关系数并不能说明数据中可能存在的趋势[15]。应该强调的是，关联和因果关系是不同的，不能仅基于时间序列间的相关性来推断两个变量间的因果关系，相关是因果关系的必要不充分条件。因此，需要谨慎对待相关系数，在进行更复杂的分析之前，建议将它们用作探索工具。另外大约 1/4 的研究（102 篇中有 25 篇）使用简单或多元回归模型，对模型中所涉及气象变量的二次或三次项进行了拟合。同时，回归模型还能考虑与疾病传播有关的多个变量，评估它们对结果整体或单独的影响。考虑多个变量的影响需要排除多重共线性问题，即保证变量之间的强相关关系不会出现在数据中。L. Guan 等[16]发现气象变量间高度相关，相关系数或方差膨胀因子可避免在模型中包含两个高度相关的变量。然而，这种类型的初步分析并未包括在许多审查的研究中。剩下的研究使用了更复杂的数学方法，包括广义线性模型（generalized linear model，GLM）、广义可加模型（generalized additive model，GAM）、面板数据模型（panel data model）、分布滞后非线性模型（distribution lag nonlinear models）和机器学习模型（随机森林）等。

除了模型方法的选择，研究者在因变量的选择上也存在差异。大多数被分析的论文以累积的 COVID-19 病例数或每日新增病例数作为因变量。基本再生数（basic reproductive number，R_0）是指在一个全是由易感染态个体构成的群体中，一个感染态的个体在恢复之前平均能感染的人数[17]。它排除了为减缓疾病传播而自发或强加实施的非药物控制措施，但仍结合了特定地点的环境影响[18]。在我们评估的文献中，有 3 项研究以 R_0 或其变体作为因变量评估了气象条件的影响。但考虑到估算 R_0 的复杂性，Á. Briz-Redón 和 Á. Serrano-Aroca[19]提醒研究人员应谨慎使用 R_0。此外，其他一些研究还选择病例增长率、病例倍增时间、COVID-19 死亡率作为因变量。

在所有审查的出版物中，COVID-19 传播的调节剂包括平均、最低或最高温度，昼夜温差，相对湿度、绝对湿度和比湿，露点温度，降雨量，风速或风压，空气压力，紫外线，空气质量等，其中温度和湿度是最常用的自变量。这些选择显然受到其他病毒性呼吸系统疾病资料的强烈影响。为了分析气候变量与 COVID-19 每日结果之间的关系，相较于每月或每年的平均值，在研究期间更应考虑气候因素的每日平均值。

P. Shi 等[20]发现测量的天气变量与 COVID-19 之间的最强关系存在 2 天的滞后时间，且在其他研究中[13,21]也报告了 3.5 天的滞后。为了更好地捕捉气候对病毒传播的影响，模型应考虑具有时间滞后的自变量，并应与 COVID-19 的潜伏时间窗口吻合，最长可达 14 或 21 天。大多数研究没有考虑气象变量的滞后效应，只有 24 篇文献通过移动平均模型[22]、样条函数[23]、统计一段时间总的环境数据[24]和分析时间段内环境变量的平均值[13]来探究了时间延迟的影响。

4. 研究结果的相关性分析

为了避免基于未经评估的数据、结果或解释得出错误结论，本案例没有分析预印本论文的结果。在去除 6 篇预印本后，图 5.7 展示了全部 96 项研究中湿度和温度与 COVID-19 传播之间的关联类型（正相关、负相关、不相关、相关性取决于数值、相关性不明确和未分析）。

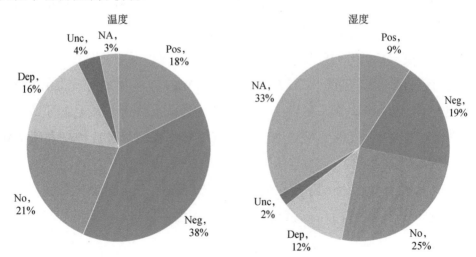

图 5.7　温度和湿度与 COVID-19 传播的相关性①

在全部的 96 项研究中，有 37 篇文献发现 COVID-19 传播与温度之间呈负相关

---

① 关联类型的定义如下：Pos——正相关，Neg——负相关，No——不相关，Dep——相关性取决于数值，Unc——相关性不明确，NA——未分析。

关系，包括中国、巴西、美国、意大利和其他国家，其中关于全球范围的研究有 9 项。J. Liu 等[13]研究了中国 30 个省会城市，发现在具有至少 50 个病例的 17 个城市中环境温度和温度日较差每升高 1℃与每日确诊病例数的下降有关。Y. Wu 等[23]也记录了类似的趋势，发现在调查的 166 个国家中温度每升高 1℃，每日新增病例和死亡人数分别下降 3.08%（95%置信区间：1.53%—4.63%）和 1.19%（95%置信区间：0.44%—1.95%）。相反，有 17 篇研究在中国、印度、印度尼西亚、新加坡和意大利等地区观察到正相关，Y. L. Ma 等[21]研究了武汉地区温度和湿度变化对 COVID-19 死亡的影响，发现温度日较差增加一个单位只与其滞后 3 天的 COVID-19 死亡率增加 2.92%（95%置信区间：0.61%—5.28%）相关。另外还从 20 篇文章中观察到温度与 COVID-19 大流行之间没有相关性，Y. Yao 等[25]对 17 个湖北城市和 207 个其他中国城市进行了实验，研究结果不支持高温和紫外线可以抑制 COVID-19 传播的假设，依靠温暖的天气来控制 COVID-19 可能为时过早。

与温度的研究结果稍有差异，不相关是湿度与 COVID-19 传播间的主要关系类型，涉及中国、印度、日本、巴西、美国、土耳其等国。R. 托塞普等[10]初步分析了印度尼西亚雅加达地区的（最低、最高、平均）温度、湿度以及降雨量与 COVID-19 大流行的相关性，发现只有平均温度与 COVID-19 大流行显著相关，更有效的结论需要更长的时间和更大的数据集。负相关和正相关关系的文献数分别是 18 和 9，S. K. 帕尼（S. K. Pani）等[26]探究了新加坡热带天气在 COVID-19 传播中的作用，观察到相对湿度和绝对湿度与 COVID-19 大流行呈显著正相关。在澳大利亚南威尔士州整个流行期（流行指数初期、下降期等），M. P. 沃德（M. P. Ward）等[27,28]的研究提供证据表明相对湿度与 COVID-19 病例发生率之间存在一定的负相关关系。截至 3 月 27 日，Y. Wu 等在相对湿度方面发现了与温度类似的趋势，相对湿度每增加 1%，每天的新增和死亡病例会降低 0.85%（95%置信区间：0.51%—1.19%）和 0.51%（95%置信区间：0.34%—0.67%）。在控制了潜在的混杂因素（风速、人口年龄中位数、人口密度和全球健康安全指数等）后，每日新增病例或死亡人数与温度和相对湿度间的关联仍然很强。

相关性取决于数值是指根据温度或湿度范围决定关联性，即温度和湿度与 COVID-19 呈非线性关系，分别占 16% 和 12%。不相关类型在温度和湿度研究中都占比较大的比例，大约分别为 21% 和 25%，判断依据主要包括两点：一是相关性弱或没有统计学意义，二是只模糊描述了温度或湿度的属性。通过对湖北十个受

COVID-19 影响最严重的省份的实证分析，F. 沙赫扎德（F. Shahzad）等[29]发现在湖北、湖南和安徽，温度与 COVID-19 呈正相关，而在浙江和山东则呈负相关，在剩下的广东、河南、江西、江苏和黑龙江，则显示混合趋势。本案例将这种关联归纳到相关性不明确类型下，温度和湿度条件下分别有 4 项和 2 项。

四、集成分析及结论

关于呼吸道传染病冬季流行的最早记载之一可以在希波克拉底（Hippocrates）撰写的《流行病学》[30]中找到，这是一份在公元前 400 年左右撰写的古希腊记录。在 SARS 和 MERS 暴发前，人类认为冠状病毒并不具有高度致病性。为了更好地了解呼吸道病毒的季节性特征，国内外学者已经开展了广泛的研究，然而人类对这一现象的知识仍有限。最新的 COVID-19 流行病学研究表明，有许多直接和间接的机制支持气象条件影响 COVID-19 传播，但由于研究时间、研究区域和研究模型等不同，研究结果仍存在争议。

为了探究时间序列上气象因素与 COVID-19 传播的关系，充足且准确的数据是构建有效统计模型的基础。病例的检测与定义、检测策略、报告实践、回顾性数据调整以及滞后时间因国家/区域而异，这些因素可能会低估了大流行的真实发生率。一方面，研究时间的长短会影响气象数据和 COVID-19 数据收集的范围，而随时间变化，数据不断累积，统计的不确定性可能会被放大。目前这种误差几乎未得到证实，主要以研究不足的形式进行论述，还有待调查。世界卫生组织专门对每日病例和死亡数的主要变化进行了持续的核实和更改，以确保新冠数据的准确性和可靠性。截至 2020 年 4 月 14 日，A. Y. Li 等[31]调查了环境温度对美国各县 COVID-19 发病率和死亡率的影响，该研究的局限性是将 COVID-19 病例或死亡数据不足的县排除在外。这种局限性是不可避免的，等待足够的数据再开展研究会阻碍公共卫生应对的速率。从 2020 年 1 月 20 日到 5 月 1 日，Q. 布哈里（Q. Bukhari）等[32]收集了来自世界卫生组织的 COVID-19 病例数据，但美国、英国和日本等未充分报告病例情况，仅对有症状或密切接触者进行检测。

另外，研究时间的选择会影响 COVID-19 传播中不同驱动因素的相对重要性，疫情暴发的初期没有人为干预，疾病主要是在自然条件和人口流动等因素的驱动下传播的；然后公共卫生措施和政府的封禁政策等开始发挥作用，在很大程度上减弱了新冠病毒（SARS-CoV-2）的流行；最后为了经济和社会发展，在某种平衡条件下，COVID-19 传播受到多种因素的驱动。Y. 洼田等[6]的研究结果表明，随着 COVID-19 传播的推进，气候、宿主迁移率和宿主易感性在很大程度上解释了不同地区 COVID-19 病例数量的差异，宿主迁移率和宿主易感性的相对重要性都大于气候。P. K. 萨胡（P. K. Sahoo）等[33]在印度受灾最严重的马哈拉施特拉邦建立了环境和人口变量与新型冠状病毒感染病例的关系，并研究了大流行期间不同阶段的空气质量变化，包括封锁前、封锁期和解封后。E. A. 拉希德（E. A. Rashed）等[34]分析了绝对湿度、温度和人口密度对日本不同地区 COVID-19 大流行的传播和衰减持续时间的影响。确定 COVID-19 暴发轨迹的多个驱动因素以及不同时间段中因素的相对重要性，将有助于更好地了解 COVID-19 疾病的传播风险，并为针对该疾病的长期预防措施提供依据。

流行病学分析的一个基本问题是选择合适的地理单位，可以遵循生物学相关性、数据可用性或单元内同质性和紧凑性等。当前，有关气象因素与 COVID-19 大流行之间关系的研究中，分析单位的选择主要取决于数据的可用性。大约 2/3 的研究是在全球、国家、区域或省级等宏观尺度上的时间变化趋势和空间分布特征，剩下的 1/3 从县或城市层面进行了分析，如中国武汉、意大利米兰、美国纽约、印度德里以及日本各县等。在病毒传播的背景下，市级单元[11,13]的研究很有价值，能解释 COVID-19 在人口密度高或人员流动性强以及可能发生超级传播事件和疾病簇的城市中的快速传播。例如中国疫情早期在湖北、广东、浙江、河南、湖南等省形成了以省会或主要城市为中心的局部时空聚集。城市是全国的关键节点，获得准确的城市级气象数据和 COVID-19 病例数据是开展 SARS-CoV-2 流行病学研究的第一步。此外，考虑地理单元之间的空间关系是分析疾病发病率的基础。地理学第一定律指出任何事物在空间上都是与其他事物相关的，存在聚集、随机或规则分布规律，只不过相近的事物关联更紧密[35]。分析地理单元之间的空间依赖性是有必要的，因为被感染的人更有可能去邻近的单元而不是更远的单元，这意味着在建模时忽略空间影响可能会导致分析偏差和错误的关联。融入航空数据、手机信令数据等各类人群移动大数据可以有效填补缺失条件，但只有少数研究明确将空间效应纳入统计模型中[22,36,37]。

气象条件对 COVID-19 传播的影响会因地理位置和环境条件的不同而变化，根据温度和湿度的不同研究结果在全球的分布情况可知，30°N 附近及以上国家/地区的研究结果具有较大差异。大多数研究表明，环境温度和湿度与COVID-19病例数或死亡数之间存在负相关，而有些研究则支持不相关甚至正相关。通过回顾相关研究，发现目前仍无法明确温度或湿度等气象因素对COVID-19传播的影响大小以及与其他混杂因素的相互作用，如公共卫生措施、政府应对政策等。但可以肯定的是，气候变量的影响无法排除，在不同研究时间、国家/区域和混杂因素的条件下，只是难以发现具体模式。虽然无法统一研究结论，但统计分析具体气象因素的数值能够给予我们一些启示。因此，本案例对文献中提及的温度和湿度的范围或数值进行抽取，具体数值如附表1所示。

结合全球病例分布以及单一国家/地区的研究结果，干燥、中度寒冷的环境可能是SARS-CoV-2传播的有利状态。从受COVID-19影响很大的温带地区看，该纬度范围内温度和绝对湿度大致在0—20℃和3—10g/m³，其中10℃上下浮动的小范围是许多温带地区的发病率峰值。Z. W. Huang等[38]对来自185个国家/地区的数据进行分析后指出，60%的COVID-19病例是在5—15℃的温度范围内检测到的，峰值为11℃；此外，约73.8%的确诊病例集中在绝对湿度为3—10g/m³的地区。在对中国、意大利和美国的分析中，N. 斯卡费塔[8]发现的相关模式表明在4—12℃的天气温度和60%—80%的相对湿度下，COVID-19的致命性显著增强。M. M. 伊克巴尔（M. M. Iqbal）等[39]探究了全世界的国家和地区，发现冬季最低温度或低于3℃会导致在冬季漫长而寒冷的国家中SARA-CoV-2快速传播的风险很高。Q. 布哈里等对冷干天气和湿热天气排名靠前的国家进行了研究，结果表明到2020年5月1日，85%的病例发生在3.17℃的温度和1.9g/m³的绝对湿度范围内。Y. 洼田等[6]评估了气候（温度和降水）、人口流动性等因素对全球1020个国家/地区COVID-19病例数量地理模式的作用，指出疫情似乎主要发生在8℃和26℃左右的特定气候或生物群落中。M. M. 萨哈迪等[9]研究了来自全球50个城市的气候数据，截至2020年3月10日，拥有大量社区传播的8个城市的平均温度在5—11℃范围内，且具有较低的比湿（3.6g/kg）和绝对湿度（4—7g/m³）。从单一国家数据的研究看，T. Hoang和T. T. A. Tran[40]的研究结果表明当韩国的温度低于8℃时，温度每降低1℃，COVID-19确诊病例数升高9%；S. 古普塔（S. Gupta）等[24]统计发现美国50个州报告的大多数病例是在4—6 g/m³的绝对湿度和4—11℃的温度范围；P. Shi等收集了中国31个省级地区的COVID-19确诊病例和日平均气温数据，发现COVID-19的每日确诊病例率与温度呈两相关系，在10℃时发病率达到高峰，而低于和高于该值，发病率都会下降；

H. Xu 等[41]研究了中国 33 个城市里温度和湿度对空气质量指数与确诊病例关联的影响，得出在 10—20℃的温度范围内，空气质量指数对确诊病例的影响更强；洛利（Lolli）等定量评估了气象和空气质量与意大利米兰、佛罗伦萨和特伦托的 COVID-19 传播之间的关系，发现 COVID-19 传播更喜欢干燥和凉爽的环境条件，其中三个地区大致的温度范围是 6—23℃；H. Li 等[42]研究了季节性气候条件（温带和亚热带的冬季）对感染的传播和风险的影响，发现在冬季更短和更温暖的地区感染高峰期被推迟和降低了，而更长更冷的冬季则会增加室内时间，导致传播持续膨胀，感染高峰期更长更早。

从统计数据看，高温热带地区的 COVID-19 病例数量比低温和低蒸发的温带地区少，如澳大利亚、泰国以及大部分赤道附近的非洲国家。炎热潮湿的气候条件能够减轻新型冠状病毒感染的传播，但不能被认为是 COVID-19 传播的关键调节因素。S.A. 梅奥等调查了来自北、南、东、西和中非地区 16 个人口稠密的国家，发现 2020 年 2 月 14 日至 8 月 2 日期间温度和相对湿度的升高与每日病例和死亡数的减少有关，其中每日平均温度为（26.16±0.12）℃，相对湿度为（57.41±0.38）%。D.N. 普拉塔等观察到 2020 年 2 月 27 日至 4 月 1 日巴西 27 个州首府城市的温度与确诊病例数呈负相关关系，关系曲线在 25.8℃处变平，没有证据表明温度高于 25.8℃时曲线会下降。另一项对巴西城市的研究结果显示[43]，较高的平均气温（27.5℃）和中等的相对湿度（大约 80%）有利于 COVID-19 的传播，这与来自干燥寒冷国家的报告不同。S.A. 梅奥等调查发现温度和湿度对中东海湾合作委员会国家每日新增 COVID-19 病例和死亡的影响不同，研究期间的平均温度和湿度分别是（29.20±0.30）℃和（37.95±4.40）%。O. 辛格（O. Singh）等[44]对印度德里的研究发现温度和湿度的增加有利于 COVID-19 的进一步传播，90 天的平均温度和相对湿度范围为 16.2—38.0℃和 40.5%—86.5%。

生物医学不断进步，尤其是病毒学和免疫学，科学界提出了许多直接和间接的机制来支持气象条件影响 COVID-19 传播的假设。在所纳入的研究中，温度和湿度与 COVID-19 流行主要呈负相关关系，从已有呼吸道病毒感染研究推测，可能的原因有三点。一是温度和湿度能通过影响病毒表面蛋白和脂质的性质来调节病毒的活性。控制温度和湿度的各种呼吸道病毒活性实验的结果表明，冬季病毒的稳定性与低相对湿度（20%—50%）显著相关[45]。一种分析化学方法显示，低温条件促进了病毒膜上脂质的有序化，有助于流感病毒颗粒的稳定[46]。二是低温和低湿度也能增强病毒的气溶胶传播。低湿度会导致呼出气溶胶中的水蒸发，形成大小为 1.5μm 的液滴核[47]，有利于病毒颗粒的附着和传播。三是气象或环境条件对个体感染的易感性有直接影响[48]。寒冷和干燥的环境会降低身体的免疫性，如吸入干燥的空气会导致上皮膜损伤。

另外，即使在高湿度情况下，通过接触传播病毒也是有效的[49]。高湿度通过增加病毒颗粒在物体表面的稳定性来增强间接传播。这可能解释了为什么 SARS-CoV-2 在新加坡、印度尼西亚等热带地区也能迅速传播。印度全年高温，各地降水量相差很大，8 项相关研究显示在印度温度和湿度与 COVID-19 传播主要呈正相关关系。这可能是由于印度是世界第二人口大国，人口密度大、人员流动性强。这一证据也能从其他国家中得到些许印证，比如美国温暖的路易斯安那州可能是由于其著名的狂欢节吸引了来自世界各地的游客，使这片区域成为早期的感染中心之一。同样，韩国大邱市的 COVID-19 暴发是由新天地（Shincheonji）宗教团体在一个封闭的空间里举行大规模集会引起的[8]。

从流行病学角度出发，影响 COVID-19 传播的因素除了感染者自身的生物学因素外，还需考虑自然和社会等外在环境因素。在药物干涉手段尚未奏效的条件下，疫情的风险主要受外在环境因素的影响，如气象条件、社会文化、经济发展、人口密度和流动、城市化进程等，它们与 COVID-19 流行之间可能存在线性、非线性或更为复杂的关系。因此，在这复杂的关系网络中，温度和湿度应该不是影响 COVID-19 流行的决定性因素。比如，当公共卫生干预措施等协变量包含在模型中时，气象因素和 COVID-19 之间未检测到显著相关性。哈佛医学院在中国进行的一项研究发现，如果没有严格实施公共卫生干预措施，仅靠湿度和温度的增加并不能抑制病毒的传播[50]。同样，一项在中国、韩国、伊朗和意大利以外的 144 个不同地区进行的前瞻性队列研究发现，严格的干预措施与病毒传播密切相关，但与纬度和温度无关[51]。正如过去对其他冠状病毒或流感病毒所建议的那样，气象变量的影响不能排除，但当前研究主要集中在第一波新冠疫情期间，各国政府采取了多种公共措施，这可能会导致无法观察到相关性。F. 门德斯·阿里亚加（F. Méndez-Arriaga）[52]在墨西哥的封城政策生效之前收集了有关 COVID-19 的数据，发现温度与当地疫情传播呈负相关。

五、案例总结

集成研究能够综合同一学科不同的研究成果，获得新的概念、解释，并将原有的认识水平提高到一个新的高度。文献综合集成作为一种重要的集成方式，吸收了包括元分析法、系统综述、文献计量学、内容分析法在内的多种方法的精髓，并形成了不同于上述任何一种方法的独特的流程体系。基于文献综合集成理论与方法构建的"文献综合集成分析系统"是一个提供文献知识挖掘、知识计算和科学主题综合集成研究的一体化工作平台，涵盖任务管理、文献管理、信息抽取、统计管理、结果可视化、报告管理和知识管理等功能，可针对研究主题开展高效可重复验证的科学评述与集成研究工作。本案例正是利用 KSS 平台完成了"温度和湿度对 COVID-19 传播的影响"相关研究的集成分析。

对气象因素与 COVID-19 传播之间关系的文献计量分析表明，COVID-19 传播是否会受到温度和湿度等气象因素的影响，是研究者持续关注的问题。它是一个跨学科研究，涵盖了环境科学、传染病学、公共健康、绿色发展等方面，并涉及了许多国家或机构。但不同国家或机构间的科研协作还处于起步阶段，未来还有待加强交流合作。

COVID-19 传播是一个多尺度复杂系统，会受到个体、自然、社会、经济、政策等多种因素的影响，且这些因素的相对重要性很可能会随时间而改变。通过对研究时间、研究区域、研究模型和方法以及研究结果等文本或数值信息的抽取，本案例总结和分析了相关研究进展和结论。温度和湿度等气象变量对 COVID-19 传播影响程度的可靠结论尚需进一步研究，考虑到检测的缺乏和无症状患者的存在，研究时间和研究区域很可能会影响气象和病例数据的收集，包括数据的范围、质量等，未来可以从更长的时间跨度和更多的国家/地区开展研究。从方法论的角度看，某些问题值得强调：一是应优先进行小区域研究，以便从气象条件、非气象因素以及具体时空效应等方面更好地表征分析所涉及的每个地理单元；二是多区域的联合研究应进行敏感性分析，排除具有极高价值的地理单元；三是开展多因素间的关系建模，以提高模型的覆盖范围和可解释性。

研究发现，SARS-CoV-2 一般在干燥寒冷的环境下具有更强的活性和更长的体外存活时间。本案例对论文中温度和湿度数值抽取后发现，全球主要的受感染区的温度和绝对湿度大致在 0—20℃和 3—10g/m³，且在 10℃的小范围内发病率可能会达到峰值。高温热带地区的 COVID-19 病例数量总体比低温干燥的温带地区少，但也并不能完全说明更高的温度和湿度可能有助于阻止疫情的蔓延，巴西、印度等地的研究就得出了相反的结论。此时，人口密度、人口流动以及自我防护等非气象因素可能会成为加剧病毒传播的主要因素。在还未进行大规模接种有效疫苗的情况下，随着寒冷季节的持续，大部分地区仍有可能再次暴发大规模感染，因此各国仍需采取有效的公共卫生措施。

这项工作仍有一些局限性：第一，文献收集不全，文献检索平台只选取了 WoS，不能涵盖所有实证研究，未来的工作应考虑并比较来自不同平台的文献，如 Scopus、Google Scholar 等；第二，目前 KSS 平台主要以气候变化领域用户为主，但实际上，在大数据、开放科学、云计算等背景下，各个学科领域都面临着海量数据、大量研究结论的集成问题，未来还需探索平台应用于不同学科领域的适用性，而且为了满足用户需求还要实现功能的专业化和操作的易用性；第三，由于当前平台功能的限制，未能对研究结果作出更进一步的集成分析，如进行异质性检验、合并效应量等操作。

第二节　青藏高原现代雪线高度研究态势研究

一、选题介绍

"地球第三极"青藏高原不仅是世界屋脊、亚洲水塔，而且还是我国重要的生态安全屏障和战略资源储备基地。19 世纪下半叶以来，少数国外探险家和科学家对青藏高原开展了一些零星调查。我国科学家从 19 世纪 30 年代开始在地质、地球物理、地貌与第四纪、古脊椎动物与古人类和动植物、农业等领域开展一些零散的考察工作[53]。1972 年"中国科学院青藏高原综合科学考察研究队"成立，次年开始进行人类历史上第一次全面、系统的青藏高原科学考察工作，青藏高原研究由探险和零散研究转向科学发展阶段[54]。

为解决青藏高原资源环境承载力、灾害风险、绿色发展途径等问题，优化生态安全屏障体系，推动国家生态文明建设，2017 年，我国启动了第二次青藏高原综合科学考察研究工作。此次科考研究在智能科考与科学组织实施的基础上，注重高原地区生态变化，并建立数据共享平台，成立了相关的技术合作创新联盟[55]，在青藏高原生态系统，亚洲水塔失衡，冰崩等新灾、巨灾频发，喜马拉雅山与冈底斯山隆升，生物演化模式等方面取得了初步的成果[56]。

积雪和冰川是冰冻圈的重要组成部分，也是影响气候变化的重要因子之一[57]，其时空分布与变化一直是地学和气候学科学家关注的焦点。雪线是年降雪量与年消融量的平衡线，是终年积雪区的下限，与林线、冰缘线和土壤线等界线都是重要的自然地理区划线。雪线的变化与冰川的演化密切相关[58,59]，其时空分布不仅反映永久积雪和冰川的进退，还能反映高原及高山区乃至全球气候变化的状态，更有助于探究人类活动对区域环境的潜在影响[60]。

青藏高原的生态环境在全球占有重要位置，高原积雪变化与全球气候变化之间具有紧密联系，因此青藏高原地区雪线高度的时空变化在世界范围内日益引起广泛关注。为了解该地区的现代雪线高度研究态势，为雪线动态监测提供科学依据，特开展本次研究。期望通过基于历史文献的系统性综合集成，全面梳理和挖掘青藏高原现代雪线高度研究的文献知识，得到关于该主题的发展历程、研究主体、热点研究区域以及青藏高原地区雪线高度空间分布等综合性知识，为该主题的未来研究提供参考。

二、 文献收集和筛选

本书所研究的雪线类型为理论雪线（或气候雪线），研究区域限定为青藏高原及其周边地区，经纬度范围为 3°E—104°E，25°N—40°N。在冰川学中，理论雪线是指冬季积雪到冰川消融期末存在的下限高度[61]，可近似视为平衡线高度（equilibrium line altitude）[62]。此外，由于测量复杂，室内计算误差大，人们常用粒雪线替代雪线，许多学者也认为粒雪线就是理论雪线[58]。

本案例以 CNKI 和 WoS 为检索平台，检索方式为主题检索。CNKI 的检索词设置为"雪线""粒雪线""平衡线"，文献类型为 SCI、EI、CSSCI、CSCD 来源期刊和核心期刊；WoS 的英文检索词为"Snowline""Snow Line""Snowlines""Snow Lines""Firn Line""Firn Lines""Equilibrium Line""Equilibrium Lines"，文献类型选择 Article 和 Review。检索时间均截至 2018 年 12 月 6 日。最后得到 CNKI 文献 234 篇，WoS 文献 2853 篇。

本书选取文献的标准为实证研究类文献，雪线提取时间为夏季消融期末，且提供有明确的雪线高度数值。经文献去重、筛选和参考文献扩展检索，最后纳入研究的文献共 193 篇，其中包括中文文献 56 篇，英文文献 137 篇。

三、知识抽取：内容抽取和数据抽取

本书使用的分析方法包括文献计量法、社会网络分析法、内容分析法以及研究集成法等。文献计量法用来分析青藏高原现代雪线高度研究的发文量、时空分布、研究机构、作者和期刊分布情况；社会网络分析法用来研究重要作者的合作网络；内容分析法用以分析热点研究区域、不同区域研究热度随时间的变化情况；对文献中的现代雪线高度进行综合，得到基于文献的青藏高原现代雪线高度的总体分布情况。采用的分析工具主要有 Excel、BibExcel、Ucinet 和 ArcGIS。从纳入的 193 篇文献中抽取基本元数据信息和研究结果信息，前者包括题名、出版年份、作者、机构、国家、期刊等，用以进行该主题的文献计量分析；后者包括研究区域名称及其经纬度、雪线高度及对应的研究时间等信息，抽取后共得到 685 条数据，用以进行研究结果的集成分析。

（一）文献计量分析

以符合检索方法和筛选标准的 193 篇文献元数据为数据源进行文献计量分析，重点分析发文量的时空分布、期刊分布、研究机构、作者及其合作网络等，以了解青藏高原现代雪线高度研究的发展过程、研究主体等特征。

1. 发文时空分析

发文数量的时间变化是一个领域的知识积累和研究热度变化过程的重要体现。图 5.8 展示了青藏高原现代雪线高度研究的发文量逐年变化趋势，年发文量整体呈现增长态势，随着时间的推移，研究热度逐渐提高。图 5.8 中显示的最早研究时间是 20 世纪 70 年代后期，直到 2002 年以前年度发文量均较少。产生这一现象的原因可能有两点：一是这一时期的研究量总体偏少，二是可能存在部分期刊文献和报告未纳入 CNKI 和 WoS 文献库，且本书以高质量的研究文献为主，在检索过程中已经过滤掉期刊质量较低的文献。2002 年以后发文数量较之前明显增加，2014 年达到峰值，年发文量为 27 篇。根据以上特点，可初步将青藏高原现代雪线高度研究的发展过程分为两个阶段：第一阶段是 2002 年以前，为初步研究阶段，该阶段的发文量较少，年发文量均不足 5 篇；第二阶段是 2002 年至今，为研究增长阶段，该阶段的年发文量较之前有明显增加，且呈现波动上升趋势。

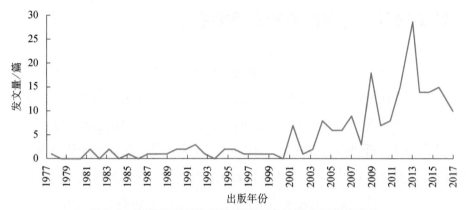

图 5.8　青藏高原现代雪线高度研究的发文量年度变化

发文数量的空间分布在很大程度上反映了研究力量的空间分布情况。在纳入的文献集中，参与青藏高原现代雪线高度研究的国家与地区共 19 个，分别是中国、印度、德国、美国、日本、英国、法国、奥地利、尼泊尔、瑞士、加拿大、意大利、巴基斯坦、韩国、波兰、不丹、芬兰、克什米尔、沙特阿拉伯，排名前十的国家如表 5.2 所示。其中中国的发文数量最多，占到总数的 54.92%，其次是印度，占总数的 22.28%，德国和美国发文量基本持平，分别占总数的 12.95% 和 11.92%。中国、印度、德国、美国以第一作者国家和非第一作者国家发表的文献共 180 篇（非加和，有些文献是多个国家合作完成），占总数的 93.26%，说明这四个国家是青藏高原现代雪线高度研究的主要国家。

表 5.2　发文数量排名前十的国家[①]　　　（单位：篇）

国家	发文量	国家	发文量
中国	106	英国	9
印度	43	法国	5
德国	25	奥地利	5
美国	23	尼泊尔	4
日本	10	瑞士	4

① 各国发文量既包括第一作者国家发文也包括非第一作者国家发文。

对于国内发表的文献，根据作者机构所在省级行政单位计算地区的发文情况。国内参与该主题研究的省级行政单位共有 17 个，表 5.3 所示为发文量前十的 12 个省级行政单位（部分并列）。表 5.3 中显示国内关于该主题研究的地区在东、中、西部均有分布，主要研究地区是甘肃和北京，发文量均为 60 篇以上，其中甘肃省的研究机构包括中国科学院西北生态环境资源研究院、兰州大学、西北师范大学等，北京的研究机构包括中国科学院青藏高原研究所、北京大学、中国科学院地理科学与资源研究所、中国科学院对地观测与数字地球科学中心、中国科学院遥感与数字地球研究所、北京师范大学、首都师范大学、中国科学院地质与地球物理研究所等。

表 5.3　中国发文量排名前十的省级行政单位（12 个）[①]（单位：篇）

省级行政单位名称	发文量	省级行政单位名称	发文量
甘肃	68	湖北	5
北京	61	辽宁	4
湖南	16	广东	2
新疆	8	山东	2
江苏	7	四川	2
陕西	6	浙江	2

2. 主要机构和作者分析

通过分析主要发文机构，可以确定该主题的核心研究力量。关于该主题的研究机构共 195 个，表 5.4 所示为发文量排名前十的机构。发文量最多的机构是中国科学院西北生态环境资源研究院，其次是中国科学院青藏高原研究所，第三名是印度的瓦迪亚喜马拉雅地质研究所（Wadia Institute of Himalayan Geology），且前三名机构之间的发文量相差将近一倍，说明中国科学院是青藏高原现代雪线高度的最主要研究力量。从机构所属国家看，前十名机构分别属于中国、印度、美国、德国四个国家，机构数量分别是 4、3、2、1，说明该主题的主要研究力量分布在这四个国家。

[①]　各省级行政单位发文量既包括第一作者单位所在地发文也包括非第一作者单位所在地发文。

表 5.4　发文量排名前十的机构（10 个）[①]　　　　（单位：篇）

机构名称	所属国家	发文量
中国科学院西北生态环境资源研究院	中国	50
中国科学院青藏高原研究所	中国	28
瓦迪亚喜马拉雅地质研究所	印度	13
兰州大学	中国	9
印度科学研究所（Indian Institute of Science）	印度	8
印度空间研究组织（Indian Space Research Organisation）	印度	8
普渡大学（Purdue University）	美国	7
辛辛那提大学（University of Cincinnati）	美国	7
湖南师范大学	中国	7
亚琛工业大学（RWTH Aachen University）	德国	7

普赖斯定律有"杰出科学家人数是科学家总数的平方根"[63]，纳入文献的所有作者共 498 人，依据该定律，作为该主题研究的核心作者，青藏高原现代雪线高度研究的杰出科学家有 22 位，如表 5.5 所示。22 位核心作者共发表文章 111 篇，占文献总量的 57.51%，说明关于该主题的研究具有较为集中的研究群体。

表 5.5　青藏高原现代雪线高度研究的核心作者　　　（单位：篇）

作者	发文量	作者	发文量	作者	发文量
A. V. 库尔卡尼（A. V. Kulkarni）	12	康世昌	7	M. W. 卡菲（M. W. Caffee）	5
姚檀栋	12	蒲健辰	7	E. Huintjes	5
D. P. 多哈尔（D. P. Dobhal）	10	许向科	7	K. 马赛厄斯（K. Matthias）	5
L. A. 欧文（L. A. Owen）	10	M. 梅塔（M. Mehta）	6	丁良福	5
谢自楚	10	C. 施奈德（C. Schneider）	6	刘蓓蓓	5
刘时银	9	王杰	6	刘潮海	5
王宁练	9	王欣	6	—	—
易朝路	8	Y. 阿诺（Y. Arnaud）	5	—	—

---

① 各机构发文量既包括第一作者机构发文也包括非第一作者机构发文；中国科学院的机构具体到研究院级别，其他机构均只抽取一级单位名称；中国科学院西北生态环境资源研究院包括其自身以及中国科学院兰州冰川冻土研究所、中国科学院寒区旱区环境与工程研究所等其前身机构；国家实验室归并到其所依托的研究机构；同理，没有对中国科学院大学进行计数。

通过分析作者合作情况可以发现该主题的主要合作团体。选取发文量为 2 篇以上的作者绘制其合作网络，如图 5.9 所示。该合作网中的节点表示合作者，节点标签的大小与其点度中心度（即合作者数量）成正比；连线表示合作关系，连线的粗细与合作次数成正比。在该网络中，超过 4 人的合作团体共有三个：第一个合作团体是 Y. 阿诺等 4 人组成的合作网络，其中 Y. 阿诺和 P. 瓦尼翁（P. Wagnon）来自法国发展研究所（IRD），E. 贝尔蒂尔（E. Berthier）和 C. 文森特（C. Vincent）来自法国国家科学研究中心（CNRS）；第二个是以 A. K. 古普塔（A. K. Gupta）为代表的 6 人合作团体，A. K. 古普塔、D. P. 多哈尔、P. 斯里瓦斯塔瓦（P. Srivastava）和 M. 梅塔来自印度瓦迪亚喜马拉雅地质研究所，A. V. 库尔卡尼和 B. P. 拉索尔（B. P. Rathore）来自印度空间研究组织；第三个是以姚檀栋为代表的 30 人合作团体，该网络是最大的合作网络，包括了 13 位核心作者，该合作网络涉及中国、德国、日本、奥地利四个国家的 12 个机构，包括中国科学院西北生态环境资源研究院、中国科学院青藏高原研究所、湖南科技大学、湖南师范大学、东华理工大学以及日本名古屋大学（Nagoya University）、德国亚琛工业大学、德国柏林洪堡大学（Humboldt-Universität zu Berlin）、奥地利因斯布鲁克大学（University of Innsbruck）等。

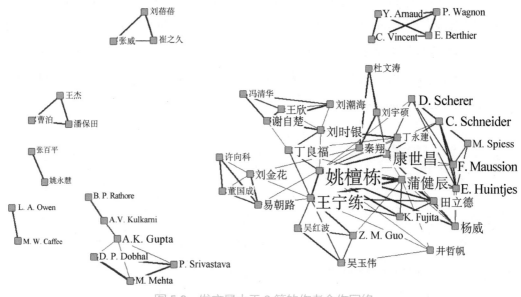

图 5.9　发文量大于 2 篇的作者合作网络

点度中心度能表示节点的直接影响力。在图 5.9 所示的合作网络中，抽取点度中心度大于等于 5 的节点，即合作者数量大于等于 5 个的作者，如表 5.6 所示。其中包括 12 位中国作者和 4 位德国作者，中国作者均来自中国科学院，德国作者来自亚琛工业大学、柏林洪堡大学、柏林工业大学三个机构。影响力最大的作者是姚檀栋，其次是康世昌和王宁练。

表 5.6　合作者数量大于等于 5 位的作者　　　　　（单位：位）

作者姓名	合作者数量	作者姓名	合作者数量
姚檀栋	14	丁良福	6
康世昌	11	刘时银	6
王宁练	11	田立德	6
蒲健辰	9	杨威	6
E. Huintjes	7	刘金花	5
F. 莫雄（F. Maussion）	7	秦翔	5
D. 谢勒（D. Scherer）	6	谢自楚	5
C. 施奈德（C. Schneider）	6	易朝路	5

3. 主要载文期刊分析

从期刊分布来看，刊载青藏高原现代雪线高度研究的期刊共有 76 种，表 5.7 所示为载文量排名前十的 11 种期刊，载文总量为 96 篇，即 14.47% 的期刊刊载了论文总量的 49.74%，符合文献集中分散定律。载文量 10 篇以上的期刊有中国的《冰川冻土》以及英国的《冰川学杂志》(*Journal of Glaciology*) 和《第四纪国际》(*Quaternary International*)。

表 5.7　载文量排名前十期刊（11 种）

期刊名称	所属国家/组织	收录情况	载文量/篇	百分比/%
冰川冻土	中国	中文核心，CSCD	27	13.99
冰川学杂志	英国	SCI	11	5.70
第四纪国际	英国	SCI	10	5.18
第四纪科学评论（*Quaternary Science Reviews*）	英国	SCI	8	4.15
现代科学（*Current Science*）	印度	SCI	7	3.63
冰川学年鉴（*Annals of Glaciology*）	英国	SCIE	6	3.11
地貌学（*Geomorphology*）	荷兰	SCI	6	3.11
第四纪科学杂志（*Journal of Quaternary Science*）	美国	SCI	6	3.11

续表

期刊名称	所属国家/地区	收录情况	载文量/篇	百分比/%
水文过程（*Hydrological Processes*）	美国	SCI	5	2.59
山地科学学报（*Journal of Mountain Science*）	中国	SCIE	5	2.59
冰冻圈（*The Cryosphere*）	欧洲地球科学联盟	SCI	5	2.59

在载文量前十名期刊中，《冰川冻土》是《中文核心期刊要目总览》和CSCD收录期刊；《冰川学杂志》《第四纪国际》《第四纪科学评论》《现代科学》《地貌学》《第四纪科学期刊》《水文过程》《冰冻圈》是科学引文索引的来源期刊，《冰川学年鉴》和《山地科学学报》属于科学引文索引扩展版（Science Citation Index Expanded，简称SCIE）来源期刊。这在一定程度上说明了本书所纳入文献的质量较高，原始研究可靠。

国家占有的重要期刊的数量在一定程度上体现了该国对青藏高原现代雪线的关注度。从表5.7期刊所属的国家来看，英国占有的期刊种类最多，包括3种SCI来源期刊和1种SCIE来源期刊；其次是美国和中国，美国占有2种SCI来源期刊，中国占有1种SCIE来源期刊和1种CSCD来源期刊；印度和荷兰各占有1种SCI来源期刊。这说明从重要期刊占有情况来看，英国、美国和中国对相关主题的研究更为重视。

（二）数据抽取内容分析

为了解青藏高原现代雪线高度的研究区域分布情况，本案例借鉴了刘时银等对青藏高原现代冰川分布区的分区方法[64]。该方法根据青藏高原地区不同山脉冰川的分布特征，将青藏高原及其邻近的冰川分布划为17个分区，分别是西喜马拉雅、东喜马拉雅、中喜马拉雅、喀喇昆仑山、帕米尔、西天山、西昆仑山、念青唐古拉、横断山、青藏高原内、唐古拉山、青藏高原东、祁连山、东昆仑山、东天山、希萨尔阿莱、兴都库什等。本书的研究区域仅限于青藏高原地区，不包括东天山和西天山，因此为15个冰川分区。

将抽取到的研究区根据15个冰川分区进行分类，研究区为雪线高度值或高度范围所对应的研究区或具体研究地点，最后得到每个分区的文献量。各个分区均有相关研究，其中西喜马拉雅和中喜马拉雅是研究最多的地区，文献量均为 40 篇以上，其次是祁连山地区，文献量为 26 篇，其他文献量超过 10 篇的地区还有念青唐古拉地区、横断山地区和东喜马拉雅地区，希萨尔阿莱的研究量最少。根据每个分区的研究数量，可将 15 个分区分为热点研究区和非热点研究区两类，热点研究区包括西喜马拉雅、中喜马拉雅、祁连山、念青唐古拉、横断山、东喜马拉雅 6 个分区，文献量均在 10 篇以上，其他 9 个文献量在 10 篇及以下的分区为非热点研究区。

从时间维度纵向分析可以进一步了解不同时间段各个分区研究热度的变化情况。表 5.8 所示为青藏高原各冰川分区的年度发文量变化情况。整体上看，研究区域数量和各分区文献量都呈增长趋势。20 世纪 70 年代，仅有一篇西喜马拉雅地区的研究文献，80 年代的研究区域以中喜马拉雅和祁连山为主，90 年代在研究区域数量方面有所扩展，包括西喜马拉雅、中喜马拉雅、喀喇昆仑山、祁连山、青藏高原东部、东昆仑山地区，但仍以西喜马拉雅和中喜马拉雅的文献量居多；2002 年以后，研究区域数量及各分区的文献量明显增加，在 2014 年达到峰值，之后二者数量均有所降低。

表 5.8　青藏高原各冰川分区的年度发文量变化　　　　（单位：篇）

发表年份	东昆仑山	东喜马拉雅	横断山	喀喇昆仑山	念青唐古拉山	帕米尔	祁连山	青藏高原东	青藏高原内	唐古拉山	西昆仑山	西喜马拉雅	希萨尔阿莱	兴都库什	中喜马拉雅
1977	0	0	0	0	0	0	0	0	0	0	0	1	0	0	0
1978	0	0	0	0	0	0	0	0	0	0	0	0	0	0	0
1979	0	0	0	0	0	0	0	0	0	0	0	0	0	0	0
1980	0	0	0	0	0	0	0	0	0	0	0	0	0	0	0
1981	0	0	0	0	0	0	1	0	0	0	0	0	0	0	0
1982	0	0	0	0	0	0	0	0	0	0	0	0	0	0	0
1983	0	0	0	0	0	0	0	0	0	0	0	0	0	0	2
1984	0	0	0	0	0	0	0	0	0	0	0	0	0	0	0
1985	0	0	0	0	0	0	1	0	0	0	0	0	0	0	0
1986	0	0	0	0	0	0	0	0	0	0	0	0	0	0	0
1987	0	0	0	0	0	0	0	0	0	0	0	0	0	0	1
1988	0	0	0	0	0	0	0	0	0	0	0	0	0	0	1
1989	0	0	1	0	0	0	1	0	0	0	0	0	0	0	0
1990	0	0	0	0	0	0	0	0	0	0	0	1	0	0	1
1991	0	0	0	0	0	0	0	0	0	0	0	0	0	0	0
1992	0	0	0	0	0	0	0	0	0	0	0	2	0	0	0

续表

发表年份	东昆仑山	东喜马拉雅	横断山	喀喇昆仑山	念青唐古拉山	帕米尔	祁连山	青藏高原东	青藏高原内	唐古拉山	西昆仑山	西喜马拉雅	希萨尔阿莱	兴都库什	中喜马拉雅
1993	0	0	0	1	0	0	0	0	0	0	0	0	0	0	0
1994	0	0	0	0	0	0	0	0	0	0	0	0	0	0	0
1995	0	0	0	0	0	0	0	0	0	0	0	2	0	0	0
1996	0	0	0	0	0	0	0	0	0	0	0	0	0	0	2
1997	0	0	0	0	0	0	0	0	0	0	0	0	0	0	0
1998	1	0	0	0	0	0	1	1	0	0	0	0	0	0	0
1999	0	0	0	0	0	0	0	0	0	0	0	0	0	0	0
2000	0	0	0	0	0	0	0	1	0	0	0	0	0	0	0
2001	0	0	0	0	0	0	0	0	0	0	0	0	0	0	0
2002	1	1	0	0	1	0	0	0	2	1	1	0	0	1	2
2003	0	0	0	0	0	0	1	0	0	0	0	0	0	0	0
2004	0	0	0	0	0	0	0	0	0	0	0	1	0	0	0
2005	0	1	0	1	2	0	1	0	0	0	0	2	0	1	1
2006	2	1	0	1	0	1	0	0	0	0	0	0	0	0	2
2007	0	0	0	0	1	0	1	0	0	0	0	2	0	1	0
2008	1	0	0	0	0	0	1	0	0	3	0	0	0	1	2
2009	0	1	0	0	0	0	1	0	0	0	0	1	0	0	0
2010	0	0	2	1	3	0	0	0	1	0	0	4	0	0	1
2011	0	0	1	0	0	0	0	0	0	0	0	3	0	0	2
2012	0	0	1	0	1	0	1	0	1	1	0	1	0	0	2
2013	0	1	2	1	0	2	1	0	0	2	0	4	0	1	5
2014	1	3	4	3	4	0	5	1	2	2	0	8	1	2	8
2015	0	2	1	1	3	0	3	1	0	1	0	2	0	0	2
2016	3	1	0	0	1	1	0	0	0	0	0	4	0	0	0
2017	0	0	1	1	2	1	3	0	0	1	0	4	0	0	2
2018	1	2	1	0	0	0	3	0	2	0	1	3	0	1	1

为进一步清晰展示各个分区随时间的研究热度变化，表5.9列出了1977年以来不同出版时间段内各个分区的研究文献数量，各个分区的顺序按照文献总量降序排列。由表5.9可知，无论从各时间段的发文数量还是增长率方面，西喜马拉雅、中喜马拉雅和祁连山地区一直以来都是重点研究区，研究的持续性较好，可将其视为最热研究区。除此之外，其他地区基本在2000年以后才引起关注。2000—2009年，念青唐古拉山、东喜马拉雅、东昆仑山、唐古拉山和兴都库什地区的研究量相对较多，而横断山、希萨尔阿莱的研究量为零；2010—2018年，综合文献量和增长率两个指标来看，念青唐古拉山、横断山和东喜马拉雅地区的研究较为突出，而对兴都库什、

西昆仑山和希萨尔阿莱地区的研究则相对较少。

表 5.9　1977 年以来不同出版时间段内各个分区的研究文献数量

分区名称		20 世纪 70 年代	20 世纪 80 年代	20 世纪 90 年代	2000—2009 年	2010—2018 年
西喜马拉雅	文献量/篇	1	0	4	6	33
	增长率/%	—	−100	∞	50	450
中喜马拉雅	文献量/篇	0	4	4	7	26
	增长率/%	—	∞	0	75	271.43
祁连山	文献量/篇	0	3	1	5	17
	增长率/%	—	∞	−66.67	400	240
念青唐古拉山	文献量/篇	0	0	0	4	14
	增长率/%	—	—	—	∞	250
横断山	文献量/篇	0	1	0	0	13
	增长率/%	—	∞	−100	—	∞
东喜马拉雅	文献量/篇	0	0	0	4	9
	增长率/%	—	—	—	∞	125
东昆仑山	文献量/篇	0	0	1	4	5
	增长率/%	—	—	∞	300	25
喀喇昆仑山	文献量/篇	0	0	1	2	7
	增长率/%	—	—	∞	100	250
唐古拉山	文献量/篇	0	0	0	4	6
	增长率/%	—	—	—	∞	50
青藏高原内	文献量/篇	0	0	0	2	6
	增长率/%	—	—	—	∞	200
青藏高原东	文献量/篇	0	0	1	2	4
	增长率/%	—	—	∞	100	100
兴都库什	文献量/篇	0	0	0	4	3
	增长率/%	—	—	—	∞	−25
帕米尔	文献量/篇	0	0	0	1	4
	增长率/%	—	—	—	∞	300
西昆仑山	文献量/篇	0	0	1	1	3
	增长率/%	—	—	∞	0	200
希萨尔阿莱	文献量/篇	0	0	0	0	1
	增长率/%	—	—	—	—	∞

四、集成分析

根据从 193 篇文献中抽取的雪线高度数据，选择有具体经纬度的雪线高度数值，剔除离青藏高原较远的地点，整理出青藏高原地区 189 个地点的雪线平均高度，在 ArcGIS 软件中采用克里金法获取到了青藏高原地区雪线高度在空间上的分布情况，并绘制出雪线高程等值线图。

青藏高原地区的现代雪线高度分布整体呈现中部高、四周低的分布特点，范围是 4000—6200m。其中青藏高原东北部的祁连山和西部的帕米尔高原雪线高度较低，为 4600—4800m。青藏高原东南部的山脉雪线高度在 5000m 左右。高原中部雪线高度较高，基本在 5400m 以上，其中青藏高原内部山脉的雪线高度超过 5800m。雪线的海拔受地形、坡度坡向、气候条件等因素的影响，形成过程十分复杂。其中，气温是影响雪线的重要因素。气温随着纬度和海拔的增加而降低，青藏高原东南部的横断山脉纬度低于北部的祁连山脉和帕米尔高原，雪线高度则高于祁连山地区和帕米尔高原。另外，降水也是雪线高度变化的重要影响因素，高原南部的喜马拉雅山脉雪线低于昆仑山、喀喇昆仑山、青藏高原内部山脉，很大一部分原因是这里降水较多。

五、案例总结

本案例以 CNKI 和 WoS 为主要的文献检索平台，对青藏高原地区现代雪线高度的相关研究进行综合集成，得到主要结论如下。

第一，该主题的研究可分为两个阶段，第一阶段是 2002 年以前的初步研究阶段，该阶段的总体研究数量少，研究区域有限；第二阶段是 2002 年至今的研究增长阶段，该阶段的年发文量较之前有明显增加，呈波动上升趋势，研究区域明显扩展。

第二，中国、印度、德国、美国是青藏高原现代雪线高度的主要研究国家，以第一作者国家和非第一作者国家发表的文献量占总量的 93.26%；中国的发文量远远高于其他国家，主要研究力量分布在甘肃和北京。

第三，该主题主要研究机构分布在中国、印度、美国、德国四个国家，包括中国的中国科学院西北生态环境资源研究院和青藏高原研究所、兰州大学，印度的瓦迪亚喜马拉雅地质研究所、印度科学研究所等。

第四，该主题发文的核心作者共有 22 位，以第一作者或非第一作者发表的文献数量占总量的 57.51%；主要研究团队有 3 个，其中两个团队分别属于法国和印度，第三个团队最大，包括中国（主要）、德国、日本和奥地利四个国家的研究者；中国作者和德国作者的影响力较大，其中影响力最大的前三位作者是姚檀栋、康世昌和王宁练。

第五，该主题文献的期刊分布较为集中，《冰川冻土》以及英国的《冰川学杂志》和《第四纪国际》是载文量最多的三种期刊；载文量最多的前十名期刊分别属于英国、美国、中国、印度、荷兰和欧洲地球科学联盟，其中英国的期刊种类最多。

第六，在青藏高原现代雪线高度的研究中，西喜马拉雅、中喜马拉雅和祁连山一直是热点研究区，2002 年以后念青唐古拉、横断山、东喜马拉雅地区成为新的热点研究区；而希萨尔阿莱地区一直处于被忽略的状态。

第七，根据基于文献的研究集成结果，青藏高原地区的现代雪线高度分布整体呈现中部高、四周低的特点，范围是 4000—6200m；气温和降水是雪线高度的两个关键影响因素。

本案例研究的优点包括两方面：第一，原始文献研究质量较高且主题高度契合，因此文献计量和研究集成结果能较好地反映该主题重要文献集的基本特征和研究结果；第二，有预先的方法设计，能减少多种主观因素的干扰，因此研究结果有较高的可信度。

本案例研究不足包括两方面：第一，文献收集不全，一方面，文献检索平台只选取 CNKI 和 WoS，不能涵盖所有关于青藏高原现代雪线高度的实证研究；另一方面，在文献全文筛选的过程中，排除了没有提供具体雪线高度的部分实证研究，导致最终纳入的文献量受限，时间范围小。第二，由于原始文献中提供的数据不足，未能对研究结果作出更进一步的集成分析，例如对热点研究区的雪线高度进行时间序列分析，对各个分区的具体研究地点和研究时间进行分析等。

本章参考文献

[1] Donnelly C A，Ghani A C，Leung G M，et al. Epidemiological determinants of spread of causal

agent of severe acute respiratory syndrome in Hong Kong[J]. The Lancet，2003，361（9371）：1761-1766.

[2] Nair H，Brooks W A，Katz M，et al. Global burden of respiratory infections due to seasonal influenza in young children：a systematic review and meta-analysis[J]. The Lancet，2011，378（9807）：1917-1930.

[3] Chan K H，Malik Peiris J S，Lam S Y，et al. The effects of temperature and relative humidity on the viability of the SARS coronavirus[J]. Advances in Virology，2011，2011：734690.

[4] Chin A W H，Chu J T S，Perera M R A，et al. Stability of SARS-CoV-2 in different environmental conditions[J]. The Lancet Microbe，2020，1（1）：e10.

[5] Fan J C，Gao Y，Zhao N，et al. Bibliometric analysis on COVID-19：a comparison of research between English and Chinese studies[J]. Frontiers in Public Health，2020，8：477.

[6] Kubota Y，Shiono T，Kusumoto B，et al. Multiple drivers of the COVID-19 spread：the roles of climate，international mobility，and region-specific conditions[J]. PLoS One，2020，15（9）：e0239385.

[7] 裴韬，王席，宋辞，等. COVID-19 疫情时空分析与建模研究进展[J]. 地球信息科学学报，2021，23（2）：188-210.

[8] Scafetta N. Distribution of the SARS-CoV-2 pandemic and its monthly forecast based on seasonal climate patterns[J]. International Journal of Environmental Research and Public Health，2020，17（10）：3493.

[9] Sajadi M M，Habibzadeh P，Vintzileos A，et al. Temperature，humidity，and latitude analysis to estimate potential spread and seasonality of coronavirus disease 2019（COVID-19）[J]. JAMA Network Open，2020，3（6）：e2011834.

[10] Tosepu R，Gunawan J，Effendy D S，et al. Correlation between weather and covid-19 pandemic in jakarta，Indonesia[J]. Science of the Total Environment，2020，725：138436.

[11] Prata D N，Rodrigues W，Bermejo P H. Temperature significantly changes COVID-19 transmission in（sub）tropical cities of Brazil[J]. The Science of the Total Environment，2020，729：138862.

[12] Meraj G，Farooq M，Singh S K，et al. Coronavirus pandemic versus temperature in the context of Indian subcontinent：a preliminary statistical analysis[J]. Environment，Development and Sustainability，2021，23（4）：6524-6534.

[13] Carta M G，Scano A，Lindert J，et al. Association between the spread of COVID-19 and weather-climatic parameters[J]. European Review for Medical and Pharmacological Sciences，2020，24（15）：8226-8231.

[14] Meo S A，Abukhalaf A A，Alomar A A，et al. Impact of weather conditions on incidence and mortality of COVID-19 pandemic in Africa[J]. European Review for Medical and Pharmacological Sciences，2020，24（18）：9753-9759.

[15] Guo X J，Zhang H，Zeng Y P. Transmissibility of COVID-19 in 11 major cities in China and its association with temperature and humidity in Beijing，Shanghai，Guangzhou，and Chengdu[J]. Infectious Diseases of Poverty，2020，9（1）：87.

[16] Guan L，Yang J，Bell J M. Cross-correlations between weather variables in Australia[J]. Building and Environment，2007，42（3）：1054-1070.

[17] 周涛，刘权辉，杨紫陌，等. 新型冠状病毒肺炎基本再生数的初步预测[J]. 中国循证医学杂志，2020，20（3）：359-364.

[18] Smit A J，Fitchett J M，Engelbrecht F A，et al. Winter is coming：a southern hemisphere perspective of the environmental drivers of SARS-CoV-2 and the potential seasonality of COVID-19[J]. International Journal of Environmental Research and Public Health，2020，17（16）：5634.

[19] Briz-Redón Á，Serrano-Aroca Á. The effect of climate on the spread of the COVID-19 pandemic：a review of findings，and statistical and modelling techniques[J]. Progress in Physical Geography：Earth and Environment，2020，44（5）：591-604.

[20] Shi P，Dong Y Q，Yan H C，et al. Impact of temperature on the dynamics of the COVID-19 outbreak in China[J]. Science of the Total Environment，2020，728：138890.

[21] Ma Y L，Zhao Y D，Liu J T，et al. Effects of temperature variation and humidity on the death of COVID-19 in Wuhan，China[J]. Science of the Total Environment，2020，724：138226.

[22] Briz-Redón Á，Serrano-Aroca Á. A spatio-temporal analysis for exploring the effect of temperature on COVID-19 early evolution in Spain[J]. The Science of the Total Environment，2020，728：138811.

[23] Wu Y，Jing W Z，Liu J，et al. Effects of temperature and humidity on the daily new cases and new deaths of COVID-19 in 166 countries[J]. Science of the Total Environment，2020，729：139051.

[24] Gupta S，Raghuwanshi G S，Chanda A. Effect of weather on COVID-19 spread in the US：a prediction model for India in 2020[J]. Science of the Total Environment，2020，728：138860.

[25] Yao Y，Pan J H，Liu Z X，et al. No association of COVID-19 transmission with temperature or UV radiation in Chinese cities[J]. The European Respiratory Journal，2020，55（5）：2000517.

[26] Pani S K，Lin N H，RavindraBabu S. Association of COVID-19 pandemic with meteorological parameters over Singapore[J]. Science of the Total Environment，2020，740：140112.

[27] Ward M P，Xiao S，Zhang Z J. Humidity is a consistent climatic factor contributing to SARS-CoV-2 transmission[J]. Transboundary and Emerging Diseases，2020，67（6）：3069-3074.

[28] Ward M P，Xiao S，Zhang Z J. The role of climate during the COVID-19 epidemic in New South Wales，Australia[J]. Transboundary and Emerging Diseases，2020，67（6）：2313-2317.

[29] Shahzad F，Shahzad U，Fareed Z，et al. Asymmetric nexus between temperature and COVID-19 in the top ten affected provinces of China：a current application of quantile-on-quantile approach[J]. Science of the Total Environment，2020，736：139115.

[30] Pappas G，Kiriaze I J，Falagas M E. Insights into infectious disease in the era of Hippocrates[J]. International Journal of Infectious Diseases：IJID：Official Publication of the International Society for Infectious Diseases，2008，12（4）：347-350.

[31] Li A Y，Hannah T C，Durbin J R，et al. Multivariate analysis of black race and environmental temperature on COVID-19 in the US[J]. The American Journal of the Medical Sciences，2020，360（4）：348-356.

[32] Bukhari Q，Massaro J M，et al. Effects of weather on coronavirus pandemic[J]. International Journal of Environmental Research and Public Health，2020，17（15）：5399.

[33] Sahoo P K，Mangla S，Pathak A K，et al. Pre-to-post lockdown impact on air quality and the role of environmental factors in spreading the COVID-19 cases-a study from a worst-hit state of India[J]. International Journal of Biometeorology，2021，65（2）：205-222.

[34] Rashed E A，Kodera S，Gomez-Tames J，et al. Influence of absolute humidity，temperature and population density on COVID-19 spread and decay durations：multi-prefecture study in Japan[J]. International Journal of Environmental Research and Public Health，2020，17（15）：5354.

[35] Tobler W R. A computer movie simulating urban growth in the Detroit region[J]. Economic Geography，1970，46：234-240.

[36] Rahman M，Islam M，Shimanto M H，et al. A global analysis on the effect of temperature，socio-economic and environmental factors on the spread and mortality rate of the COVID-19 pandemic[J]. Environment，Development and Sustainability，2021，23（6）：9352-9366.

[37] Coelho M T P，Rodrigues J F M，Medina A M，et al. Global expansion of COVID-19 pandemic is driven by population size and airport connections[J]. PeerJ，2020，8：e9708.

[38] Huang Z W，Huang J P，Gu Q Q，et al. Optimal temperature zone for the dispersal of COVID-19[J]. Science of the Total Environment，2020，736：139487.

[39] Iqbal M M，Abid I，Hussain S，et al. The effects of regional climatic condition on the spread of COVID-19 at global scale[J]. Science of the Total Environment，2020，739：140101.

[40] Hoang T，Tran T T A. Ambient air pollution，meteorology，and COVID-19 infection in Korea[J]. Journal of Medical Virology，2021，93（2）：878-885.

[41] Xu H，Yan C H，Fu Q Y，et al. Possible environmental effects on the spread of COVID-19 in China[J]. Science of the Total Environment，2020，731：139211.

[42] Li H，Xu X L，Dai D W，et al. Air pollution and temperature are associated with increased COVID-19 incidence：a time series study[J]. International Journal of Infectious Diseases：IJID：Official Publication of the International Society for Infectious Diseases，2020，97：278-282.

[43] Auler A C，Cássaro F A M，da Silva V O，et al. Evidence that high temperatures and intermediate relative humidity might favor the spread of COVID-19 in tropical climate：a case study for the most affected Brazilian cities[J]. Science of the Total Environment，2020，729：139090.

[44] Singh O，Bhardwaj P，Kumar D. Association between climatic variables and COVID-19 pandemic in National Capital Territory of Delhi，India[J]. Environment，Development and Sustainability，2021，23（6）：9514-9528.

[45] Noti J D，Blachere F M，McMillen C M，et al. High humidity leads to loss of infectious influenza virus from simulated coughs[J]. PLoS One，2013，8（2）：e57485.

[46] Polozov I V，Bezrukov L，Gawrisch K，et al. Progressive ordering with decreasing temperature of the phospholipids of influenza virus[J]. Nature Chemical Biology，2008，4（4）：248-255.

[47] Moriyama M，Hugentobler W J，Iwasaki A. Seasonality of respiratory viral infections[J]. Annual Review of Virology，2020，7（1）：83-101.

[48] Eccles R，Wilkinson J E. Exposure to cold and acute upper respiratory tract infection[J]. Rhinology，2015，53（2）：99-106.

[49] Paynter S. Humidity and respiratory virus transmission in tropical and temperate settings[J]. Epidemiology and Infection，2015，143（6）：1110-1118.

[50] Luo W，Majumder M S，Liu D，et al. The role of absolute humidity on transmission rates of the COVID-19 outbreak[J]. medRxiv，2020，DOI：10.1101/2020.02.12.20022467.

[51] Jüni P，Rothenbühler M，Bobos P，et al. Impact of climate and public health interventions on the COVID-19 pandemic：a prospective cohort study[J]. CMAJ，2020，192（21）：E566-E573.

[52] Méndez-Arriaga F. The temperature and regional climate effects on communitarian COVID-19 contagion in Mexico throughout phase 1[J]. Science of the Total Environment，2020，735：139560.

[53] 孙鸿烈. 中国科学院青藏高原综合科学考察研究三十年[J]. 科学新闻，2003，（20）：8-9.

[54] 孙鸿烈. 青藏高原科学考察研究的回顾与展望[J]. 资源科学，2000，22（3）：6-8.

[55] 姚檀栋，陈发虎，崔鹏，等. 从青藏高原到第三极和泛第三极[J]. 中国科学院院刊，2017，32（9）：924-931.

[56] 习近平. 习近平致中国科学院青藏高原综合科学考察研究队的贺信[J]. 中国科学院院刊，2017，32（9）：914.

[57] 陈梦蝶. 青藏高原地区雪线时空变化动态研究[D]. 兰州：兰州大学，2014.

[58] 张瑞江，赵福岳，方洪宾，等. 青藏高原近30年现代雪线遥感调查[J]. 国土资源遥感，2010，22（S1）：59-63.

[59] Spiess M，Schneider C，Maussion F. MODIS-derived interannual variability of the equilibrium-line altitude across the Tibetan Plateau[J]. Annals of Glaciology，2016，57（71）：140-154.

[60] 邓育武，谢自楚，李玲玲. 基于GIS的西藏南部雪线场的建立及其空间分布特征[J]. 云南地理环境研究，2006，18（3）：10-14.

[61] 吴豪，虞孝感，许刚. 长江源区冰川对全球气候变化的响应[J]. 地理学与国土研究，2001，17（4）：1-5.

[62] Zhang Q，Yi C L，Fu P，et al. Glacier change in the Gangdise Mountains，Southern Tibet，since

the Little Ice Age[J]. Geomorphology，2018，306：51-63.

[63] 叶鹰，潘有能，潘卫. 情报学基础教程[M]. 北京：科学出版社，2006.

[64] 刘时银，姚晓军，郭万钦，等. 基于第二次冰川编目的中国冰川现状[J]. 地理学报，2015，70（1）：3-16.

第六章

文献综合集成展望

6

随着互联网的快速发展，数据呈现爆炸式增长及多模态发展趋势，对不同类型文献的综合集成以提高数据的利用价值，成为当前学科情报挖掘的一大重要挑战。人工智能、自然语言处理和知识图谱等技术的不断发展推动了智能化科研范式的到来，也为文献综合集成提供了更多的技术手段和方法。通过这类技术的应用，能够推动对海量文献数据更加智能化和高效化地处理与分析，提高文献综合集成的精度和效率。此外，随着开放科学和数据共享的普及，越来越多的学术文献及数据等信息被开放共享，这也为文献综合集成提供了更加广阔的数据源和应用场景。总体来说，未来文献综合集成研究在研究对象、技术与方法、应用领域等方面均有望得到进一步拓展与优化，具体可能呈现以下态势。

第一节　集成研究对象的扩展

大数据时代的到来使科学研究范式发生了巨大变化，数据密集型、数据驱动型研究成为新型科研方式，并朝着智能化科研范式不断演进。各个研究领域的知识生产呈现出碎片化、跨学科特征，并以惊人的速度增长。元科学以"超越"的视角对科学的研究领域进行科学理论与方法的系统性反思，能够促进科学研究进入成熟阶段，形成学科健康发展的循环链。元科学的发展建立在对以往研究进行综合集成的基础之上，也成为各类学科当下及未来开展研究活动的基石。当前文献综合集成技术、方法与平台主要针对的是经同行评议的期刊论文以及论文中的知识和数据。在开放科学背景下，可以从三个维度对集成对象进行拓展。

第一，除了同行评议（期刊）论文，还可以将学位论文、数据论文、数据集、会议论文、专利、开放获取论文等纳入数据来源。

第二，广义上的科学数据还包括表格、图形、模型、文本等，可以结合机器学习和自然语言处理技术对多种类型数据进行处理、挖掘和集成。

第三，综合集成包括但不限于研究结果的集成，探索基于科学数据生命周期模型，围绕科学数据生命过程的各个阶段，如数据发现、数据收集、数据分析等，建立集成框架和模型。

第二节　集成技术与方法的优化

综合集成有着严格的系统性方法和流程，在不同的阶段引入相应的人工智能技术可以优化集成技术与方法。

在文献搜索时，研究人员为了检索全面性而舍去精确性，导致候选文章数量庞大，必须由研究人员再进行手动筛选，这一过程可能非常耗时，机器学习、自然语言处理、人工神经网络等提供了一种潜在的方法，可以将其转化为文本分类问题，由机器半自动化完成筛选。另外，文本分类还有其他潜在的应用，如将文章分类为随机对照试验报告或非随机对照试验报告，也可以根据偏倚风险或其他特征进行分类。

数据抽取也是一个既关键又费力的步骤，可以应用文本挖掘和信息抽取等技术从文献中提取结构化数据（如研究样本数量、效应量）。从机器学习的角度来看，这些任务可以看作是识别文本片段以及对文档中的单个单词进行分类。另外数据抽取还涉及命名实体自动识别以及各种实体之间的关系提取。

另外，自动化技术的一个潜在用途是实时监测文献，如利用自动监测和智能感知技术在新的研究发布时可以通过文本分类方法自动提醒相关方来完成。此外，使用提取模型，新发表研究的关键方面可以通过结构化形式推断和存储。例如，可以想象这样一个场景：刚发表的研究似乎与之前实施过的综合集成相关，此时该研究将被自动化识别并且相关数据被抽取，应用模板自动完成抽取及存档并通知相关人员进行编辑（因为自动提取可能并不完善）。

第三节　集成应用领域的拓宽

KSS 平台虽然已具备较多的功能模块，但在学科领域、集成层面以及集成成果的开放性方面仍有拓展的空间。

第一，学科领域拓宽。目前文献综合集成系统平台主要以气候变化领域用户为主，但实际上，在数据为王的时代，各个学科领域都面临着海量数据、大量研究结论的集成问题。虽然各个学科的数据、研究结论形式多种多样，但总结起来主要有两大类，即定性数据与定量数据。文献综合集成不仅适用于定量数据的集成，同时也适用于定性数据的集成。未来可以不断探索文献综合集成系统平台应用于不同学科领域的适用性，提炼不同学科之间共同的集成路径与流程范式，完善集成平台，不断拓展文献综合集成的学科领域应用范围。

第二，集成层面拓宽。目前文献综合集成主要应用于主题层面，分析气候变化、降水、青藏高原雪线等主题的研究结论，经过集成分析得到有意义的结论。未来，KSS 平台可用于学科层面的成果集成，并为国家、机构、学科、人员等不同粒度的文献计量分析与评价提供依据。

第三，集成成果开放权限拓宽。目前 KSS 平台针对个人用户，能够获得满足用户需求的集成分析报告。系统生成的集成分析报告属于一种新知识，其中不乏一些非常有价值的科学结论。所有用户生成的全部集成报告将是一笔非常宝贵的知识财富。如果这些集成报告能够为其他用户共享，对促进知识交流与传播将会非常有利。当然，集成分析中可能涉及用户隐私，用户可以自由选择集成报告的开放权限，如全部开放、仅开放集成数据部分、仅开放集成结论部分、仅开放计量分析部分等。

第四节　集成专业性与操作易用性相结合

满足用户需求是文献综合集成系统平台的终极目标。对用户来说，其需求向两个方面逐步细化：第一，实现功能的专业化。随着用户对集成平台使用次数的增加，他们会对集成专业性的要求进一步提高，这不仅包括集成方法、技术的增加，同时也包括数据的完善、分析功能的健全与可视化结果的全面展示等。这就要求文献综合集成系统平台在专业性方面不断提升与完善。第二，操作的易用性。在要求用户集成专业性的同时，系统平台操作步骤必然会增加，而用户作为非专业人员，可能会面临系统平台的易用性问题。这就要求文献综合集成系统平台一方面增加更专业的集成模块，另一方面又要将不需要人工干预的集成技术进行封装，为用户提供更简洁、易用的集成平台与系统，使文献综合集成能够在未来发挥更大的作用。

第五节　由文献综合集成到元出版的逆向延伸

文献综合集成是由分散到融合的集成式研究，实现 1+1>2 的整合目标。在开放科学加速演进的背景之下，以期刊出版为代表的学术出版模式从形式和内容方面均发生了深刻转变，出版内容从宽度、深度与粒度等方面得到全面改善。这也引申出了文献综合集成的逆向工作——知识出版过程中的结构化发布问题。

研究团队围绕结构化出版开展了探索性的研究，提出了融合预印本出版、数据出版、结构化信息出版等当前开放出版实践与理念为一体的开放出版新模式——元出版理念，旨在提供一个科学工作者完全融入的泛在沉浸式开放知识交流机制，体现该理念的相关研究已在《中国科学院院刊》上发表[1]。其既是对现有学术交流模式的发展，也是对已有出版模式的超越。元出版理念从解构、融合、超越三个维度构建泛在沉浸式开放知识交流系统，实现对广义科技工作者的元出版发表支持、元出版成果的开放评审、元知识的开放共享，并调用知识组织、知识分析、知识集成等诸多技术极大地推动知识的再生产与开放创新。

基于元出版理念，研究团队开发了元出版平台 MetaPub，其定位是一个学术文献的开放出版、知识组织与学术交流环境，该平台设计理念与技术路线已申请发明专利（专利申请号为 CN202310341366.4）。平台围绕论文信息的评审、处理、出版、关联、传播与评论等学术出版和知识交流的各环节提供支持，并通过这些交流活动促进知识创新及再产生新的知识。目前已实现结构化出版物引擎、同行评议子系统、开放出版子系统、知识发现子系统和学术交流社区子系统等 5 个模块功能。在实现更快地发布研究成果、更好地开展学术交流、更好地进行知识组织与知识集成这一新目标的实践中迈出了积极的一步。

综上，文献综合集成方法及其系统平台作为一种形成新认识、新解释的机制，在未来必将有更好的发展空间。

本章参考文献

[1] 曲建升，刘春江，田倩飞，等. 面向开放科学的元出版理念与平台建设实践[J]. 中国科学院院刊，2023，38（7）：1023-1036.

附　录

附表 1　纳入文献清单

文献编号	发表年份	作者	机构	国家	题名	来源期刊
aC1	2018	张连成, 胡列群, 李帅, 侯小刚, 郑照军	新疆维吾尔自治区气候中心; 新疆气象服务中心; 中国气象局乌鲁木齐沙漠气象研究所; 国家卫星气象中心	中国	新疆雪线场的建立及其空间分布特征	干旱区研究
aC5	2017	周尚哲, 汪耀华, 许刘兵, 郑本兴	华南师范大学; 中国科学院西北生态环境资源研究院	中国	龙门山古冰川作用	冰川冻土
aC10	2016	张其兵, 康世昌, 张国帅	湖南文理学院; 中国科学院寒区旱区环境与工程研究所; 中国科学院青藏高原研究所	中国	念青唐古拉山脉西段雪线高度变化遥感观测	地理科学
aC13	2015	赵军, 黄永生, 师银芳, 李龙	西北师范大学	中国	2000—2012 年祁连山中段雪线与气候变化关系	山地学报
aC15	2015	唐志光, 王建, 梁继, 李朝奎, 王欣	湖南科技大学; 中国科学院寒区旱区环境与工程研究所	中国	基于 MODIS 的青藏高原雪线高度遥感监测	遥感技术与应用
aC23	2014	陈安安, 陈伟, 吴红波, 张伟, 吴玉伟	中国科学院寒区旱区环境与工程研究所; 中国科学院大学; 新疆阿尔金山国家级自然保护区管理局	中国	2000—2013 年木孜塔格格冰鳞川冰川粒雪线高度变化研究	冰川冻土
aC24	2014	白淑英, 史建桥, 沈渭寿, 高吉喜, 张学成	南京信息工程大学; 环境保护部南京环境科学研究所; 94783 部队 61 分队	中国	卫星遥感西藏高原积雪时空变化及影响因子分析	遥感技术与应用
aC25	2013	张威, 李洋洋, 刘蓓蓓	辽宁师范大学	中国	中国低纬度地区中更新世以来冰川发育与成因探讨	地理与地理信息科学

续表

文献编号	发表年份	作者	机构	国家	题名	来源期刊
aC32	2011	杨存建，赵梓健，倪静，任小兰，王靆	四川师范大学；电子科技大学	中国	基于 MODIS 数据的川西积雪时空变化分析	中国科学：地球科学
aC34	2010	张满江，赵福岳，方洪宾，曾福年	中国国土资源航空物探遥感中心	中国	青藏高原近 30 年现代雪线遥感调查	国土资源遥感
aC39	2010	王利平，谢自楚，丁良福，刘时银	湖南师范大学；中国科学院寒区旱区环境与工程研究所	中国	基于 GIS 的羌塘高原冰川系统雪线场的建立及其空间分布特征	干旱区地理
aM12-C47	1981	康兴成，丁良福	中国科学院兰州冰川冻土研究所	中国	天山和祁连山的冰川物质平衡、雪线位置与天气气候的关系	冰川冻土
aC47	2008	杜文涛，秦翔，刘宇硕，王旭峰	中国科学院冻圈科学国家重点实验室；中国科学院寒区旱区环境与工程研究所	中国	1958—2005 年祁连山老虎沟 12 号冰川变化特征研究	冰川冻土
aC59	2005	焦克勤，Iwata S，井哲帆，李忠勤	中国科学院寒区旱区环境与工程研究所；Tokya University；中国科学院青藏高原研究所	中国，日本	3.2ka BP 以来念青唐古拉山东部则普冰川波动与环境变化	冰川冻土
aC64	2004	邓晓峰，刘时银，沈永平，赵林，谢昌卫	中国科学院寒区旱区环境与工程研究所	中国	阿尼玛卿山第四纪古冰川与环境演变	冰川冻土
aC71	2002	刘时银，丁永建，鲁安新，姚檀栋，李刚，Hook R L	中国科学院寒区旱区环境与工程研究所；University of Maine	中国，美国	黄河上游阿尼玛卿山区冰川波动与气候变化	冰川冻土
aC75	2000	刘潮山，任贾文	中国科学院兰州冰川冻土研究所	中国	澜沧江源头科学探险考察中的冰川学考察	冰川冻土
aE2	2018	Zhang Q, Yi C L, Fu P, Wu Y, Liu J, Wang N L	Institute of Tibetan Plateau Research, Chinese Academy of Sciences（CAS）；CAS Center for Excellence in Tibetan Plateau Earth Sciences；University of Chinese Academy of Sciences；University of Nottingham Ningbo China；Northwest University	中国	Glacier change in the Gangdise Mountains, southern Tibet, since the Little Ice Age	*Geomorphology*

续表

文献编号	发表年份	作者	机构	国家	题名	来源期刊
aE7	2018	Tang L, Duan X, Kong F, Zhang F, Zheng Y, Li Z, Mei Y, Zhao Y, Hu S	Nanjing Agricultural University; Institute of Mineral Resources, Chinese Academy of Geological Science (CAGS); Nanjing University; China University of Geosciences (Beijing); North Carolina State University	中国, 美国	Influences of climate change on area variation of Qinghai Lake on Qinghai-Tibetan Plateau since 1980s	*Scientific Reports*
aE26	2017	Zhang Q, Kang S	Hunan University of Arts and Science; Northwest Institute of Eco-Environment and Resources, Chinese Academy of Sciences; Institute of Tibetan Plateau Research, Chinese Academy of Sciences	中国	Glacier snowline altitude variations in the Pamirs, Tajikistan, 1998-2013: insights from remote sensing images	*Remote Sensing Letters*
aE27	2017	Zhang J, Fu B, Wang L, Maimaiti A, Ma Y, Yan F	Institute of Remote Sensing and Digital Earth (RADI), Kashgar Research Centre, Chinese Academy of Sciences (CAS)	中国	Glacier Changes in the West Kunlun Mountains Revealed by Landsat Data from 1994 to 2016	*IOP Conference Series: Earth and Environmental Science*
aM16-E27	1990	Masayoshi N, Yutaka A, Han J	Nagaoka Institute of Snow and Ice Studies; Nagoya University; Lanzhou Institute of Glaciology and Geocryology, Academia Sinica	日本, 中国	Climatic information from the Chongce Ice Cap, West Kunlun, China	*Annals of Glaciology*
aE31	2017	Tawde S A, Kulkarni A V, Bala G	Indian Institute of Science	印度	An estimate of glacier mass balance for the Chandra basin, western Himalaya, for the period 1984-2012	*Annals of Glaciology*
aM18-E31	2013	Pandey P, Kulkarni A V, Venkataraman G	CSRE, Indian Institute of Technology Bombay; Divecha Center for Climate Change, Centre for Atmospheric & Oceanic Sciences, Indian Institute of Science	印度	Remote sensing study of snowline altitude at the end of melting season, Chandra-Bhaga basin, Himachal Pradesh, 1980-2007	*Geocarto International*
aM19-E31	2013	Gardelle J, Berthier E, Arnaud Y, Kääb A	Université Grenoble 1; Université de Toulouse; University of Oslo	法国, 挪威	Region-wide glacier mass balances over the Pamir-Karakoram-Himalaya during 1999-2011	*The Cryosphere*

续表

文献编号	发表年份	作者	机构	国家	题名	来源期刊
aM23-E33	2014	Thakuri S, Salerno F, Smiraglia C, Bolch T, Agata C D, Viviano G, Tartari G	National Research Council, Water Research Institute (IRSA-CNR); Ev-K2-CNR Committee, Via San Bernardino; University of Milan; University of Zurich; Technische Universität Dresden	意大利, 瑞士, 德国	Tracing glacier changes since 1960s on the south slope of Mt. Everest (central southern Himalaya) using optical satellite imagery	The Cryosphere
aE42	2016	Murtaza K O, Romshoo S A	University of Kashmir	印度	Recent glacier changes in the Kashmir Alpine Himalayas, India	Geocarto International
aE49	2017	Garg P K, Shukla A, Jasrotia A S	Wadia Institute of Himalayan Geology ; University of Jammu	印度	Influence of topography on glacier changes in the central Himalaya, India	Global And Planetary Change
aE64	2016	Verdhen A, Chahar B R, Ganju A, Sharma O P	Indian Institute of Technology Delhi; Snow and Avalanche Study Establishment, RDC	印度	Modeling Snow Line Altitudes in the Himalayan Watershed	Journal of Hydrologic Engineering
aM27-E64	1995	Dobhal D P, Kumar S, Mundepi A K	Wadia Institute of Himalayan Geology	印度	Morphology and glacier dynamics studies in monsoon-arid transition zone: An example from Chhota Shigri glacier, Himachal Himalaya	Current Science
aM29-E64	2005	Kulkarni A V, Rathore B P, Mahajan S, Mathur P	Marine ana Water Resource Group, Space Applications Centre (ISRO); Tribhuvan University; Snow and Avalanche Study Establishment	印度, 尼泊尔	Alarming retreat of Parbati glacier, Beas basin, Himachal Pradesh	Current Science
aE67	2016	Spiess M, Schneider C, Maussion F	RWTH Aachen University ; University of Innsbruck	德国, 奥地利	MODIS-derived interannual variability of the equilibrium-line altitude across the Tibetan Plateau	Annals of Glaciology
aE68	2016	Spiess M, Huintjes E, Schneider C	RWTH Aachen University; Humbold University Berlin	德国	Comparison of modelled- and remote sensing-derived daily snow line altitudes at Ulugh Muztagh, northern Tibetan Plateau	Journal of Mountain Science
aE77	2016	Gaddam V K, Kulkarni A V, Gupta A K	ESSO-National Centre for Antarctic and Ocean Research ; Indian Institute of Science ; Visvesvaraya Technological University	印度	Estimation of glacial retreat and mass loss in Baspa basin, Western Himalaya	Spatial Information Research

续表

文献编号	发表年份	作者	机构	国家	题名	来源期刊
aM43-E64	1983	Williams V S	U.S. Geological Survey, Federal Center	美国	Present and former equilibrium-line altitudes near Mount Everest, Nepal and Tibet	*Arctic and Alpine Research*
aC2	2018	刘俊男，刘耕年，彭旭，刘蓓蓓，崔之久	北京大学	中国	喜马拉雅山亚东-康马段现代冰川平衡线高度、分布特征及影响因素	北京大学学报（自然科学版）
aC17	2015	杜建括，何元庆，李双，王世金，牛贺文	陕西理工学院；中国科学院寒区旱区环境与工程研究所	中国	横断山区典型海洋型冰川物质平衡研究	地理学报
aC38	2010	王宁练，贺建桥，蒲健辰，蒋熹，井哲帆	中国科学院寒区旱区环境与工程研究所	中国	近50年来祁连山七一冰川平衡线高度变化研究	科学通报
aM65-38	1985	王仲祥，谢自楚，伍光和	中国科学院兰州冰川冻土研究所；兰州大学	中国	祁连山冰川的物质平衡	中国科学院兰州冰川冻土研究所集刊（第5号）
aM66-38	1992	刘潮海，谢自楚，杨惠安，韦尧志	中国科学院兰州冰川冻土研究所	中国	祁连山"七一"冰川物质平衡的观测、插补及趋势研究	中国科学院兰州冰川冻土研究所集刊（第7号）
aC27	2013	张健，何晓波，叶柏生，吴锦奎	中国科学院寒区旱区环境与工程研究所；中国科学院大学	中国	近期小冬克玛底冰川物质平衡变化及其影响因素分析	冰川冻土
aC36	2010	姚檀栋，李治国，杨威，郭学军，李立平，朱立平，康世昌，吴艳红，余武生	中国科学院青藏高原研究所；冰冻圈科学国家重点实验室；中国科学院研究生院；中国科学院对地观测与数字地球科学中心	中国	雅鲁藏布江流域冰川分布和物质平衡特征及其对湖泊的影响	科学通报
aC41	2010	高鑫，张世强，叶柏生，谌程骏	中国科学院寒区旱区环境与工程研究所	中国	1961—2006年叶尔羌河上游流域冰川融水变化及其对径流的影响	冰川冻土
aC48	2007	周广鹏，姚檀栋，康世昌，蒲健辰，田立德，杨威	中国科学院青藏高原研究所；中国科学院寒区旱区环境与工程研究所	中国	青藏高原中部扎当冰川物质平衡研究	冰川冻土

续表

文献编号	发表年份	作者	机构	国家	题名	来源期刊
aC57	2005	蒲健辰、姚檀栋、段克勤、坂井亚规子、藤田耕史、松田好弘	中国科学院寒区旱区环境与工程研究所；中国科学院青藏高原研究所；Nagoya University	中国,日本	祁连山七一冰川物质平衡的最新观测结果	冰川冻土
aC68	2002	谢自楚、冯清华、刘潮海	湖南师范大学；中国科学院寒区旱区环境与工程研究所	中国	冰川系统变化的模型研究——以西藏南部外流水系为例	冰川冻土
aE4	2018	Yue L, Shen H, Yu W, Zhang L	China University of Geosciences, Wuhan; Wuhan University; Alibaba Group	中国	Monitoring of Historical Glacier Recession in Yulong Mountain by the Integration of Multisource Remote Sensing Data	IEEE Journal of Selected Topics in Applied Earth Observations and Remote Sensing
aM68-E1	2015	Spiess M, Maussion F, Möller M, Scherer D, Schneider C	RWTH Aachen University；TU Berlin；University of Innsbruck	德国,奥地利	MODIS Derived Equilibrium Line Altitude Estimates for Purogangri Ice Cap, Tibetan Plateau, and Their Relation to Climatic Predictors (2001—2012)	Geografiska Annaler: Series A, Physical Geography
aE8	2018	Shukla T, Mehta M, Jaiswal M K, Srivastava P, Dobhal D P, Nainwal H C, Singh A K	Wadia Institute of Himalayan Geology; HNB Garhwal University; Indian Institute of Science and Education Research Kolkata	印度	Late Quaternary glaciation history of monsoon-dominated Dingad basin, central Himalaya, India	Quaternary Science Reviews
aM70-E8	2008	Dobhal D P, Gergan J T, Thayyen R J	Wadia Institute of Himalayan Geology；National Institute of Hydrology	印度	Mass balance studies of the Dokriani Glacier from to, Garhwal Himalaya, India	Bulletin of Glaciological Research
aE10	2018	Saha S, Owen L A, Orr E N, Caffee M W	University of Cincinnati; Purdue University	美国	Timing and nature of Holocene glacier advances at the northwestern end of the Himalayan-Tibetan orogen	Quaternary Science Reviews
aE11	2018	Orr E N, Owen L A, Saha S, Caffee M W, Murari M K	University of Cincinnati; Purdue University	美国,德国	Quaternary glaciation of the Lato Massif, Zanskar Range of the NW Himalaya	Quaternary Science Reviews

续表

文献编号	发表年份	作者	机构	国家	题名	来源期刊
aM72-E11	2011	Dortch J M, Owen L A, Schoenbohm L M, Caffee M W	University of Cincinnati; University of Toronto; Purdue University	美国，加拿大	Asymmetrical erosion and morphological development of the central Ladakh Range, northern India	*Geomorphology*
aE28	2017	Xu X, Yi C	Institute of Tibetan Plateau Research, Chinese Academy of Sciences ; CAS Center for Excellence in Tibetan Plateau Earth System Sciences, Chinese Academy of Sciences	中国	Timing and configuration of the Gongga II glaciation in the Hailuogou valley, eastern Tibetan Plateau: A glacier-climate modeling method	*Quaternary International*
aE29	2016	Xu X, Dong G, Pan B, Hu G, Bi W, Liu J, Yi C	Institute of Tibetan Plateau Research, Chinese Academy of Sciences ; Institute of Earth Environment, Chinese Academy of Sciences; Capital Normal University	中国	Late Glacial glacier-climate modeling in two valleys on the eastern slope of Samdainkangsang Peak, Nyainqentanggulha Mountains	*Science China Earth Sciences*
aM74-E31	2014	Guo Z, Wang N, Kehrwald N M, Mao R, Wu H, Wu Y, Xi J	Cold and Arid Regions Environmental and Engineering Research Institute, University of Chinese Academy of Sciences; University of Chinese Academy of Sciences; University of Venice ; Nanjing University of Information Science & Technology	中国，意大利	Temporal and spatial changes in Western Himalayan firn line altitude from 1998 to 2009	*Global and Planetary Change*
aM73-E31	2004	Kulkarni A V, Rathore B P, Alex S	Marine and Water Resources Group , Space Applications Centre	印度	Monitoring of glacial mass balance in the Baspa basin using accumulation area ratio method	*Current Science*
aE38	2017	Qiao B, Yi C	Institute of Tibetan Plateau Research, Chinese Academy of Sciences (CAS); CAS Center for Excellence in Tibetan Plateau Earth Sciences; University of Chinese Academy of Sciences	中国	Reconstruction of Little Ice Age glacier area and equilibrium line attitudes in the central and western Himalaya	*Quaternary International*
aE43	2017	Mukhopadhyay B, Khan A	Independent Researcher; University of Cambridge	美国，英国	Altitudinal variations of temperature, equilibrium line altitude, and accumulation-area ratio in Upper Indus Basin	*Hydrology Research*

续表

文献编号	发表年份	作者	机构	国家	题名	来源期刊
aM75-E43	1993	Young G J, Hewitt K	Wilfrid Laurier University	加拿大	Glaciohydrological features of the Karakoram Himalaya: measurements possibilities and constraints	*IAHS Publications-Publications of the International Association of Hydrological Sciences*
aM80-E8	1977	Raina V K, Kaul M K, Singh S	Geological Survey of India	印度	Mass-balance studies of Gara Glacier	*Journal of Glaciology*
aM81-E8	1992	Kulkarni A V	Marine and Water Resources Division, Space Applications Centre (ISRO)	印度	Mass balance of Himalayan glaciers using AAR and ELA methods	*Journal of Glaciology*
aM82-E8	1995	Dobhal D P, Kumar S, Mundepi A K	Wadia Institute of Himalayan Geology	印度	Morphology and glacier dynamics studies in monsoon-arid transition zone: An example from Chhota Shigri glacier, Himachal-Himalaya, India	*Current Science*
aM83-E8	2007	Wagnon P, Linda A, Arnaud Y, Kumar R, Sharma P, Vincent C, Pottakkal J G, Berthier E, Ramanathan A, Hasnain S L, Chevallier P	IIRD Great Ice, Laboratoire de Glaciologie et Géophysique de l'Environnement; Jawaharlal Nehru University; B.M. Birla Science and Technology Centre; CNRS-LGGE; High Ice India; IRD Great Ice, Maison des Sciences de l'Eau	法国, 印度	Four years of mass balance on Chhota Shigri Glacier, Himachal Pradesh, India, a new benchmark glacier in the western Himalaya	*Journal of Glaciology*
aM84-E8	2010	Koul M N, Ganjoo R K	University of Jammu	印度	Impact of inter-and intra-annual variation in weather parameters on mass balance and equilibrium line altitude of Naradu Glacier (Himachal Pradesh), NW Himalaya, India	*Climatic Change*
aM85-E8	2008	Dobhal D P, Gergan J T, Thayyen R J	Wadia Institute of Himalayan Geology; National Institute of Hydrology	印度	Mass balance studies of the Dokriani Glacier from 1992 to 2000, Garhwal Himalaya, India	*Bulletin of Glaciological Research*

续表

文献编号	发表年份	作者	机构	国家	题名	来源期刊
aM86-E8	2013	Dobhal D P, Manish M, Srivastava D	Wadia Institute of Himalayan Geology	印度	Influence of debris cover on terminus retreat and mass changes of Chorabari Glacier, Garhwal region, central Himalaya, India	Journal of Glaciology
aM90-E43	1996	Sharma M C, Owen L A	University of London	英国	Quaternary Glacial History of NW Garhwal, Central Himalayas, India	Quaternary Science Reviews
aM91-E43	1998	Lehmkuhl F	Geographisches Institut der Universität Göttingen	德国	Extent And Spatial Distribution of Pleistocene Glaciations In Eastern Tibet	Quaternary International
bC1	2015	刘蓓蓓、张威、崔之久、刘亮	北京大学; 辽宁师范大学	中国	青藏高原东北缘玛雅雪山晚第四纪冰川发育的气候和构造耦合	冰川冻土
bE1	2013	常丽、何元庆、杨太保、赵勇、朱国锋、牛贺文、张涛、杜建括、蒲焘	中国科学院寒区旱区环境与工程研究所; 兰州大学; 西北师范大学	中国	玉龙雪山白水1号冰川退缩迹地的植被演替	生态学报
bE2	2015	Guo Z, Wang N, Wu H, Wu Y, Wu X, Li Q	Cold and Arid Regions Environmental and Engineering Research Institute, University of Chinese Academy of Sciences; Nanjing Xiaozhuang University; Chinese Academy of Sciences Center for Excellence in Tibetan Plateau Earth Sciences	中国	Variations in firn line altitude and firn zone area on Qiyi Glacier, Qilian Mountains, over the period of 1990 to 2011	Arctic, Antarctic, and Alpine Research
bE4	2015	Wu X, Wang N, Lu A, Pu J, Guo Z, Zhang H	Cold and Arid Regions Environmental and Engineering Research Institute, University of Chinese Academy of Sciences; Institute of Remote Sensing and Digital Earth, Chinese Academy of Sciences; Yunnan Normal University; Center for Excellence in Tibetan Plateau Earth Sciences, Chinese Academy of Sciences;	中国	Variations in albedo on Dongkemadi Glacier in Tanggula Range on the Tibetan Plateau during 2002-2012 and its linkage with mass balance	Arctic, Antarctic, and Alpine Research

续表

文献编号	发表年份	作者	机构	国家	题名	来源期刊
bE29	2010	高鑫, 叶柏生, 张世强, 谯程骏, 张小文	中国科学院冰冻圈科学国家重点试验室; 中国科学院寒区旱区环境与工程研究所; 兰州商学院	中国	1961—2006 年塔里木河流域冰川融水变化及其对径流的影响	中国科学: 地球科学
bE20	2011	Kulkarni A V, Rathore B P, Singh S K, Bahuguna I M	Divecha Center for Climate Change, Indian Institute of Science; Space Applications Centre	印度	Understanding changes in the Himalayan cryosphere using remote sensing techniques	International Journal of Remote Sensing
bE32	1991	Wu X, Zhu Y	Xi'an Laboratory of Loess and Quaternary Geology, Academia Sinica	中国	The altitude calculation of climatic snowlines and their changing rules in china	Chinese Science Bulletin
bE44	2012	Zhang Y, Hirabayashi Y, Liu S	The University of Tokyo; Cold & Arid Regions Environmental & Engineering Research Institute, Chinese Academy of Sciences	日本, 中国	Catchment-scale reconstruction of glacier mass balance using observations and global climate data: Case study of the Hailuogou catchment, south-eastern Tibetan Plateau	Journal of Hydrology
bE45	2011	Mehta M, Dobhal D P, Bisht M P S	Wadia Institute of Himalayan Geology; HNB Garhwal University	印度	Change of Tipra Glacier in the Garhwal Himalaya, India, between 1962 and 2008	Progress In Physical Geography
bE47	2017	Cao B, Pan B, Guan W, Wang J, Wen Z	Lanzhou University	中国	Changes in ice volume of the Ningchan No. 1 Glacier, China, from 1972 to 2014, as derived from in situ measurements	Journal of Glaciology
bE52	2008	Kayastha R B, Harrison S P	Max Planck Institute for Biogeochemistry; University of Bristol	德国, 英国	Changes of the equilibrium-line altitude since the Little Ice Age in the Nepalese Himalaya	Annals of Glaciology
bM3-E64	2008	Pu J, Yao T, Yang M, Tian L, Wang N, Ageta Y, Fujita K	Cold and Arid Regions Environmental and Engineering Research Institute, CAS; Institute of Tibetan Plateau Research, CAS; Nagoya University	中国, 日本	Rapid decrease of mass balance observed in the Xiao (Lesser) Dongkemadi Glacier, in the central Tibetan Plateau	Hydrological Processes

续表

文献编号	发表年份	作者	机构	国家	题名	来源期刊
bE66	2014	Xu X	Institute of Tibetan Plateau Research, Chinese Academy of Sciences	中国	Climates during Late Quaternary glacier advances: glacier-climate modeling in the Yingpu Valley, eastern Tibetan Plateau	*Quaternary Science Reviews*
cE71	2018	Gurung S, Bhattarai B C, Kayastha R B, Stumm D, Joshi S P, Mool P K	Kathmandu University; International Centre for Integrated Mountain Development	尼泊尔	Study of annual mass balance (2011–2013) of Rikha Samba Glacier, Hidden Valley, Mustang, Nepal	*Sciences in Cold and Arid Regions*
cE73	2017	Chen J, Kang S, Qin X, Du W, Sun W, Liu Y	Northwest Institute of Eco-Environment and Resources, Chinese Academy of Sciences; University of CAS; CAS Center for Excellence in Tibetan Plateau Earth Sciences; Shandong Normal University	中国	The mass-balance characteristics and sensitivities to climate variables of Laohugou Glacier No. 12, western Qilian Mountains, China	*Sciences in Cold and Arid Regions*
cE77	2010	Asahi K	Hokkaido University	日本	Equilibrium-line altitudes of the present and Last Glacial Maximum in the eastern Nepal Himalayas and their implications for SW monsoon climate	*Quaternary International*
cE80	2014	Bajracharya S R, Maharjan S B, Shrestha F	International Centre for Integrated Mountain Development (ICIMOD)	尼泊尔	The status and decadal change of glaciers in Bhutan from the 1980s to 2010 based on satellite data	*Annals of Glaciology*
cM22-E80	2009	Meyer M C, Hofmann C C, Gemmell A M D, Haslinger E, Häusler H, Wangda D	University of Innsbruck; University of Vienna; University of Aberdeen; Geological Survey of Austria; Centre for Earth Sciences, Department of Environmental Geosciences; Geological Survey of Bhutan	奥地利, 英国, 不丹	Holocene glacier fluctuations and migration of Neolithic yak pastoralists into the high valleys of northwest Bhutan	*Quaternary Science Reviews*

续表

文献编号	发表年份	作者	机构	国家	题名	来源期刊
cM46-E93	2013	Wagnon P, Vincent C, Arnaud Y, Berthier E, Vuillermoz E, Gruber S, Ménégoz M, Gilbert A, Dumont M, Shea J M, Stumm D, Pokhrel B K	CNRS; ICIMOD; Laboratoire de Glaciologie et Géophysique de l'Environnement; Université de Toulouse; Ev-K2-CNRCommittee; Météo-France-CNRS; Department of Hydrology and Meteorology	法国, 尼泊尔, 意大利	Seasonal and annual mass balances of Mera and Pokalde glaciers (Nepal Himalaya) since 2007	*The Cryosphere*
cE94	1991	Burbank D W, Cheng K	University of Southern California; Lanzhou University	美国, 中国	Relative Dating of Quaternary Moraines, Rongbuk Valley, Mount Everest, Tibet-Implications for An Ice-Sheet on the Tibetan Plateau	*Quaternary Research*
cE95	2013	Butt M J	King Abdulaziz University; COMSATS Institute of Information Technology	沙特阿拉伯, 巴基斯坦	Exploitation of Landsat data for snow zonation mapping in the Hindukush, Karakoram and Himalaya (HKH) region of Pakistan	*Hydrological Sciences Journal*
cE97	2017	Cao B, Pan B T, Cai M, Wang J	Lanzhou University; Satellite Environment Center of Ministry of Environmental Protection	中国	An investigation on changes in glacier mass balance and hypsometry for a small mountainous glacier in the northeastern Tibetan Plateau	*Journal of Mountain Science*
cC98	2013	曹泊, 王杰, 潘保田, 张兴余, 崔航	兰州大学; 中国人民解放军 61243 部队	中国	祁连山东段宁缠河 1 号冰川和水管河 4 号冰川表面运动速度研究	冰川冻土
cE102	2014	Chaturved R K, Kulkarni A, Karyakarte Y, Joshi J, Bala G	Indian Institute of Science	印度	Glacial mass balance changes in the Karakoram and Himalaya based on CMIP5 multi-model climate projections	*Climatic Change*
cC104	2012	陈丽佳, 易朝路, 董国成	中国科学院青藏高原研究所; 中国科学院研究生院	中国	羌塘高原东部冰川发育的水汽来源探讨	冰川冻土

续表

文献 编号	发表 年份	作者	机构	国家	题名	来源期刊
cE109	2017	Dar R A, Jaan O, Murtaza K O, Romshoo S A	University of Kashmir	印度	Glacial-geomorphic study of the Thajwas glacier valley, Kashmir Himalayas, India	*Quaternary International*
cC111	2006	邓育武, 谢自楚, 秦建新, 王欣, 李巧媛	衡阳师范学院; 湖南师范大学; 湖南科技大学	中国	恒河–雅鲁藏布江流域雪线场的建立及其环境意义	冰川冻土
cE115	2017	Dong G, Xu X, Zhou W, Fu Y, Zhang L, Li M	Institute of Earth Environment, Chinese Academy of Sciences; Xi'an AMS Center; Key Laboratory of Tibetan Environment Changes and Land Surface Process, Chinese Academy of Sciences; 4 Excellence center for Tibetan Plateau Research, Chinese Academy of Sciences; Beijing Normal University	中国	Cosmogenic[10]Be surface exposure dating and glacier reconstruction for the Last Glacial Maximum in the Quemuqu Valley, western Nyainqentanglha Mountains, south Tibet	*Journal of Quaternary Science*
cE124	2016	Gaddam V K, Kulkarni A V, Gupta A K	ESSO-National Centre for Antarctic and Ocean Research; Indian Institute of Science; Visvesvaraya Technological University	印度	Estimation of glacial retreat and mass loss in Baspa basin, Western Himalaya	*Spatial Information Research*
cM24-E142	1989	吴锡浩	地质矿产部地质力学研究所	中国	青藏高原东南部现代雪线和林线及其关系的初步研究	冰川冻土
cE144	2007	Hasnain S I	Developments in Earth Surface Processes	荷兰	29 Shrinking cryosphere in South Asia	*Mountains: Witnesses of Global Changes, Vol. 10: Research in the Himalayas and Karakoram*
cE145	2014	Hasson S, Lucarini V, Khan M R, Petitta M, Bolch T, Gioli G	University of Hamburg; PMAS-Arid Agriculture University; University of Reading; Institute for Applied Remote Sensing, EURAC; University of Zurich; Technische Universität Dresden	德国, 巴基斯坦, 英国, 瑞士	Early 21st century snow cover state over the western river basins of the Indus River system	*Hydrology and Earth System Sciences*

续表

文献编号	发表年份	作者	机构	国家	题名	来源期刊
cE154	2014	Hu G, Yi C, Zhang J, Liu J, Jiang T, Qin X	Institute of Tibetan Plateau Research, CAS; Peking University; China University of Geosciences; Institute of Environments and Engineering in Cold and Arid regions, CAS	中国	Optically stimulated luminescence dating of a moraine and a terrace in Laohugou valley, western Qilian Shan, northeastern Tibet	*Quaternary International*
cE155	2013	Huang L, Li Z, Tian B, Chen Q, Zhou J	Institute of Remote Sensing and Digital Earth, Chinese Academy of Sciences	中国	Monitoring glacier zones and snow/firn line changes in the Qinghai-Tibetan Plateau using C-band SAR imagery	*Remote Sensing of Environment*
cM57-E155	2008	Shang G, Dong H, Liu S, Ding Y, Zhang Y, Du E, Wu Z	Cold and Arid Regions Environmental and Engineering Research Institute, Chinese Academy of Sciences	中国	Thinning and retreat of Xiao Dongkemadi glacier, Tibetan Plateau, since 1993	*Journal of Glaciology*
cE158	2015	Huintjes E, Sauter T, Schröter B, Maussion F, Yang W, Kropáček J, Buchroithner M, Scherer D, Kang S, Schneider C	Aachen University; Friedrich-Alexander-Universität Erlangen-Nürnberg; Dresden University of Technology; University of Innsbruck; Institute of Tibetan Plateau Research, Chinese Academy of Sciences; Eberhard Karls University; Technische Universitaet Berlin; Cold and Arid Regions Environmental and Engineering Research Institute, Chinese Academy of Sciences	德国, 奥地利, 中国	Evaluation of a coupled snow and energy balance model for Zhadang glacier, Tibetan Plateau, using glaciological measurements and time-lapse photography	*Arctic, Antarctic, and Alpine Research*
cM9-E158	2010	Bolch T, Yao T, Kang S, Buchroithner M F, Scherer D, Maussion F, Huintjes E, Schneider C	Technische Universitat Dresden; Institute of Tibetan Plateau Research, Chinese Academy of Sciences; Technische Universitat Berlin; RWTH Aachen University; Universität Zürich	德国, 中国, 瑞士	A glacier inventory for the western Nyainqentanglha Range and the Nam Co Basin, Tibet, and glacier changes 1976–2009	*The Cryosphere*
cC159	2004	蒋复初, 吴锡浩, 肖华国, 傅建利, 王燕, 赵志中	中国地质科学院地质力学研究所; 中国科学院地球环境研究所	中国	中国大陆森林线空间分布特征及其与多年冻土线、气候雪线的关系	地质力学学报

续表

文献编号	发表年份	作者	机构	国家	题名	来源期刊
cE161	2011	Juyal N, Thakkar P S, Sundriyal Y P	Physical Research Laboratory; Space Applications Centre; Garhwal University	印度	Geomorphic evidence of glaciations around Mount Kailash (Inner Kora): implication to past climate	*Current Science*
cE165	2015	Khan A, Naz B S, Bowling L C	University of Cambridge; Purdue University; Oak Ridge National Laboratory	英国，美国	Separating snow, clean and debris covered ice in the Upper Indus Basin, Hindukush-Karakoram-Himalayas, using Landsat images between 1998 and 2002	*Journal of Hydrology*
cE169	2010	Koul M N, Ganjoo R K	University of Jammu	印度	Impact of inter-and intra-annual variation in weather parameters on mass balance and equilibrium line altitude of Naradu Glacier (Himachal Pradesh), NW Himalaya, India	*Climatic Change*
cE170	2005	Krishna A P	Pant Institute of Himalayan Environment and Development	印度	Snow and glacier cover assessment in the high mountains of Sikkim Himalaya	*Hydrological Processes*
cE171	1988	Kuhle M	University of Goettingen	德国	The Pleistocene glaciation of Tibet and the onset of ice ages-an autocycle hypothesis	*GeoJournal*
cE172	1990	Kuhle M	University of Goettingen	德国	New data on the Pleistocene glacial cover of the southern border of Tibet: the glaciation of the Kangchendzonga Massif (8585 m E Himalaya)	*GeoJournal*
cE175	2005	Kuhle M	University of Goettingen	德国	Glacial geomorphology and ice ages in Tibet and the surrounding mountains	*The Island Arc*
cE176	2007	Kuhle M	University of Goettingen	德国	The past valley glacier network in the Himalayas and the Tibetan ice sheet during the last glacial period and its glacial-isostatic, eustatic and climatic consequences	*Tectonophysics*

续表

文献编号	发表年份	作者	机构	国家	题名	来源期刊
cE178	2014	Kuhle M	University of Goettingen	德国	The Glacial（MIS 3.2）Outlet Glacier of the Marsyandi Nadiice-stream-network with its Ngadi Khola Tributary Glacier(Manaslu-and Lamjung Himalaya ）：The Reconstructed Lowering of the Marsyandi Nadi Ice Stream Tongue down in to the Southern Himalaya Foreland	Journal of Mountain Science
cE181	1992	Kulkarni A V	Space Applications Centre	印度	Mass balance of Hilnalayan glaciers using AAR and ELA Dlethods	Journal of Glaciology
cE182	2010	Kulkarni A V	Indian Institute of Science	印度	Monitoring Himalayan cryosphere using remote sensing techniques	Journal of the Indian Institute of Science
cE184	2010	Kulkarni A V，Rathore B P，Singh S K，Ajai	Space Applications Centre	印度	Distribution of seasonal snow cover in central and western Himalaya	Annals of Glaciology
cE185	2015	Kumar P，Kotlarsk S，Moseley C，Sieck K，Frey H，Stoffel M，Jacob D	Helmholtz Zentrum Geesthacht；ETH Zurich；Max Planck Institute for Meteorology ；University of Zurich-Irchel ；University of Geneva	德国，瑞士	Response of Karakoram-Himalayan glaciers to climate variability and climatic change：A regional climate model assessment	Geophysical Research Letters
cE186	2017	Kumar V，Mehta M，Mishra A，Trivedi A	Wadia Institute of Himalayan Geology ；University of Lucknow；Birbal Sahni Institute of Palaeosciences	印度	Temporal fluctuations and frontal area change of Bangni and Dunagiri glaciers from 1962 to 2013, Dhauliganga Basin, central Himalaya, India	Geomorphology
cE187	2015	Kundu S，Chakraborty M	Indian Space Research Organisation	印度	Delineation of glacial zones of Gangotri and other glaciers of Central Himalaya using RISAT-1 C-band dual-pol SAR	International Journal of Remote Sensing

续表

文献编号	发表年份	作者	机构	国家	题名	来源期刊
cE188	2014	Lee S Y, Seong Y B, Owen L A, Murari M K, Lim H S, Yoon H I, Yoo K C	Korea University; University of Cincinnati; Pusan National University; Korea Polar Research Institute	韩国, 美国	Late Quaternary glaciation in the Nun-Kun massif, northwestern India	Boreas
cE191	2012	Lei L, Zeng Z, Zhang B	Center for Earth Observation and Digital Earth, Chinese Academy of Sciences	中国	Method for Detecting Snow Lines From MODIS Data and Assessment of Changes in the Nianqingtanglha Mountains of the Tibet Plateau	IEEE Journal of Selected Topics in Applied Earth Observations and Remote Sensing
cE200	2012	Li Z, Huang L, Chen Q, Tian B	Center for Earth Observation and Digital Earth, Chinese Academy of Sciences	中国	Glacier Snow Line Detection on a Polarimetric SAR Image	IEEE Geoscience and Remote Sensing Letters
cC202	2011	刘耕年, Li Y, 陈艺鑫, 张梅, 李川川, 孔屏, Harbor J, Caffee M W	北京大学; University of Tennessee; 中国科学院地质与地球物理研究所; Purdue University	中国, 美国	喜马拉雅山佩枯岗日冰川地貌的年代学、平衡线高度和气候研究	冰川冻土
cC205	2018	刘金花, 易朝路, 李英奎	东华理工大学; 中国科学院青藏高原研究所; University of Tennessee	中国, 美国	藏南卡鲁雄峰枪勇冰川新冰期冰川发育探讨	第四纪研究
dE209	2003	Liu S, Sun W, Shen Y, Li G	Cold and Arid Regions Environmental and Engineering Research Institute, Chinese Academy of Sciences; Institute of Remote Sensing and Applications, Chinese Academy of Sciences	中国	Glacier changes since the Little IceAge maximum in the western Qilian Shan, northwest China, and consequences of glacier runoff for water supply	Journal of Glaciology
dE211	2014	Loibl D, Lehmkuhl F, Griebinger J	RWTH Aachen University; FAU Erlangen-Nürnberg	德国	Reconstructing glacier retreat since the Little Ice Age in SE Tibet by glacier mapping and equilibrium line altitude calculation	Geomorphology
dE214	1996	Mann D H, Sletten R S, Reanier R E	University of Alaska; University of Washington	美国	Quaternary glaciations of the Rongbuk Valley, Tibet	Journal of Quaternary Science: Published for the Quaternary Research Association

续表

文献编号	发表年份	作者	机构	国家	题名	来源期刊
dE215	2014	Mehta M, Dobhal D P, Pratap B, Majeed Z, Gupta A K, Srivastava P	Wadia Institute of Himalayan Geology; Geological Survey of India	印度	Late Quaternary glacial advances in the Tons River Valley, Garhwal Himalaya, India and regional synchronicity	The Holocene
dE216	2012	Mehta M, Majeed Z, Dobhal D P, Srivastava P	Wadia Institute of Himalayan Geology	印度	Geomorphological evidences of post-LGM glacial advancements in the Himalaya: A study from Chorabari Glacier, Garhwal Himalaya, India	Journal of Earth System Science
dE217	1997	Meiners S	University of Gottingen	德国	Historical to Post Glacial glaciation and their differentiation from the Late Glacial period on examples of the Tian Shan and the N.W. Karakorum	GeoJournal
dE221	2016	Nagai H, Fujita K, Sakai A, Nuimura T, Tadono T	Japan Aerospace Exploration Agency; Nagoya University; Chiba Institute of Science	日本	Comparison of multiple glacier inventories with a new inventory derived from high-resolution ALOS imagery in the Bhutan Himalaya	The Cryosphere
dE222	2013	Negi H S, Saravana G, Rout R, Snehmani	Snow and Avalanche Study Establishment	印度	Monitoring of great Himalayan glaciers in Patsio region, India using remote sensing and climatic observations	Current Science
dE223	2012	Negi H S, Thakur N K, Ganju A, Snehmani	Snow and Avalanche Study Establishment	印度	Monitoring of Gangotri glacier using remote sensing and ground observations	Journal of Earth System Science
dE224	2002	Nijampurkar V, Rao K, Sarin M, Gergan J	Physical Research Laboratory; Wadia Institute of Himalayan Geology	印度	Isotopic study on Dokriani Bamak glacier, central Himalaya: implications for climatic changes and ice dynamics	Journal of Glaciology
dE229	2005	Owen L A, Benn D I	University of Cincinnati; University of St. Andrews	美国, 英国	Equilibrium-line altitudes of the Last Glacial Maximum for the Himalaya and Tibet: an assessment and evaluation of results	Quaternary International

续表

文献编号	发表年份	作者	机构	国家	题名	来源期刊
dE230	2008	Owen L A, Caffee M W, Finkel R C, Seong Y B	University of Cincinnati; Purdue University; Korea University	美国，韩国	Quaternary glaciation of the Himalayan-Tibetan orogen	Journal of Quaternary Science: Published for the Quaternary Research Association
dE231	2014	Owen L A, Dortch J M	University of Cincinnati; University of Manchester	美国，英国	Nature and timing of Quaternary glaciation in the Himalayane-Tibetan orogen	Quaternary Science Reviews
dE232	2002	Owen L A, Kamp U, Spencer J Q, Haserodt K	University of California; University of Nebraska at Omaha; Technical University Berlin	美国，德国	Timing and style of Late Quaternary glaciation in the eastern Hindu Kush, Chitral, northern Pakistan: a review and revision of the glacial chronology based on new optically stimulated luminescence dating	Quaternary International
dE233	2013	Pandey P, Kulkarni A V, Venkataraman G	Indian Institute of Technology Bombay; Indian Institute of Science	印度	Remote sensing study of snowline altitude at the end of melting season, Chandra-Bhaga basin, Himachal Pradesh, 1980-2007	Geocarto International
dE235	2006	Pant R K, Juyal N, Basavaiah N, Singhvi A K	Physical Research Laboratory; Indian Institute of Geomagnetism	印度	Late Quaternary glaciation and seismicity in the Higher Central Himalaya: evidence from Shalang basin (Goriganga), Uttaranchal	Current Science
dE240	2016	Pratap B, Dobhal D P, Bhambri R, Mehta M, Tewari V C	Wadia Institute of Himalayan Geology	印度	Four decades of glacier mass balance observations in the Indian Himalaya	Regional Environmental Change
dC242	2002	蒲健辰，姚檀栋，王宁练，丁良福，张其花	中国科学院寒区旱区环境与工程研究所	中国	普若岗日冰原及其小冰期以来的冰川变化	冰川冻土
dE243	2008	Pu J, Yao T, Yang M, Tian L, Wang N, Ageta Y, Fujita K	Cold and Arid Regions Environmental and Engineering Research Institute, CAS; Institute of Tibetan Plateau Research, CAS; Nagoya University	中国，日本	Rapid decrease of mass balance observed in the Xiao (Lesser) Dongkemadi Glacier, in the central Tibetan Plateau	Hydrological Processes

续表

文献编号	发表年份	作者	机构	国家	题名	来源期刊
dC244	2006	璩向宁，汪一鸣	宁夏大学	中国	近一千年来贺兰山积雪和气候变化	地理研究
dE249	1978	Kerschner H	Floristic Structure of Snowline Vegetation in Central Himalaya	澳大利亚	The Regents of the University of Colorado, a body corporate, contracting on behalf of the University of Colorado at Boulder for the benefit of INSTAAR	Arctic and Alpine Research
dE254	2010	Sakai A, Fujita K, Narama C, Kubota J, Nakawo M, Yao T	Nagoya University; Research Institute for Humanity and Nature; National Institutes for the Humanities; Institute of Tibetan Plateau Research, CAS	日本，中国	Reconstructions of annual discharge and equilibrium line altitude of glaciers at Qilian Shan, northwest China, from 1978 to 2002	Hydrological Processes
dE255	2012	Sangewar C V	Geological Survey of India	印度	Remote sensing applications to study Indian glaciers	Geocarto International
dE257	2010	Scherler D, Bookhagen B, Strecker M R, Blanckenburg F, Rood D	Universität Potsdam; University of California Santa Barbara; Universität Hannover; Lawrence Livermore National Laboratory	德国，美国	Timing and extent of late Quaternary glaciation in the western Himalaya constrained by[10]Be moraine dating in Garhwal, India	Quaternary Science Reviews
dE258	2014	Schoenbohm L M, Chen J, Stutz J, Sobel E R, Thiede R C, Kirby B, Strecker M R	University of Toronto Mississauga; China Earthquake Administration; 2001 timberloch place; Universität Potsdam; Anadarko Petroleum Corp.	加拿大，中国，美国，德国	Glacial morphology in the Chinese Pamir: connections among climate, erosion, topography, lithology and exhumation	Geomorphology
dE265	2016	Sharma S, Chand P, Bisht P, Shukla A D, Bartara S K, Sundriyal Y P, Juyal N	Himachal Pradesh University; Wadia Institute of Himalayan Geology; Jawaharlal Nehru University; HNB Garhwal University	印度	Factors responsible for driving the glaciation in the Sarchu Plain, eastern Zanskar Himalaya, during the late Quaternary	Journal of Quaternary Science
dE269	2007	Shroder Jr J F, Bishop M P, Bulley H N N, Haritashya U K, Olsenholler J A	—	—	Global land ice monitoring from space (GLIMS) project regional center for Southwest Asia (Afghanistan and Pakistan)	Developments in Earth Surface Processes

续表

文献编号	发表年份	作者	机构	国家	题名	来源期刊
dE271	2016	Spiess M，Huintjes E，Schneider C	RWTH Achen University；Humbold University Berlin	德国	Comparison of modelled and remote sensing derived daily snow line altitudes at Ulugh Muztagh, northern Tibetan Plateau	Journal of Mountain Science
dE276	2014	Starkel L，Sarkar S	Institute of Geography and Spatial Organisation；North Bengal University	波兰，印度	The Sikkim-Darjeeling Himalaya：Landforms, Evolutionary History and Present-Day Processes	Landscapes and Landforms of India
dE212	2015	Loibl D M，Lehmkuhl F	RWTH Aachen University	德国	Glaciers and equilibrium line altitudes of the eastern Nyainqêntanglha Range, SE Tibet	Journal of Maps
dE292	2015	Wang J，Cui H，Harbor J M，Zheng L，Yao P	Lanzhou University；Purdue University	中国，美国	Mid-MIS3 climate inferred from reconstructing the Dalijia Shan ice cap, north-eastern Tibetan Plateau	Journal of Quaternary Science
dE293	2018	Wang J，Yao P，Yu B	Lanzhou University	中国	Controls on spatial variations of glacial erosion in the Qilian Shan, northeastern Tibetan Plateau	Geomorphology
dE309	1999	Xie Z，Han J，Liu C，Liu S	Hunan Normal University；Institute of Glaciology and Geocryology，Chinese Academy of Sciences	中国	Measurement and Estimative Models of Glacier Mass Balance In China	Geografiska Annaler：Series A, Physical Geography
dE294	2014	Wang J，Ye B，Cui Y，He X，Yang G	Anhui University；Cold and Arid Regions Environmental and Engineering Research Institute，Chinese Academy of Sciences	中国	Spatial and temporal variations of albedo on nine glaciers in western China from 2000 to 2011	Hydrological Processes
dE302	2018	Wang Y，Zhang T，Ren J，Qin X，Liu Y，Sun W，Chen J，Ding M，Du W，Qin D	Northwest Institute of Eco-Environment and Resources，Chinese Academy of Sciences；University of Chinese Academy of Sciences；Chinese Academy of Meteorological Sciences；Shandong Normal University	中国	An investigation of the thermomechanical features of Laohugou Glacier No. 12 on Qilian Shan, western China，using a two-dimensional first-order flow-band ice flow model	The Cryosphere

文献编号	发表年份	作者	机构	国家	题名	来源期刊
dE303	1983	Williams V S	Geological Survey，Federal Center	美国	Present And Former Equilibrium-Line Alʹiʹitjdes Near Mount Everest，Nepal And Tibet	Arctic and Alpine Research
dE306	2007	Xiao S，Xiao H，Kobayashi O，Liu P	Cold and Arid Regions Environmental and Engineering Research Institute，Chinese Academy of Sciences；Ehime University；Northwest Normal University	中国，日本	Dendroclimatological Investigations of Sea Buckthorn（Hippophae Rhamnoides）And Reconstruction of The Equilibrium Line Altitude of The July First Glacier In The Western Qilian Mountains，Northwestern China	Tree-Ring Research
dE313	2014	Xu X，Dong G，Pan B	Institute of Tibetan Plateau Research，CAS；University of Chinese Academy of Sciences；Capital Normal University	中国	Modelling glacier advances and related climate conditions during the last glaciation cycle in the Kuzigun Valley，Tashkurgan catchment，on the north-west Tibetan Plateau	Journal of Quaternary Science
dE314	2015	Xu X，Glasser N F	Institute of Tibetan Plateau Research，CAS；Aberystwyth University	中国，英国	Glacier sensitivity to equilibrium line altitude and reconstruction for the Last Glacial cycle：glacier modeling in the Payuwang Valley，western Nyaiqentanggulha Shan，Tibetan Plateau	Palaeogeography，Palaeoclimatology，Palaeoecology
dE317	2014	Xu X，Yi C	Institute of Tibetan Plateau Research，CAS	中国	Little Ice Age on the Tibetan Plateau and its bordering mountains：Evidence from moraine chronologies	Global and Planetary Change
dE319	2002	Yang X，Zhu Z，Jaekel D，Owen L A，Han J	Institute of Geology and Geophysics，Chinese Academy of Sciences；Cold and Arid Regions Environmental and Engineering Research Institute，Chinese Academy of Sciences；Free University Berlin	中国，德国，美国	Late Quaternary palaeoenvironment change and landscape evolution along the Keriya River，Xinjiang，China：the relationship between high mountain glaciation and landscape evolution in foreland desert regions	Quaternary International

续表

文献编号	发表年份	作者	机构	国家	题名	来源期刊
dE321	2010	Yao Y, Zhang B, Han F, Yu P	Institute of Geographic Sciences and Natural Resources Research, Chinese Academy of Sciences	中国	Diversity and Geographical Pattern of Altitudinal Belts in the Hengduan Mountains in China	Journal of Mountain Science
dE332	2016	Zhang S, Zhang B, Yao Y, Zhao F, QI W, He W, Wang J	Institute of Geographic Sciences and Natural Resources Research, Chinese Academy of Sciences; University of Chinese Academy of Sciences	中国	Magnitude and Forming Factors of Mass Elevation Effect on Qinghai Tibet Plateau	Chinese Geographical Science
dE339	2016	Zhao H, Yang W, Yao T, Tian L, Xu B	Institute of Tibetan Plateau Research, Chinese Academy of Sciences	中国	Dramatic mass loss in extreme high-elevation areas of a western Himalayan glacier: observations and modeling	Scientific Reports
dE341	2014	Zhao L, Ding R, Moore J C	Beijing Normal University; University of Lapland; Uppsala University	中国, 芬兰, 法国	Glacier volume and area change by 2050 in high mountain Asia	Global and Planetary Change
dE343	2010	Zhou S, Wang J, Xu l, Wang X, Patrick M C, Mickelson D M	South China Normal University; Lanzhou University; Grand Valley State University; University of Wisconsin	中国, 美国	Glacial advances in southeastern Tibet during late Quaternary and their implications for climatic changes	Quaternary International
dE344	2015	Zhu M, Yao T, Yang W, Maussion F, Huintjes E, Li S	Institute of Tibetan Plateau Research, Chinese Academy of Sciences; University of Innsbruck; RWTH Aachen University; University of Chinese Academy of Sciences	中国, 奥地利, 德国	Energy-and mass-balance comparison between Zhadang and Parlung No. 4 glaciers on the Tibetan Plateau	Journal of Glaciology
dM4-E341	2012	Azam M F, Wagnon P, Ramanathan A, Vincent C, Sharma P, Arnaud Y, Linda A, Pottakkal J G, Chevallier P, Singh V B, Berthier E	Jawaharlal Nehru University; CNRS; Université Montpellier 2; Université de Toulouse	印度, 法国	From balance to imbalance : a shift in the dynamic behaviour of Chhota Shigri glacier , western Himalaya, India	Journal of Glaciology
dC262	2016	商莉, 黄玉英, 毛炜峰	石河子水文水资源勘测局; 新疆水文局; 新疆气候中心	中国	2015 年夏季南疆地区高温冰雪洪水特征	冰川冻土

续表

文献编号	发表年份	作者	机构	国家	题名	来源期刊
dC278	2014	苏珍、赵井东、郑本兴	中国科学院寒区旱区环境与工程研究所	中国	中国现代冰川平衡线分布特征与末次冰期平衡线下降值研究	冰川冻土
dC295	2014	王坤、井哲帆、吴玉伟、邓宇峰	中国科学院寒区旱区环境与工程研究所；中国科学院大学	中国	祁连山七一冰川表面运动特征最新观测研究	冰川冻土
dC297	2002	王宁练、丁良福	中国科学院寒区旱区环境与工程研究所	中国	唐古拉山东布加岗日地区小冰期以来的冰川变化研究	冰川冻土
dC299	2005	王欣、谢自楚、冯清华、阴岳龙、杨命青、林剑	湖南科技大学；中国科学院寒区旱区环境与工程研究所	中国	长江源区冰川对气候变化的响应	冰川冻土
dC301	2012	汪有奎、贾文雄、刘潮海、陈文、赵成章、王启尖、汪杰	甘肃祁连山国家级自然保护区管理局；西北师范大学；中国科学院寒区旱区环境与工程研究所；甘肃省水文水资源勘测局	中国	祁连山北坡的生态环境变化	林业科学
dC305	2008	肖清华、张旺生、张伟、朱创鑫、王杰	中国地质大学（武汉）	中国	祁连山地区更新世以来冰期雪线变化研究	干旱区研究
dC308	2005	谢自楚、冯清华、王欣、康尔泗、刘潮海、谢超、李巧媛	湖南师范大学；中国科学院寒区旱区环境与工程研究所	中国	中国冰川系统变化趋势预测研究	水土保持研究
dC310	2006	王欣、谢自楚、刘时银、上官冬辉、陶建军、阴岳龙	中国科学院寒区旱区环境与工程研究所；湖南科技大学	中国	塔里木河源区冰川系统变化趋势预测	山地学报
dC320	2015	姚永慧、张百平	中国科学院地理科学与资源研究所；江苏省地理信息资源开发与利用协同创新中心	中国	青藏高原气温空间分布规律及其生态意义	地理研究
dC322	2010	姚永慧、张百平、韩芳、庞宇	中国科学院地理科学与资源研究所；中国科学院研究生院	中国	横断山区垂直带谱的分布模式与坡向效应	山地学报
dC323	2009	程瑛、徐殿祥、宋秀玲	甘肃省气象局兰州中心气象台；酒泉市气象局	中国	近50年祁连山西段夏季气候变化对冰川发育的影响	干旱区研究
dC324	2006	张勇、刘时银、丁永建、李晶、上官冬辉	中国科学院寒区旱区环境与工程研究所；中国科学院青藏高原研究所	中国	天山南坡科契卡尔巴西冰川物质平衡初步研究	冰川冻土

续表

文献编号	发表年份	作者	机构	国家	题名	来源期刊
dC336	2014	张威、刘蓓蓓	辽宁师范大学	中国	滇西北山地末次冰期冰川发育及其基本特征	冰川冻土
dC337	2014	张威、刘蓓蓓、崔之久、李洋洋、刘亮	辽宁师范大学；北京大学	中国	中国典型山地冰川平衡线的影响因素分析	地理学报
dE279	1981	孙作哲、谢自楚	中国科学院兰州冰川冻土研究所	中国	Recent cvariation and its tendency of glacier NO.12, Laohugou, Daxuemountain, Qilian Mts.	科学通报
dE280	2014	Tang Z, Wang J, Li Hongyi, Liang J, Li C, Wang X	Hunan University of Science and Technology; Cold and Arid Regions Environmental and Engineering Research Institute, Chinese Academy of Sciences	中国	Extraction and assessment of snowline altitude over the Tibetan plateau using MODIS fractional snow cover data (2001 to 2013)	Journal of Applied Remote Sensing
dC304	2011	奚睿、刘胜祥、王雪、程智、柯学莎、徐成剑	华中师范大学；武汉市第一职业教育中心；长江勘测规划设计研究有限责任公司	中国	西藏登曲流域植被垂直分布格局初探	华中师范大学学报（自然科学版）

附表 2　雪线高度值总表

文献编号	发表年份	起始年份	截止年份	研究区域	细分区域	纬度/°N	经度/°E	高度下限/m	高度上限/m	高度确定值/m
aC1	2018	2015	2015	昆仑山脉	昆仑山最西边	—	—	—	—	4 500
aC1	2018	2015	2015	昆仑山脉	阿克陶县中部	—	—	—	—	5 200
aC1	2018	2015	2015	昆仑山脉	阿克陶县东南方向	—	—	—	—	4 400
aC1	2018	2015	2015	昆仑山脉	塔什库尔干东南边界	—	—	—	—	5 600
aC1	2018	2015	2015	昆仑山脉	东昆仑山	—	—	4 300	—	—
aC5	2017	—	—	龙门山	九顶山	31.416 67	103.958 33	—	—	5 000
aC10	2016	2004	2004	念青唐古拉山脉西段	北坡	—	—	—	—	5 647

续表

文献编号	发表年份	起始年份	截止年份	研究区域	细分区域	纬度/°N	经度/°E	高度下限/m	高度上限/m	高度确定值/m
aC10	2016	2011	2011	念青唐古拉山脉西段: 北坡	北坡	—	—	—	—	5 764
aC10	2016	2004	2011	念青唐古拉山脉西段: 北坡	北坡	—	—	—	—	5 748
aC10	2016	2004	2004	念青唐古拉山脉西段: 南坡	南坡	—	—	—	—	5 716
aC10	2016	2013	2013	念青唐古拉山脉西段: 南坡	南坡	—	—	—	—	5 792
aC10	2016	2004	2013	念青唐古拉山脉西段	南坡	—	—	—	—	5 756
aC10	2016	2004	2011	念青唐古拉山脉西段		30.450 00	90.750 00	—	—	5 752
aC13	2015	2000	2012	祁连山	中段	38.033 33	99.300 00	>4 600	—	4 673
aC13	2015	2011	2011	祁连山	中段	38.033 33	99.300 00	—	—	4 769
aC13	2015	2007	2007	祁连山	中段	38.033 33	99.300 00	—	—	4 618
aC13	2015	2000	2012	祁连山	中段·阳坡	—	—	—	—	4 643
aC13	2015	2000	2012	祁连山	中段·半阴半阳坡	—	—	—	—	4 629
aC13	2015	2000	2012	祁连山	中段·阴坡	—	—	—	—	4 621
aC15	2015	2000	2011	青藏高原	周边山区	—	—	<5 000	—	—
aC15	2015	2000	2011	青藏高原	内部	—	—	—	>6 000	—
aC15	2015	2000	2011	青藏高原	西部地区	—	—	5 260	5 380	—
aC15	2015	2000	2011	青藏高原	内部地区	—	—	5 800	5 860	—
aC23	2014	2000	2000	青藏高原北缘	木孜塔格格冰鳞川冰川	36.400 00	87.416 67	—	—	5 539
aC23	2014	2001	2001	青藏高原北缘	木孜塔格格冰鳞川冰川	36.400 00	87.416 67	—	—	5 665
aC23	2014	2002	2002	青藏高原北缘	木孜塔格格冰鳞川冰川	36.400 00	87.416 67	—	—	5 617
aC23	2014	2003	2003	青藏高原北缘	木孜塔格格冰鳞川冰川	36.400 00	87.416 67	—	—	5 558
aC23	2014	2006	2006	青藏高原北缘	木孜塔格格冰鳞川冰川	36.400 00	87.416 67	—	—	5 678
aC23	2014	2007	2007	青藏高原北缘	木孜塔格格冰鳞川冰川	36.400 00	87.416 67	—	—	5 594

续表

文献编号	发表年份	起始年份	截止年份	研究区域	细分区域	纬度/°N	经度/°E	高度下限/m	高度上限/m	高度确定值/m
aC23	2014	2008	2008	青藏高原北缘	木孜塔格冰碛冰川冰川	36.400 00	87.416 67	—	—	5 492
aC23	2014	2009	2009	青藏高原北缘	木孜塔格冰碛冰川冰川	36.400 00	87.416 67	—	—	5 649
C23	2014	2010	2010	青藏高原北缘	木孜塔格冰碛冰川冰川	36.400 00	87.416 67	—	—	5 653
aC23	2014	2011	2011	青藏高原北缘	木孜塔格冰碛冰川冰川	36.400 00	87.416 67	—	—	5 579
aC23	2014	2012	2012	青藏高原北缘	木孜塔格冰碛冰川冰川	36.400 00	87.416 67	—	—	5 579
aC23	2014	2013	2013	青藏高原北缘	木孜塔格冰碛冰川冰川	36.400 00	87.416 67	—	—	5 660
aC24	2014	2001	2011	西藏高原	—	—	—	—	—	5 046
aC25	2013	1996	1996	青藏高原东南缘山地	玉龙雪山	27.166 68	100.333 33	—	—	5 193
aC25	2013	2005	2005	青藏高原东南缘山地	拱王山	26.000 00	103.000 00	—	—	5 000
aC25	2013	1996	1996	青藏高原东南缘山地	点苍山	26.000 00	99.833 33	—	—	5 068
aC32	2011	2002	2002	川西	—	26~34	98~104	—	—	4 998
aC32	2011	2003	2003	川西	—	26~34	98~104	—	—	5 025
aC32	2011	2004	2004	川西	—	26~34	98~104	—	—	5 011
aC32	2011	2005	2005	川西	—	26~34	98~104	—	—	5 031
aC32	2011	2006	2006	川西	—	26~34	98~104	—	—	5 058
aC32	2011	2007	2007	川西	—	26~34	98~104	—	—	5 042
aC32	2011	2008	2008	川西	—	26~34	98~104	—	—	5 038
aC34	2010	1999	2002	青藏高原	帕米尔高原	—	—	4 600	5 100	—
aC34	2010	1999	2002	青藏高原	昆仑山	—	—	4 800	5 800	—
aC34	2010	1999	2002	青藏高原	阿尔金山	—	—	5 000	5 200	—
aC34	2010	1999	2002	青藏高原	羌塘高原	—	—	4 700	5 800	—

续表

文献编号	发表年份	起始年份	截止年份	研究区域	细分区域	纬度/°N	经度/°E	高度下限/m	高度上限/m	高度确定值/m
aC34	2010	1999	2002	青藏高原	念青唐古拉山	—	—	4 000	5 700	—
aC34	2010	1999	2002	青藏高原	唐古拉山	—	—	5 200	5 600	—
aC34	2010	1999	2002	青藏高原	祁连山	—	—	4 400	5 100	—
aC34	2010	1999	2002	青藏高原	横断山	—	—	5 800	6 000	—
aC34	2010	1999	2002	青藏高原	喜马拉雅山	—	—	3 950	6 300	—
aC34	2010	1999	2002	青藏高原	冈底斯山	—	—	5 700	6 000	—
aC34	2010	1999	2002	青藏高原	喀喇昆仑山	—	—	5 000	6 000	—
aC34	2010	1999	2002	青藏高原	—	—	—	4 000	6 000	—
aC39	2010	1988	1988	羌塘高原	波波嘎日峰	30.600 00	86.491 67	5 900	5 950	—
aC39	2010	1988	1988	羌塘高原	青扒贡垄山	31.391 67	86.808 33	—	—	5 880
aC39	2010	1988	1988	羌塘高原	木嘎岗日	32.250 00	87.500 00	—	—	5 800
aC39	2010	1988	1988	羌塘高原	藏色岗日	34.350 00	85.850 00	—	—	5 800
aC39	2010	1988	1988	羌塘高原	牟峙岭	35.683 33	85.633 33	—	—	5 800
aC39	2010	1988	1988	羌塘高原	申扎杰岗	30.683 33	88.641 67	5 800	5 830	—
aC39	2010	1988	1988	羌塘高原	西雅尔岗	33.066 67	88.550 00	—	—	5 800
aC39	2010	1988	1988	羌塘高原	普若岗日	33.916 67	89.250 00	5 750	5 800	—
aC39	2010	1988	1988	羌塘高原	岗盖日	34.900 00	89.583 33	—	—	5 550
aC39	2010	1988	1988	羌塘高原	金阳岗日	35.616 67	89.750 00	5 500	5 550	—
aC39	2010	1988	1988	羌塘高原	岗扎日	35.550 00	89.583 33	5 550	5 600	—
aC39	2010	1988	1988	羌塘高原	纳日山	35.800 00	88.783 33	—	—	5 600

续表

文献编号	发表年份	起始年份	截止年份	研究区域	细分区域	纬度/°N	经度/°E	高度下限/m	高度上限/m	高度确定值/m
aC39	2010	1988	1988	羌塘高原	诺拉岗日	33.916 67	89.483 33	5 700	5 750	—
aC39	2010	1988	1988	羌塘高原	土则岗日	34.741 67	82.350 00	5 800	5 850	—
aC39	2010	1988	1988	羌塘高原	隆格尔山	31.475 00	83.616 67	5 950	6 000	—
aC39	2010	1988	1988	羌塘高原	夏康坚	31.641 67	85.083 33	5 850	5 910	—
aC39	2010	1988	1988	羌塘高原	玛依岗日	33.500 00	86.700 00	—	—	5 750
aC39	2010	1988	1988	羌塘高原	—	—	—	—	—	5 815
aM12-C47	1981	1959	1959	祁连山	七一冰川	39.236 94	97.755 56	—	—	4 670
aM12-C47	1981	1974	1974	祁连山	七一冰川	39.236 94	97.755 56	—	—	4 580
aM12-C47	1981	1975	1975	祁连山	七一冰川	39.236 94	97.755 56	—	—	4 650
aM12-C47	1981	1976	1976	祁连山	七一冰川	39.236 94	97.755 56	—	—	4 550
aM12-C47	1981	1977	1977	祁连山	七一冰川	39.236 94	97.755 56	—	—	4 620
aM12-C47	1981	1959	1977	祁连山	七一冰川	39.236 94	97.755 56	—	—	4 610
aM12-C47	1981	1959	1959	祁连山西段	老虎沟 12 号冰川	39.440 00	96.541 67	—	—	4 800
aM12-C47	1981	1960	1960	祁连山西段	老虎沟 12 号冰川	39.440 00	96.541 67	—	—	4 900
aM12-C47	1981	1961	1961	祁连山西段	老虎沟 12 号冰川	39.440 00	96.541 67	—	—	4 950
aM12-C47	1981	1975	1975	祁连山西段	老虎沟 12 号冰川	39.440 00	96.541 67	—	—	4 780
aM12-C47	1981	1976	1976	祁连山西段	老虎沟 12 号冰川	39.440 00	96.541 67	—	—	4 700
aM12-C47	1981	1959	1977	祁连山西段	老虎沟 12 号冰川	39.440 00	96.541 67	—	—	4 830
aC47	2008	2005	2005	祁连山西段北坡	老虎沟 12 号冰川	39.440 00	96.541 67	—	—	4 900
aC59	2005	——	——	念青唐古拉山东部	则普冰川	30.296 94	95.275 28	—	—	4 683

续表

文献编号	发表年份	起始年份	截止年份	研究区域	细分区域	纬度/°N	经度/°E	高度下限/m	高度上限/m	高度确定值/m
aC64	2006	—	—	阿尼玛卿山	东坡主谷-哈龙冰川	—	—	—	—	4 900
aC64	2006	—	—	阿尼玛卿山	西坡主谷-知亥代冰川	—	—	—	—	5 170
aC64	2006	—	—	阿尼玛卿山	西坡支谷-达拉冰川	—	—	—	—	5 160
aC71	2002	1966	1966	东昆仑山/黄河上游	阿尼玛卿山	34.3333.35	99.1667~100	—	—	5 161
aC71	2002	2000	2000	东昆仑山/黄河上游	阿尼玛卿山	34.3333.35	99.1667~100	—	—	5 200
aC75	2000	1999	1999	澜沧江源头	郭涌曲上游	33.708 61	94.695 56	—	—	5 300
aE2	2018	2014	2016	Gangdise Mountains	—	31.000 00	82.000 00	5 516	6 337	5 876
aE2	2018	2014	2016	Gangdise Mountains	eastern and southern sectors	—	—	5 670	5 880	—
aE2	2018	2014	2016	Gangdise Mountains	central and northwestern sectors	—	—	>5 950	—	—
aE7	2018	1995	2005	Qilian Mountains	Gangshika peak	37.690 00	101.510 00	4 327	4 342	—
aE7	2018	2006	2016	Qilian Mountains	Gangshika peak	37.690 00	101.510 00	4 360	4 385	—
aE26	2017	1998	1998	Pamirs/Tajikistan	western Pamirs	36.5~39.5	71.73	—	—	4 456
aE26	2017	1999	1999	Pamirs/Tajikistan	western Pamirs	36.5~39.5	71.73	—	—	4 096
aE26	2017	2000	2000	Pamirs/Tajikistan	western Pamirs	36.5~39.5	71.73	—	—	4 196
aE26	2017	2001	2001	Pamirs/Tajikistan	western Pamirs	36.5~39.5	71.73	—	—	4 682
aE26	2017	2002	2002	Pamirs/Tajikistan	western Pamirs	36.5~39.5	71.73	—	—	4 454
aE26	2017	2004	2004	Pamirs/Tajikistan	western Pamirs	36.5~39.5	71.73	—	—	4 254
aE26	2017	2005	2005	Pamirs/Tajikistan	western Pamirs	36.5~39.5	71.73	—	—	4 376
aE26	2017	2006	2006	Pamirs/Tajikistan	western Pamirs	36.5~39.5	71.73	—	—	4 364
aE26	2017	2007	2007	Pamirs/Tajikistan	western Pamirs	36.5~39.5	71.73	—	—	4 296
aE26	2017	2008	2008	Pamirs/Tajikistan	western Pamirs	36.5~39.5	71.73	—	—	4 453
aE26	2017	2009	2009	Pamirs/Tajikistan	western Pamirs	36.5~39.5	71.73	—	—	4 284

续表

文献编号	发表年份	起始年份	截止年份	研究区域	细分区域	纬度/°N	经度/°E	高度下限/m	高度上限/m	高度确定值/m
aE26	2017	2010	2010	Pamirs/Tajikistan	western Pamirs	36.5~39.5	71.73	—	—	4 314
aE26	2017	2011	2011	Pamirs/Tajikistan	western Pamirs	36.5~39.5	71.73	—	—	4 369
aE26	2017	2012	2012	Pamirs/Tajikistan	western Pamirs	36.5~39.5	71.73	—	—	4 380
aE26	2017	2013	2013	Pamirs/Tajikistan	western Pamirs	36.5~39.5	71.73	—	—	4 357
aE26	2017	1998	2013	Pamirs/Tajikistan	western Pamirs	36.5~39.5	71.73	—	—	4 355
aE26	2017	1998	1998	Pamirs/Tajikistan	eastern Pamirs	36.5~39.5	73.75	—	—	5 105
aE26	2017	2001	2001	Pamirs/Tajikistan	eastern Pamirs	36.5~39.5	73.75	—	—	5 103
aE26	2017	2002	2002	Pamirs/Tajikistan	eastern Pamirs	36.5~39.5	73.75	—	—	5 060
aE26	2017	2005	2005	Pamirs/Tajikistan	eastern Pamirs	36.5~39.5	73.75	—	—	5 035
aE26	2017	2006	2006	Pamirs/Tajikistan	eastern Pamirs	36.5~39.5	73.75	—	—	5 002
aE26	2017	2007	2007	Pamirs/Tajikistan	eastern Pamirs	36.5~39.5	73.75	—	—	5 072
aE26	2017	2008	2008	Pamirs/Tajikistan	eastern Pamirs	36.5~39.5	73.75	—	—	5 061
aE26	2017	2009	2009	Pamirs/Tajikistan	eastern Pamirs	36.5~39.5	73.75	—	—	5 033
aE26	2017	2010	2010	Pamirs/Tajikistan	eastern Pamirs	36.5~39.5	73.75	—	—	5 035
aE26	2017	2011	2011	Pamirs/Tajikistan	eastern Pamirs	36.5~39.5	73.75	—	—	5 069
aE26	2017	2012	2012	Pamirs/Tajikistan	eastern Pamirs	36.5~39.5	73.75	—	—	4 997
aE26	2017	2013	2013	Pamirs/Tajikistan	eastern Pamirs	36.5~39.5	73.75	—	—	5 023
aE26	2017	1998	2013	Pamirs/Tajikistan	eastern Pamirs	36.5~39.5	73.75	—	—	5 050
aE27	2017	1994	2016	west Kunlun Mountains	northern slope	35~36	80~82	—	—	6 000
aM16-E27	1990	1985	1987	west Kunlun Mountains	Chongce Ice Cap	35.230 00	81.120 00	—	—	5 800
aE31	2017	1984	2012	western Himalaya	Chandra Basin	32.500 00	77.000 00	4 825	6 425	5 460
aE31	2017	1980	2007	western Himalaya	Chandra Bhaga basin	32.500 00	77.000 00	—	—	5 482
aE31	2017	2000	2002	western Himalaya	Baspa	31.496 40	78.182 20	—	—	5 950

续表

文献编号	发表年份	起始年份	截止年份	研究区域	细分区域	纬度/°N	经度/°E	高度下限/m	高度上限/m	确定值/m
aE31	2017	2002	2002	western Himalaya	Lahaul-Spiti	32.500 00	77.833 30	—	—	5 925
aE31	2017	1998	2009	western Himalaya	—	—	—	—	—	5 620
aM18-E31	2013	1980	2007	Himachal Pradesh	Chandra-Bhaga basin, Himachal Pradesh,	32.500 00	77.000 00	5 009 ±61	5 401 ±21	5 196
aM18-E31	2013	1980	1980	Himachal Pradesh	Chandra-Bhaga basin	32.500 00	77.000 00	—	—	5 022
aM18-E31	2013	1989	1989	Himachal Pradesh	Chandra-Bhaga basin	32.500 00	77.000 00	—	—	5 010
aM18-E31	2013	1999	1999	Himachal Pradesh	Chandra-Bhaga basin	32.500 00	77.000 00	—	—	5 161
aM18-E31	2013	2000	2000	Himachal Pradesh	Chandra-Bhaga basin	32.500 00	77.000 00	—	—	5 098
aM18-E31	2013	2001	2001	Himachal Pradesh	Chandra-Bhaga basin	32.500 00	77.000 00	—	—	5 087
aM18-E31	2013	2002	2002	Himachal Pradesh	Chandra-Bhaga basin	32.500 00	77.000 00	—	—	5 366
aM18-E31	2013	2005	2005	Himachal Pradesh	Chandra-Bhaga basin	32.500 00	77.000 00	—	—	5 320
aM18-E31	2013	2006	2006	Himachal Pradesh	Chandra-Bhaga basin	32.500 00	77.000 00	—	—	5 340
aM18-E31	2013	2007	2007	Himachal Pradesh	Chandra-Bhaga basin	32.500 00	77.000 00	—	—	5 401
aM19-E31	2013	1999	1999	Pamir-Karakoram–Himalaya	Hengduan Shan	30.000 00	95.500 00	—	—	4 970
aM19-E31	2013	2000	2000	Pamir-Karakoram–Himalaya	Bhutan	28.166 67	90.000 00	—	—	5 690
aM19-E31	2013	2009	2009	Pamir-Karakoram–Himalaya	Everest	27.987 22	86.925 28	—	—	5 840
aM19-E31	2013	2009	2009	Pamir-Karakoram–Himalaya	West Nepal	29.666 67	82.666 67	—	—	5 590
aM19-E31	2013	2002	2002	Pamir-Karakoram–Himalaya	Spiti Lahaul	32.250 00	77.500 00	—	—	5 390
aM19-E31	2013	1998	1998	Pamir-Karakoram–Himalaya	eastern Karakoram	35.500 00	76.500 00	—	—	5 030
aM19-E31	2013	1998	1998	Pamir-Karakoram–Himalaya	western Karakoram	36.000 00	75.750 00	—	—	5 030
aM19-E31	2013	2000	2000	Pamir-Karakoram–Himalaya	Pamir	39.000 00	71.750 00	—	—	4 580
aM23-E33	2013	1950s	1950s	—	—	27.930 00	86.245 00	—	—	5 272
aM23-E33	2013	1962	1962	central Southern Himalaya	south slope of Mt. Everest	27.930 00	86.245 00	—	—	5 295

续表

文献编号	发表年份	起始年份	截止年份	研究区域	细分区域	纬度/°N	经度/°E	高度下限/m	高度上限/m	高度确定值/m
aM23-E33	2013	1975	1975	central Southern Himalaya	south slope of Mt. Everest	27.930 00	86.245 00	—	—	5 315
aM23-E33	2013	1992	1992	central Southern Himalaya	south slope of Mt. Everest	27.930 00	86.245 00	—	—	5 355
aM23-E33	2013	2000	2000	central Southern Himalaya	south slope of Mt. Everest	27.930 00	86.245 00	—	—	5 364
aM23-E33	2013	2008	2008	central Southern Himalaya	south slope of Mt. Everest	27.930 00	86.245 00	—	—	5 402
aM23-E33	2013	2011	2011	central Southern Himalaya	south slope of Mt. Everest	27.930 00	86.245 00	—	—	5 470
aE42	2017	1980	1980	Kashmir Alpine Himalayas/India	Lidder valley	33.983 33	75.308 33	—	—	4 212
aE42	2017	1992	1992	Kashmir Alpine Himalayas/India	Lidder valley	33.983 33	75.308 33	—	—	4 269
aE42	2017	2001	2001	Kashmir Alpine Himalayas/India	Lidder valley	33.983 33	75.308 33	—	—	4 309
aE42	2017	2010	2010	Kashmir Alpine Himalayas/India	Lidder valley	33.983 33	75.308 33	—	—	4 346
aE42	2017	2013	2013	Kashmir Alpine Himalayas/India	Lidder valley	33.983 33	75.308 33	—	—	4 367
aE49	2017	1994	1994	central Himalaya/India	—	30.15~31.03	78.78~80.73	—	—	4 999
aE49	2017	2001	2001	central Himalaya/India	—	30.15~31.03	78.78~80.73	—	—	5 040
aE49	2017	2015	2015	central Himalaya/India	—	30.15~31.03	78.78~80.73	—	—	5 065
aE64	2016	1982	1985	watershed of the western Himalayas	Pir-Panjal	32.1667~32.4167	77~77.6667	—	—	4 705
aE64	2016	1980s	1980s	watershed of the western Himalayas	Pir-Panjal	32.1667~32.4167	77~77.6667	—	—	4 808
aE64	2016	2000s	2000s	watershed of the western Himalayas	Pir-Panjal	32.1667~32.4167	77~77.6667	—	—	5 108
aE64	2016	1983	1983	watershed of the western Himalayas	Pir-Panjal	32.1667~32.4167	77~77.6667	—	—	4 921
aE64	2016	2008	2008	watershed of the western Himalayas	Pir-Panjal	32.1667~32.4167	77~77.6667	—	—	4 930
aM27-E64	1995	1987	1987	Himachal Himalaya/India	Chhota Shigri glacier	32.241 67	77.516 67	—	—	4 650
aM27-E64	1995	1988	1988	Himachal Himalaya/India	Chhota Shigri glacier	32.241 67	77.516 67	—	—	4 750
aM27-E64	1995	1989	1989	Himachal Himalaya/India	Chhota Shigri glacier	32.241 67	77.516 67	—	—	4 840
aM29-E64	2005	2001	2001	Beas basin/Himachal Pradesh	Parbati glacier	31.892 50	77.183 30	—	—	5 200

续表

文献编号	发表年份	起始年份	截止年份	研究区域	细分区域	纬度/°N	经度/°E	高度下限/m	高度上限/m	高度确定值/m
aE67	2016	2001	2012	Tibetan Plateau	Muztagh Ata	38.233 33	75.116 67	—	—	4 889
aE67	2016	2001	2012	Tibetan Plateau	Gurla Mandhata	30.416 67	81.316 67	—	—	5 895
aE67	2016	2001	2012	Tibetan Plateau	Surla	31.033 33	83.466 67	—	—	5 960
aE67	2016	2001	2012	Tibetan Plateau	Shankangsham	31.566 67	85.116 67	—	—	5 841
aE67	2016	2001	2012	Tibetan Plateau	Targo Gangri	30.616 67	86.416 67	—	—	5 841
aE67	2016	2001	2012	Tibetan Plateau	Purogangri ice cap	33.900 00	89.100 00	—	—	5 687
aE67	2016	2001	2012	Tibetan Plateau	northwest-oriented slope	30.683 33	90.100 00	—	—	5 698
aE67	2016	2001	2012	Tibetan Plateau	southeast-oriented slope	30.066 67	90.100 00	—	—	5 842
aE68	2016	2008	2008	central Kunlun Shan/northern fringe of Tibetan Plateau	ice cap Ulugh Muztagh	35.383 33	87.350 00	—	—	5 547
aE68	2016	2009	2009	central Kunlun Shan/northern fringe of Tibetan Plateau	ice cap Ulugh Muztagh	35.383 33	87.350 00	—	—	5 463
aE68	2016	2010	2010	central Kunlun Shan/northern fringe of Tibetan Plateau	ice cap Ulugh Muztagh	35.383 33	87.350 00	—	—	5 584
aE77	2016	1998	1998	Himachal Pradesh/Western Himalaya/India	Baspa basin	31.496 40	78.182 20	—	—	5 147
aE77	2016	2000	2000	Himachal Pradesh/Western Himalaya/India	Baspa basin	31.496 40	78.182 20	—	—	5 405
aE77	2016	2001	2001	Himachal Pradesh/Western Himalaya/India	Baspa basin	31.496 40	78.182 20	—	—	5 320
aE77	2016	2002	2002	Himachal Pradesh/Western Himalaya/India	Baspa basin	31.496 40	78.182 20	—	—	5 224
aE77	2016	2008	2008	Himachal Pradesh/Western Himalaya/India	Baspa basin	31.496 40	78.182 20	—	—	5 286
aE77	2016	2009	2009	Himachal Pradesh/Western Himalaya/India	Baspa basin	31.496 40	78.182 20	—	—	5 196
aE77	2016	2011	2011	Himachal Pradesh/Western Himalaya/India	Baspa basin	31.496 40	78.182 20	—	—	5 179

续表

文献编号	发表年份	起始年份	截止年份	研究区域	细分区域	纬度/°N	经度/°E	高度下限/m	高度上限/m	高度确定值/m
aE77	2016	2013	2013	Himachal Pradesh/Western Himalaya/India	Baspa basin	31.496 40	78.182 20	—	—	5 217
aE77	2016	2014	2014	Himachal Pradesh/Western Himalaya/India	Baspa basin	31.496 40	78.182 20	—	—	5 204
aM43-E64	1983	—	—	northern side glacier of Himalaya	—	—	—	—	—	5 800
aM43-E64	1983	—	—	southernmost of Himalaya	Dudh Khumbu glacier	27.952 78	86.666 67	—	—	5 200
aC2	2018	—	—	亚东-康马段（27°28′~28°46′, 88°38′~91°10′）	泡罕里	—	—	5 510	6 090	5 949.000 0 0
aC2	2018	—	—	亚东-康马段（27°28′~28°46′, 88°38′~91°10′）	卓木拉日	—	—	5 500	5 670	5 597
aC2	2018	—	—	亚东-康马段（27°28′~28°46′, 88°38′~91°10′）	冲巴雍	—	—	5 230	5 760	5 497
aC2	2018	—	—	亚东-康马段（27°28′~28°46′, 88°38′~91°10′）	查拉岗日	—	—	5 480	6 210	5 940
aC2	2018	—	—	亚东-康马段（27°28′~28°46′, 88°38′~91°10′）	白马林岗日-分水岭北	—	—	4 950	5 720	5 373
aC2	2018	—	—	亚东-康马段（27°28′~28°46′, 88°38′~91°10′）	白马林岗日-分水岭南	—	—	4 980	5 850	5 333
aC2	2018	—	—	亚东-康马段（27°28′~28°46′, 88°38′~91°10′）	库拉岗日-分水岭北	—	—	5 480	6 350	5 957
aC2	2018	—	—	亚东-康马段（27°28′~28°46′, 88°38′~91°10′）	库拉岗日-分水岭南	—	—	5 400	6 360	5 840
aC2	2018	—	—	亚东-康马段	亚东-康马段	27.466 667~28.766 667	88.633 333~91.166 667	—	—	5 717

续表

文献编号	发表年份	起始年份	截止年份	研究区域	细分区域	纬度/°N	经度/°E	高度下限/m	高度上限/m	高度确定值/m
aC17	2015	2008	2008	玉龙雪山	白水1号冰川	27.102 78	100.190 00	—	—	4 972
aC38	2010	2002	2002	祁连山	七一冰川	39.236 94	97.755 56	—	—	5 012
aC38	2010	2003	2003	祁连山	七一冰川	39.236 94	97.755 56	—	—	4 939
aC38	2010	2004	2004	祁连山	七一冰川	39.236 94	97.755 56	—	—	4 973
aC38	2010	2005	2005	祁连山	七一冰川	39.236 94	97.755 56	—	—	4 869
aC38	2010	2006	2006	祁连山	七一冰川	39.236 94	97.755 56	—	—	5 131
aC38	2010	2007	2007	祁连山	七一冰川	39.236 94	97.755 56	—	—	4 855
aC38	2010	2008	2008	祁连山	七一冰川	39.236 94	97.755 56	—	—	4 772
aC38	2010	1958	1958	祁连山	七一冰川	39.236 94	97.755 56	—	—	4 754
aC38	2010	1959	1959	祁连山	七一冰川	39.236 94	97.755 56	—	—	4 711
aC38	2010	1960	1960	祁连山	七一冰川	39.236 94	97.755 56	—	—	4 561
aC38	2010	1961	1961	祁连山	七一冰川	39.236 94	97.755 56	—	—	4 762
aC38	2010	1962	1962	祁连山	七一冰川	39.236 94	97.755 56	—	—	4 741
aC38	2010	1963	1963	祁连山	七一冰川	39.236 94	97.755 56	—	—	4 831
aC38	2010	1964	1964	祁连山	七一冰川	39.236 94	97.755 56	—	—	4 703
aC38	2010	1965	1965	祁连山	七一冰川	39.236 94	97.755 56	—	—	4 661
aC38	2010	1966	1966	祁连山	七一冰川	39.236 94	97.755 56	—	—	4 824
aC38	2010	1967	1967	祁连山	七一冰川	39.236 94	97.755 56	—	—	4 684
aC38	2010	1968	1968	祁连山	七一冰川	39.236 94	97.755 56	—	—	4 573
aC38	2010	1969	1969	祁连山	七一冰川	39.236 94	97.755 56	—	—	4 628

续表

文献编号	发表年份	起始年份	截止年份	研究区域	细分区域	纬度/°N	经度/°E	高度下限/m	高度上限/m	高度确定值/m
aC38	2010	1970	1970	祁连山	七一冰川	39.236 94	97.755 56	—	—	4 754
aC38	2010	1971	1971	祁连山	七一冰川	39.236 94	97.755 56	—	—	4 796
aC38	2010	1972	1972	祁连山	七一冰川	39.236 94	97.755 56	—	—	4 745
aC38	2010	1973	1973	祁连山	七一冰川	39.236 94	97.755 56	—	—	4 714
aC38	2010	1978	1978	祁连山	七一冰川	39.236 94	97.755 56	—	—	4 852
aC38	2010	1979	1979	祁连山	七一冰川	39.236 94	97.755 56	—	—	4 609
aC38	2010	1980	1980	祁连山	七一冰川	39.236 94	97.755 56	—	—	4 538
aC38	2010	1981	1981	祁连山	七一冰川	39.236 94	97.755 56	—	—	4 797
aC38	2010	1982	1982	祁连山	七一冰川	39.236 94	97.755 56	—	—	4 602
aC38	2010	1983	1983	祁连山	七一冰川	39.236 94	97.755 56	—	—	4 486
aC38	2010	1989	1989	祁连山	七一冰川	39.236 94	97.755 56	—	—	4 781
aC38	2010	1990	1990	祁连山	七一冰川	39.236 94	97.755 56	—	—	4 622
aC38	2010	1991	1991	祁连山	七一冰川	39.236 94	97.755 56	—	—	4 863
aC38	2010	1992	1992	祁连山	七一冰川	39.236 94	97.755 56	—	—	4 643
aC38	2010	1993	1993	祁连山	七一冰川	39.236 94	97.755 56	—	—	4 516
aC38	2010	1994	1994	祁连山	七一冰川	39.236 94	97.755 56	—	—	4 814
aC38	2010	1995	1995	祁连山	七一冰川	39.236 94	97.755 56	—	—	4 809
aC38	2010	1996	1996	祁连山	七一冰川	39.236 94	97.755 56	—	—	4 949
aC38	2010	1997	1997	祁连山	七一冰川	39.236 94	97.755 56	—	—	4 814
aC38	2010	1998	1998	祁连山	七一冰川	39.236 94	97.755 56	—	—	4 678

续表

文献编号	发表年份	起始年份	截止年份	研究区域	细分区域	纬度/°N	经度/°E	高度下限/m	高度上限/m	高度确定值/m
aC38	2010	1999	1999	祁连山	七一冰川	39.236 94	97.755 56	—	—	5 016
aC38	2010	2000	2000	祁连山	七一冰川	39.236 94	97.755 56	—	—	4 948
aC38	2010	2001	2001	祁连山	七一冰川	39.236 94	97.755 56	—	—	4 970
aM65-38	1985	1974	1974	祁连山	七一冰川	39.236 94	97.755 56	—	—	4 580
aM65-38	1985	1975	1975	祁连山	七一冰川	39.236 94	97.755 56	—	—	4 650
aM65-38	1985	1976	1976	祁连山	七一冰川	39.236 94	97.755 56	—	—	4 550
aM65-38	1985	1977	1977	祁连山	七一冰川	39.236 94	97.755 56	—	—	4 620
aM66-38	1992	1984	1984	祁连山	七一冰川	39.236 94	97.755 56	—	—	4 600
aM66-38	1992	1985	1985	祁连山	七一冰川	39.236 94	97.755 56	—	—	4 710
aM66-38	1992	1986	1986	祁连山	七一冰川	39.236 94	97.755 56	—	—	4 810
aM66-38	1992	1987	1987	祁连山	七一冰川	39.236 94	97.755 56	—	—	4 690
aM66-38	1992	1988	1988	祁连山	七一冰川	39.236 94	97.755 56	—	—	4 730
aC27	2013	2009	2009	唐古拉山	小冬克玛底冰川	33.066 67	92.066 67	—	—	5 675
aC27	2013	2010	2010	唐古拉山	小冬克玛底冰川	33.066 67	92.066 67	—	—	5 840
aC27	2013	2011	2011	唐古拉山	小冬克玛底冰川	33.066 67	92.066 67	—	—	5 640
aC27	2013	2012	2012	唐古拉山	小冬克玛底冰川	33.066 67	92.066 67	—	—	5 725
aC36	2010	2005	2005	念青唐古拉山主峰的东北坡/青藏高原中部	扎当冰川	30.476 11	90.645 28	—	—	5 840
aC36	2010	2006	2006	念青唐古拉山主峰的东北坡/青藏高原中部	扎当冰川	30.476 11	90.645 28	—	—	5 780

续表

文献编号	发表年份	起始年份	截止年份	研究区域	细分区域	纬度/°N	经度/°E	高度下限/m	高度上限/m	高度确定值/m
aC36	2010	2007	2007	念青唐古拉山主峰的东北坡/青藏高原中部	扎当冰川	30.476 11	90.645 28	—	—	5 640
aC41	2010	1968	1976	喀喇昆仑山北坡/塔里木盆地西缘	叶尔羌河河流域	34.833 333~40.516 667	74.466 667~80.9	—	—	5 355
aC41	2010	1961	2006	喀喇昆仑山北坡/塔里木盆地西缘	叶尔羌河流域	34.833 333~40.516 667	74.466 667~80.9	—	—	5 396
aC48	2007	2006	2006	念青唐古拉山主峰的东北坡/青藏高原中部	扎当冰川	30.476 11	90.645 28	—	—	6 024
aC57	2005	2002	2002	祁连山	七一冰川	39.236 94	97.755 56	—	—	5 012
aC57	2005	2003	2003	祁连山	七一冰川	39.236 94	97.755 56	—	—	4 940
aC57	2005	1970s	1970s	祁连山	七一冰川	39.236 94	97.755 56	—	—	4 600
aC57	2005	1980s	1980s	祁连山	七一冰川	39.236 94	97.755 56	—	—	4 670
aC68	2002	—	—	西藏南部外流水系	雅鲁藏布	—	—	—	—	5 312
aC68	2002	—	—	西藏南部外流水系	恒河	—	—	—	—	5 553
aC68	2002	—	—	西藏南部外流水系	印度河	—	—	—	—	5 668
aC68	2002	—	—	西藏南部外流水系	普勒帕班	—	—	—	—	4 640
aC68	2002	—	—	西藏南部外流水系	帕隆藏布	—	—	—	—	4 980
aC68	2002	—	—	西藏南部外流水系	拉萨河	—	—	—	—	5 577
aC68	2002	—	—	西藏南部外流水系	绥佑河	—	—	—	—	5 671
aC68	2002	—	—	西藏南部外流水系	普莫雍错	—	—	—	—	5 923
aC68	2002	—	—	西藏南部外流水系	年楚河	—	—	—	—	5 659

续表

文献编号	发表年份	起始年份	截止年份	研究区域	细分区域	纬度/°N	经度/°E	高度下限/m	高度上限/m	高度确定值/m
aC68	2002	—	—	西藏南部外流水系	羊卓雍湖	—	—	—	—	5 666
aM68-E1	2018	2001	2012	central part of the Tibetan Plateau	Purogangri ice cap	33.900 00	89.100 00	5 698	5 805	5 748
aE4	2018	1989	2009	southeastern edge of the Tibetan Plateau	Yulong Mountain	27.166 68	100.333 33	—	—	4 850
aE8	2018	—	—	Dingad basin/central Himalaya/India	Dokriani Glacier valley	30.8~30.883 333	78.65~78.85	—	—	5 072
aM70-E8	2008	1993	1993	Gangotri area/Garhwal Himalaya/India	Dokriani glacier	30.833 333~30.866 667	78.783 333~78.833 333	—	—	5 030
aM70-E8	2008	1994	1994	Gangotri area/Garhwal Himalaya/India	Dokriani glacier	30.833 333~30.866 667	78.783 333~78.833 333	—	—	5 040
aM70-E8	2008	1995	1995	Gangotri area/Garhwal Himalaya/India	Dokriani glacier	30.833 333~30.866 667	78.783 333~78.833 333	—	—	5 050
aM70-E8	2008	1998	1998	Gangotri area/Garhwal Himalaya/India	Dokriani glacier	30.833 333~30.866 667	78.783 333~78.833 333	—	—	5 080
aM70-E8	2008	1999	1999	Gangotri area/Garhwal Himalaya/India	Dokriani glacier	30.833 333~30.866 667	78.783 333~78.833 333	—	—	5 100
aM70-E8	2008	2000	2000	Gangotri area/Garhwal Himalaya/India	Dokriani glacier	30.833 333~30.866 667	78.783 333~78.833 333	—	—	5 095
aM70-E8	2008	1993	2000	Gangotri area/Garhwal Himalaya/India	Dokriani glacier	30.833 333~30.866 667	78.783 333~78.833 333	—	—	5 065
aM80-E8	1977	1975	1975	a north-facing valley glacier/Western Himalaya	Gata glacier	31.475 00	78.416 67	—	—	5 050
aM81-E8	1992	1987	1987	Himachal Pradesh/India	Gor Garang glacier	31.431 67	78.383 33	—	—	5 080
aM81-E8	1992	1988	1988	Himachal Pradesh/India	Gor Garang glacier	31.431 67	78.383 33	—	—	5 250
aM81-E8	1992	1987	1987	Himachal Pradesh/India	Gata glacier	31.475 00	78.416 67	—	—	5 080
aM81-E8	1992	1988	1988	Himachal Pradesh/India	Gata glacier	31.475 00	78.416 67	—	—	5 340

续表

文献编号	发表年份	起始年份	截止年份	研究区域	细分区域	纬度/°N	经度/°E	高度下限/m	高度上限/m	高度确定值/m
aM82-E8	1995	1987	1987	Chandra-Bhaga river basin/Himachal-Himalaya/India	Chhota Shigri glacier	32.228 33	77.513 89	—	—	4 650
aM82-E8	1995	1988	1988	Chandra-Bhaga river basin/ Himachal-Himalaya/India	Chhota Shigri glacier	32.228 33	77.513 89	—	—	4 750
aM82-E8	1995	1989	1989	Chandra-Bhaga river basin/Himachal-Himalaya/India	Chhota Shigri glacier	32.228 33	77.513 89	—	—	4 840
aM83-E8	2007	2003	2003	Chandra-Bhaga river basin/northern slopes of the Lahaul and Spiti valley/Himachal-Pradesh/western Himalaya	Chhota Shigri glacier	32.200 00	77.500 00	—	—	5 170
aM83-E8	2007	2004	2004	Chandra-Bhaga river basin/northern slopes of the Pir Panjal range in the Lahaul and Spiti valley/Himachal-Pradesh/western Himalaya	Chhota Shigri glacier	32.200 00	77.500 00	—	—	5 165
aM83-E8	2007	2005	2005	Chandra-Bhaga river basin/ northern slopes of the Pir Panjal range in the Lahaul and Spiti valley/Himachal-Pradesh/western Himalaya	Chhota Shigri glacier	32.200 00	77.500 00	—	—	4 855
aM83-E8	2007	2006	2006	Chandra-Bhaga river basin/ northern slopes of the Pir Panjal range in the Lahaul and Spiti valley/Himachal-Pradesh/western Himalaya	Chhota Shigri glacier	32.200 00	77.500 00	—	—	5 185
aM84-E8	2010	2001	2001	Baspa Valley/Himachal Pradesh/high mountain region of NW Himalaya	Naradu glacier	31.297 78	78.407 50	—	—	4 900
aM84-E8	2010	2002	2002	Baspa Valley/Himachal Pradesh/high mountain region of NW Himalaya	Naradu glacier	31.297 78	78.407 50	—	—	4 880
aM84-E8	2010	2003	2003	Baspa Valley/Himachal Pradesh/high mountain region of NW Himalaya	Naradu glacier	31.297 78	78.407 50	—	—	4 910

续表

文献编号	发表年份	起始年份	截止年份	研究区域	细分区域	纬度/°N	经度/°E	高度下限/m	高度上限/m	高度确定值/m
aM85-E8	2008	1993	1993	Bhagirathi/southwest of the Gangotri Glacier system/Garhwal Himalaya/Central Himalaya	Dokriani glacier	30.877 50	78.818 89	—	—	5 030
aM85-E8	2008	1994	1994	Bhagirathi/southwest of the Gangotri Glacier system/Garhwal Himalaya/Central Himalaya	Dokriani glacier	30.877 50	78.818 89	—	—	5 040
aM85-E8	2008	1995	1995	Bhagirathi/southwest of the Gangotri Glacier system/Garhwal Himalaya/Central Himalaya	Dokriani glacier	30.877 50	78.818 89	—	—	5 050
aM85-E8	2008	1998	1998	Bhagirathi/southwest of the Gangotri Glacier system/Garhwal Himalaya/Central Himalaya	Dokriani glacier	30.877 50	78.818 89	—	—	5 080
aM85-E8	2008	1999	1999	Bhagirathi/southwest of the Gangotri Glacier system/Garhwal Himalaya/Central Himalaya	Dokriani glacier	30.877 50	78.818 89	—	—	5 100
aM85-E8	2008	2000	2000	Bhagirathi/southwest of the Gangotri Glacier system/Garhwal Himalaya/Central Himalaya	Dokriani glacier	30.877 50	78.818 89	—	—	5 095
aM86-E8	2013	2004	2004	Mandakini River basin/Alaknanda catchment/Central Himalaya/India	Chorabari glacier	30.772 38	79.049 83	—	—	5 055
aM86-E8	2013	2005	2005	Mandakini River basin/Alaknanda catchment/Central Himalaya/India	Chorabari glacier	30.772 38	79.049 83	—	—	5 055
aM86-E8	2013	2006	2006	Mandakini River basin/Alaknanda catchment/Central Himalaya/India	Chorabari glacier	30.772 38	79.049 83	—	—	5 070
aM86-E8	2013	2007	2007	Mandakini River basin/Alaknanda catchment/Central Himalaya/India	Chorabari glacier	30.772 38	79.049 83	—	—	5 070
aM86-E8	2013	2008	2008	Mandakini River basin/Alaknanda catchment/Central Himalaya/India	Chorabari glacier	30.772 38	79.049 83	—	—	5 075
aM86-E8	2013	2009	2009	Mandakini River basin/Alaknanda catchment/Central Himalaya/India	Chorabari glacier	30.772 38	79.049 83	—	—	5 075

续表

文献编号	发表年份	起始年份	截止年份	研究区域	细分区域	纬度/°N	经度/°E	高度下限/m	高度上限/m	高度确定值/m
aM86-E8	2013	2010	2010	Mandakini River basin/Alaknanda catchment/Central Himalaya/India	Chorabari glacier	30.772 38	79.049 83	—	—	5 070
aE10	2018	2016	2016	northwestern end of the Himalayan-Tibetan orogen	Hamtah Valley，Lahul	32.287 78	77.275 56	—	—	4 456
aE10	2018	2016	2016	northwestern end of the Himalayan-Tibetan orogen	Mentok Kangri，Karzok	32.932 47	78.214 28	—	—	5 709
aE10	2018	2016	2016	northwestern end of the Himalayan-Tibetan orogen	Gomuche Kangri，Karzok	32.969 30	78.179 73	—	—	5 773
aE10	2018	2016	2016	northwestern end of the Himalayan-Tibetan orogen	Amda Kangri，Lato	33.683 87	77.593 89	—	—	5 504
aE10	2018	2016	2016	northwestern end of the Himalayan-Tibetan orogen	Stok Kangri，Zanskar	33.986 10	77.442 50	—	—	5 481
aE11	2018	—	—	Lato Massif/Zanskar Range/northwest of Himalaya	Amda Kangri valley	33.721 04	77.636 80	—	—	5 607
aE11	2018	—	—	Lato Massif/Zanskar Range/northwest of Himalaya	Starjuk Kangri valley	33.674 94	77.686 83	—	—	5 592
aM72-E11	2011	—	—	central Ladakh Range/northern India	Ladakh Range	34.282 95	77.617 44	—	—	5 455
aE28	2017	—	—	Hailuogou valley/Eastern Tibetan Plateau	Gongga II glacier	29.33.30.33	101.5~102.25	—	—	4 050
aE29	2017	1981	2010	Samdainkangsang Peak/Nyaiqentanggulha Mountains	Barenduo valley	—	—	—	—	5 740